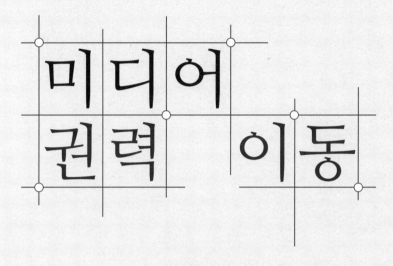

미디어 권력 이동

탁재택 지음

한울
아카데미

이 책은 방일영문화재단의 지원을 받아 저술·출판 되었습니다.

미디어는 사회적 하부체계(subsystem)로서 사회 발전과 존립의 중요한 근간이다. 그동안 진행되어온 한국 사회의 미디어환경 변화 과정은 우리 국민들에게 실익을 담보해준 면도 크지만, 일부 정책의 추진 과정에서는 여러 유형의 사회적 논란과 부작용을 야기한 것도 사실이다. 이 책에서는 지난 이명박·박근혜 정부와 문재인 정부의 주요 미디어정책 이슈들을 성찰하고, 향후 한국 사회 미디어정책 논의에 주는 시사점과 교훈을 진단하는 데 목적을 둔다. 필자는 이 책의 내용 구성을 위해 지난 20여 년 동안 자료를 수집하고 정리해왔다. 긴 인내심의 시간이었고, 청춘을 건 작은 수행이었는지도 모른다. 매 사안들을 겸허한 자세로 객관적으로 접근, 살펴보고자 하는 이유다. 학식과 경험이 충분하지 않으면서 세상에 책을 내놓는다는 것은 부끄러운 일일 수 있다. 그럼에도 필자가 이 책의 출간을 결심하게 된 것은 한국 사회의 미래 미디어정책 논의에 조금이라도 기여할 수 있는 실증적 자료를 남기고자 함이다. 또한 이 주제에 대한 고찰이 시기적으로 지금이 아니면 더 어려워질 수 있겠다는 판단에서였다. 이러한 연유를 여러 선생님들과 선배님들께서 너그러운 마음으로 이해해주셨으면 하는 바람이다.

필자는 10여 년 동안의 독일에서의 학업을 마치고 귀국한 뒤 방송 현업과 대학 강단에서 또 많은 것을 배우고 경험하는 기회를 가졌다. 지난 세월을 돌이켜보면 때로는 '영풍파랑(迎風破浪)'의 시간이었다는 생각이 든다. 이 과정에서

참으로 많은 분께 신세를 졌다. 이번 기회를 빌려, 그동안 필자에게 음으로 양으로 도움을 주신 모든 분께 진심으로 감사의 인사를 올린다. 필자의 은사이신 독일 뮌헨대학교 하인츠 퓨러(Heinz Puerer) 교수님, 필자를 독일 유학의 길로 이끌어주신 독일 본대학교 알브레히트 후베(Albrecht Huwe) 교수님, 유학 기간 동안 필자에게 많은 도움을 주신 독일 뮌헨한인회 송준근 회장님, 그리고 유학을 마치고 돌아온 필자를 방송 현업의 길로 인도해주신 박권상 전 KBS 사장님과 장영수 전 KBS 정책기획실장님께 특별히 감사드린다. 또한 학위 과정 내내 장학금을 지원해준 독일 콘라드 아데나워 재단(Konrad-Adenauer-Stiftung)에 진심으로 감사드린다. 이번 출간의 기회를 마련해주신 방일영문화재단에 사의를 표하며, 출간을 맡아 애써주신 한울엠플러스의 김종수 사장님과 관계자 여러분께도 감사의 뜻을 전한다. 또한, 이 책의 원고 정리에 도움을 준 필자의 서울대학교 제자 김건우(정치학) 군, 김동현(경제학) 군, 임희원(사회학) 양에게 고마운 마음을 표한다.

끝으로 자식을 위해 평생 헌신만 하시다 떠나신 부모님의 은혜에 머리 숙여 감사드린다. 또한 힘든 여건 속에서 온갖 뒷바라지로 지금의 필자를 있게 해준 아내 아현과 자신들의 길을 준비해가고 있는 사랑하는 두 딸 유라와 주리에게 미안함과 고마움을 전한다.

2022년 3월

탁재택

차례

제 **1** 장

서언

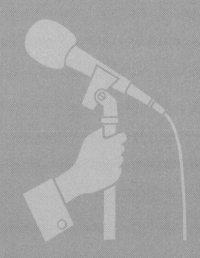

현대사회에서 미디어(언론)는 중요한 사회적 소통 도구이다. 정보 제공과 여론 형성, 비판·감시 기능을 수행하기 때문이다. 이 외에도 미디어는 오락과 광고 기능 등을 수행한다. 미디어는 사회구성원들의 일상생활과 분리할 수 없는 밀접한 관계에 있다. 현대사회가 다원화되어갈수록 미디어의 기능과 역할은 더욱 강조된다. 사회 내 제반 하부체계(subsystem) 간의 유기적 관계 형성을 위해서는 미디어의 기여가 필수적이기 때문이다. 사회 내 상하, 좌우 등 모든 이해관계에서 벗어나 초연한 입장을 견지할 수 있는 미디어환경의 조성은 건강한 사회 발전의 초석이다.

한국 사회는 지난 수십 년 동안 미디어의 '정파성'·'불공정성' 논란을 겪어왔다. 세월이 흘러도 그 논란의 정도가 줄지 않고 있다. 오히려 때론 점점 더 첨예해지는 양상을 보인다. 강준만(2019)은 "(문재인 정부에서의) 조국 사태 건을 가장 공정하게 보도한 방송이 'MBC'와 'TV조선'이라는 여론조사 결과는 공정개념의 '해장국화' 현상으로 보인다"고 주장한다. 또 "국민의 상당수가 '해장국 언론'을 바라는 상황에서 언론개혁은 요원할 것"이라고 전망한다. 조항제(2019) 또한 "한국 언론의 가장 큰 해악은 정치적 적대를 재생산하거나 증폭시키는 '적대적 미디어 신드롬'이다. 이런 신드롬하에서는 확인이 가능한 사실이나 서로에게 호혜적인 공평성은 중요하지 않다. '어느 편이냐'가 모든 것을 결정한다. 내로남불은 바로 이런 신드롬의 산물이다. 갈등구조의 궁극적 원인인 정치가 바뀔 전망은 거의 없어 보인다. 정치와 언론의 나쁜 점이 맞물리는 일종의 악순환, 불신의 나선(spiral of mistrust)인 셈이다. 공정성 이슈는 한국 사회 전반이 풀어야 할 21세기 화두다"라고 주장한다. 이러한 주장들은, 미디어가 사회적 공기(公器)로서 '공론장(public sphere)' 역할을 해야 한다는 규범적 측면에서 볼 때, 한국 사회의 안타까운 일면을 보여준다고 할 수 있다. 공익(public interest)을 최우선 가치로 삼으면서 사회적 갈등 발생 시 합리적 '조정자'로서의 기능을 수행해야 할 미디어가 일반 국민의 정서와 기준을 넘어서는 수준의 정파적 행태를 보이고, 때로는 더 나아가 사회적 반목과 갈등의 직접적 '당사자'가 되고 있다는 비판은 깊은 성찰을 필요로 한다.

한국 사회 미디어는 '상업주의' 비판에서도 자유롭지 못하다. 미디어의 상업주의는 시장질서 내에서 나타나는 경쟁구조의 속성상 현실적으로 불가피한 면이 있다. 그럼에도 그 정도가 과할 경우 필연적으로 여러 유형의 사회적 부작용을 수반한다. 한국 사회의 경우, 공영미디어들까지 공적 재원의 부족을 이유로 민영 미디어들과 치열한 시청률 경쟁과 광고 수주 경쟁 등을 벌이고 있어, 여느 선진국들의 상황과는 비교된다. 현재, 국내 미디어 사업자들의 재원 조달 유형은 거의 비슷한 구조를 지니고 있다. 협찬과 기타 수익 등에 대한 의존도도 높아 재원구조의 질이 양호하다고 보기도 어렵다. 공영미디어는 공적 재원 비중을 확대하는 방향으로, 민영미디어는 광고수입·가입료 등의 기반을 강화하는 방향으로 미디어 사업자들의 재원정책을 사회적으로 재설계할 필요가 있어 보인다. 이 과정에서 공영미디어의 공적 재원 비중 확대 문제는 국민의 마음, 국민의 신뢰와 직결되어 있다는 점을 유념할 필요가 있다.

윤석민(2020)은 현재 국내 미디어 업계가 "신뢰의 위기, 경영의 위기, 정당성의 위기에 직면해 있다"고 진단한다. 보수와 진보 미디어의 양극화된 '주창'저널리즘은 사회분열을 부추기고, 이는 다시금 언론의 진영화를 강화하는 양상으로까지 나타나고 있다는 것이다. 현재 많은 국민이 기존의 미디어 서비스 체계를 떠나 여러 유형의 대안매체들로 빠르게 이동하고 있다. 적지 않은 국민이 뉴스를 OTT에서 검색하는 상황에 다다랐다. 신문미디어의 뉴스 권력이 이제 사실상 상당 부분 포털로 넘어갔듯이, 방송미디어의 미래도 OTT 시장의 급성장 등을 볼 때 결코 안심할 수 없는 상황이다. 미디어 사업자들은 뉴스의 '권력 편향성' 등에 대한 여론의 지적과 비판을 좀 더 겸허하게 성찰할 필요가 있다. 손석희(2017)는 "SNS 시대에 '올드 미디어'의 대응이 결코 쉽지 않을 것이다. '절대적 진실 제공'만이 유일한 살길이다"라고 진단한다. 미디어가 정치·자본 권력과 '건강한 거리(gesunde distanz)'를 유지하고 오직 국민만을 바라보면서 본연의 제 기능과 역할을 해나갈 때, 미디어에 대한 '사회적 신뢰' 기반은 더욱 굳건해질 것이다. 미디어의 정파적 신념이 사실 판단을 압도한다는 사회적 논란이 없어야겠다.

미디어의 공익적 기능 수행 측면에서 '공영미디어'의 사회적 가치는 아무리 강조해도 지나침이 없을 것이다. 우리 국민은 지난 수십 년 동안 공영미디어 내부에서 벌어진 '헤게모니(Hegemonie)' 투쟁을 지켜봐왔다. 이로 인해, 국민들의 공영미디어 제도에 대한 지지 정도가 약화된 측면이, 특히 공영미디어 제도의 사회적 효용성에 의문을 제기하는 젊은 층의 이탈 현상이 심화된 측면이 있어 보인다. 수많은 대안 매체들이 빠르게 성장하는 상황에서 공영미디어 사업자들의 각고의 노력과 혁신이 필요한 시점이다. 최근 영국 사회에서 일고 있는 '공영방송 BBC 수신료 폐지 검토' 논란(연합뉴스, 2022.1.17.)은 국내 공영미디어 질서에 좋은 시그널이 아니라는 점은 분명해 보인다.

스마트 미디어 이용이 빠르게 증가하는 상황에서 '콘텐츠'의 범람 현상도 나타나고 있다. 이럴 때일수록 권력과 자본의 영향력으로부터 상대적으로 더 자유로울 수 있는 '공영미디어'의 역할이 중요하다. 흑백 논리, 편 가르기 등 정파성 요소가 사회 전반의 제도와 문화에 만연할수록 공영미디어가 정보와 사실관계 등에 있어 모범적인 '최종확인자' 역할을 해주어야 한다. 공공성·공익성 등의 사회적 가치에 기초하는 공영미디어 제도는 정파적 이해관계를 초월해 '사회적 자산'으로 평가받아야 하기 때문이다. 공영미디어의 공정한 기능과 역할은 현대의 민주적 법치국가에서 보수와 진보의 문제가 아닌, "헌법적 가치를 실현하는 문제"이고, 우리사회 공동체의 "질적 수준에 관한 문제"다(김형성, ≪경향신문≫, 2017.8.10.). 정치·자본 권력이 자신들에게 유리한 때에는 '공정'을, 불리한 때에는 '불공정'을 외치는 일들이 갈수록 빈번해지는 상황에서, 공적 재원에 기반하는 공영미디어가 '사회적 양심', '바로미터(barometer)'로 기능해야 한다는 것은 당연한 이치라 하겠다.

공영미디어의 올바른 사회적 기능과 역할을 위해서는 합리적인 지배구조와 안정적인 재원구조가 뒷받침되어야 한다. 이 외에 공영미디어 내부의 제작자율성 담보 장치도 중요하다. 이를 위해 여·야 정치권, 시민사회, 학계 등은 공영미디어 법제 정비 논의에 좀 더 생산적으로 임해주어야 한다. 한편, 공영미디어 종사자들은 '제작자율성(innere pressefreiheit)' 이슈와 관련해 사회적으로 '비판적 시각'도 존재하고 있음을 유념할 필요가 있다. 일례로 손영준은 다음과 같은 주장을 한다. "(종사자들이) 제작 자율성과 표현의 자유를 자의적으로 해석하고 있다. 공영방송의 자유를 외부의 간섭에 맞서는 언론인의 방어적 권리로 주장하고 있다. 그러나 공영방송의 자유는 그것보다 더 높고 깊은 의미가 있다. 공영방송의 자유는 독일 연방 헌법재판소 판례에서 확인되듯이 수용자의 자유 증진에 봉사하는 자유다. 방송의 자유는 방송인이 무엇이든 마음대로 할 수 있는 자유가 아니다. 시민의 자유는 공영방송이 지켜야 할 목표이자 규범이다. 믿고 의지할 만한 방송 공론장이 절실하다"(≪중앙일보≫, 2019.5.8.).

공영미디어는 말 그대로, 국민이 주인인 미디어다. 따라서 공영미디어 제도는 '공적 책무 수행' 등에 있어 좀 더 '공민권(公民權)적 관점'(조항제, 2019)에서 운영되는 방향으로 개선될 필요가 있다. 현실적인 한계로 공영미디어 거버넌스에 대의기관(국회) 등 정치권의 관여 장치가 완전히 배제되는 구조는 기대하기 어려워 보인다. 그럼에도 '공민권' 정신은 공영미디어 제도 전반에서 좀 더 적극적으로 구현되어야 한다는 것이 현재 한국 사회 내부의 큰 흐름, '시대정신(Zeitgeist)'으로 보인다.

미디어가 사회적으로 공공적·공익적 기능에 충실하기 위해서는 무엇보다 올바른 미디어정책의 수립과 집행이 필요하다. 이를 위해서는 여러 조건들이 충족되어야 한다. 국내 현실에 비추어볼 때, 행정부·입법부 등 미디어정책 진흥·규제 기관들의 미디어에 대한 올바른 철학이 중요하다. 또 전문가그룹이라 할 수 있는 '학계'와 미디어의 공공적·공익적 가치를 중시하는 '언론시민사회단체', 그리고 미디어 소비의 주체인 '이용자'들의 미디어에 대한 성찰적 자세와 역할 또한 중요하다. 이러한 복합적 요소들이 유기적으로 협력하고 작동할 때, 올바른 미디어정책의 담보가 더욱 용이할 것이다.

이 책은 미디어와 정치·자본 권력 간의 구조적 관계에 착안하여 이명박·박근혜·문재인 정부가 추진해온 주요 미디어정책 이슈들의 형식과 내용을 살펴보고, 이에 기초해 한국 사회의 미래 미디어정책 논의에서 우리가 교훈으로 삼아야 할 점이 무엇인지를 알아보고자 한다.

이 책은 총 10장으로 구성된다. 살펴보게 될 주요 주제들은 미디어플랫폼 변천과정에 대한 역사적·이론적 고찰(제2장), 방송통신미디어 규제·진흥 정부조직(제3장), 지상파방송 정책(제4장), 종편PP 정책(제5장), 케이블TV와 위성

TV 정책(제6장), IPTV 정책(제7장), OTT 정책(제8장), 그리고 방송광고산업 정책(제9장) 등이다.

'미디어플랫폼 변천과정에 대한 역사적·이론적 고찰'(제2장)에서는 지상파 라디오·TV, 종편PP, 케이블·위성TV, IPTV, OTT 등의 서비스 발전 과정을 살펴보고, 이어 현재 나타나고 있는 다플랫폼·다채널 산업지형의 특성 등을 살펴본다. '방송통신미디어 규제·진흥 정부조직'(제3장)에서는 이명박 정부의 방송통신위원회, 방송통신심의위원회 등에 대해, 박근혜 정부의 방송통신위원회, 미래창조과학부, 방송통신심의위원회 등에 대해, 그리고 문재인 정부의 방송통신위원회, 과학기술정보통신부, 방송통신심의위원회 등에 대해 알아본다. '지상파방송 정책'(제4장)에서는 이명박·박근혜·문재인 정부 임기 동안의 KBS, MBC, SBS, EBS 등의 전반적인 상황변화 과정들을 살펴본다. '종편PP 정책'(제5장)에서는 이명박 정부의 종편PP 사업자 선정과정, 박근혜 정부에서의 종편PP 시장안착 과정, 그리고 문재인 정부의 종편PP 특혜 폐지 정책 등을 알아보고, 이어서 현재 나타나고 있는 종편PP의 산업적 특성들을 살펴본다. '케이블TV와 위성TV 정책'(제6장)에서는 이명박·박근혜·문재인 정부에서의 지상파 재송신 문제, 홈쇼핑채널 정책, 신기술·결합서비스 이슈 등에 대해 알아본다. 'IPTV 정책'(제7장)에서는 방송통신 융합서비스 시장안착 과정, 통신3사의 케이블TV 인수합병 정책, IPTV 활로모색 방안 등을 살펴본다. 'OTT 정책'(제8장)에서는 국내 OTT 산업지형, 해외 글로벌 OTT사업자들의 국내시장 진출상황, OTT 법제 정비 논의, OTT 시장 전망 등에 대해 알아본다. '방송광고산업 정책'(제9장)에서는 민영 미디어 렙 제도, 가상·간접 광고, 방송광고 총량제, 중간광고, 신유형광고, 방송광고산업 활성화 정책 등을 살펴본다. 마지막으로 '이명박·박근혜·문재인 정부의 미디어정책 평가와 결어'(제10장)에서는 역대 정부가 추진한 미디어정책 전반을 분석·평가하고, 이에 기초해 바람직한 미래 미디어정책 발전 방향에 대해 조망한다.

문헌연구 차원에서는 국회의 주요 법안 자료, 정부 당국의 발표 자료, 그리고 세미나·토론회·포럼 자료 등이 주로 활용되었다.

이 책은 미디어 분야를 공부하는 학생과 업계 종사자, 그리고 미디어와 정치·자본 권력의 구조적 관계에 관심 있는 한국 사회 일반 독자층까지를 염두에 두고 있다. 따라서 여기에서 다루는 주제들은 개론적 특성이 강하고, 특히 이명박·박근혜 정부와 문재인 정부의 미디어정책 전반을 살펴본다는 취지에서 팩트(fact) 중심의 '정책 리뷰'의 성격을 띤다.

제 2 장

미디어플랫폼 변천과정에 대한
역사적·이론적 고찰

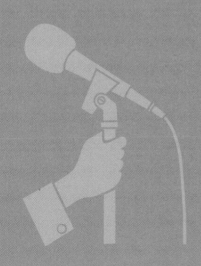

1. 지상파방송과 종편PP

국내 지상파방송미디어의 역사는 이제 100여 년이 된다. 라디오가 1927년에, TV가 1961년에 첫 서비스를 개시했다.[1]

먼저 라디오의 역사를 간략히 보면, '소리 매체'로서 상대적으로 고도의 집중을 요구하지 않아 '동행미디어', '멀티태스킹' 등의 강점이 있다고 평가받는 라디오는 1927년 조선총독부 산하의 경성방송국이 개국하면서 그 역사가 시작된다.[2] 경성방송국은 광복 후인 1947년 '서울중앙방송국'으로 명칭이 바뀌고 국영방송으로 재출범했다. 이후 1950, 1960년대에는 민간 라디오방송이 본격화되었다. CBS(기독교방송)가 1954년 첫 전파를 발사했고, 1956년에는 극동방송(당시 명칭: 한국복음주의방송국)이 설립되었다. 이어 1959년 부산MBC와 1961년 서울MBC가 개국했다. 1963년에는 동아방송(DBS)이, 1964년에는 TBC(동양방송)가 연이어 개국했다. 1970년대에는 라디오방송 산업 규모

---

1) 세계적으로 지상파방송 서비스의 원조 국가로 평가받는 영국의 경우 라디오가 1922년에, TV가 1936년에 첫 서비스를 시작했다.

2) 식민지방송, 식민지적 기원 등을 이유로, 일제 치하에서의 방송 개시가 한국미디어사에 포함시킬 수 있느냐는 비판적 사관이 여전히 남아 있다(윤상길, 2021).

가 확대되는 양상을 보이기도 했다. 국영방송 서울중앙방송국은 1973년 공영방송 '한국방송공사(KBS)'로 새롭게 출범했다. 이후 1980년에는 전두환 군부 세력에 의해 '언론 통폐합' 조치가 이뤄졌다. 표면상으로는 "상업방송의 폐해와 역기능을 더 이상 방치할 수 없다"는 논리를 기반으로 한국방송협회가 자율 주도하는 형식이었지만, 실질적으로는 당시 군부의 방송에 대한 시각이 반영된 조치였다. '언론 통폐합' 조치로 동아방송, 동양방송 라디오 등은 1980년 12월 1일 자로 KBS에 통합되었다. 이후 1991년 3월에 서울방송(SBS) 라디오가 개국했고, 동년 4월과 5월에는 평화방송(PBC)과 불교방송(BBS)이 각각 서비스를 시작했다. 1990년대 이후 국내 라디오방송 산업지형은 KBS, MBC, SBS 등을 중심으로 공·민영 다채널 구도를 형성하고 있다.

2000년대 이후에는 디지털 기술의 발달로 매체 접근의 편리성이 현저히 제고되었다. 라디오 이용 방법이 다양해지면서 방송국과 채널의 수 역시 크게 증가했다. 새로운 형태의 라디오 서비스들이 등장한 가운데, '팟캐스트(podcast)³⁾ 등에 대한 청취자들의 관심도도 높아졌다. '팟캐스트'는 스마트폰만 있으면 언제 어디서든 다운로드가 가능하게 되었다. 최근 들어서는 유튜브 형태의 라디오 서비스⁴⁾도 주목받고 있다. 커뮤니케이션 기반의 오디오 버전 콘텐츠 서비스로 평가받는 유튜브 형태의 라디오 서비스는 디지털 네이티브(Digital Native) 세대라 할 수 있는 'Z세대형' 오디오서비스로 인식되고 있다(김우성, 2020). 2021년 2월 2일 발표된 방송통신위원회의 '2020년도 방송매체 이용행태조사'에 따르면, 최근 일주일간의 라디오 이용률은 23.1%, 라

---

3)   애플 아이팟(iPod)과 방송(broadcast)의 합성어.

4)   유튜브형 라디오의 대표적인 사례가 2016년 등장한 '스푼(SPOON)' 라디오다. 아프리카TV의 '별풍선'을 벤치마킹했다는 평가를 받는 '스푼' 라디오는 댓글이 몇만 개씩 달리는 커뮤니케이션 기반의 서비스다(김우성, 2020).

디오의 주 청취자 그룹은 30~50대, 자가용에서 이용하는 비율이 80.2%, 스마트기기 애플리케이션을 통한 청취는 10.8% 등으로 나타났다. 현재 다수의 라디오 서비스 사업자들은 AI 서비스 등을 통해 플랫폼 확대 전략을 펴나가고 있다. 유튜브형 라디오 사례가 보여주듯, 새로운 이용행태에 발맞춘 플랫폼 서비스 확장 노력이 향후 라디오 서비스 사업의 관건이 될 것으로 예상한다. 정부의 재난대피 대책인 '비상시 국민행동요령'에서 라디오는 주(主)매체로 평가받는다. '스마트폰' 문화 속에서도 라디오가 재난전파와 대피를 위한 사회적 소통 면에서 '최후'의 수단으로 인정받는다는 의미가 되겠다.

TV 매체의 경우, 1961년에 서비스가 개시되었다. 동년 12월 31일 5·16군사정권에 의해 KBS TV가 국영방송 형태로 개국되면서 방송서비스(흑백)가 시작되었다. 이와 관련해 강준만(2000)은 "KBS 텔레비전은 혁명정부를 위한 도구"였다는 주장을, 윤석민(2020)은 "1960년대 KBS는 정부 주도의 근대화 프로젝트와 동반자적 관계"였다는 관점을 피력한다. KBS TV 개국에 이어 1964년에 최초 민영 TV인 동양방송(TBC)이, 1969년에는 두 번째 민영 TV인 MBC TV가 개국했다. 이로써 한국의 초기 TV 방송서비스 구도가 KBS, MBC, 그리고 TBC로 구성된 1국영 2민영 체제로 형성되었다. KBS는 유신정부가 1972년 12월 30일 「한국방송공사법」을 공포하면서 1973년 3월 3일 자로 문화공보부에서 독립, 공영방송 체제인 '한국방송공사'로 전환되었다. 강준만(2000)은 "공사 출범은 KBS에 제도적 정당성을 부여함으로써 권력 홍보의 권위를 높여주기 위한 것이었다"고 주장한다. 조항제(2012) 역시 "KBS는 유신 체제하에서 고도화된 대중 홍보, 곧 동원을 위한 방송과 다르지 않았다"고 말한다. 이후 1980년 '언론 통폐합' 조치가 단행되어, 동양방송(TBC)이 KBS로 편입되고, 이에 기초해 KBS-2TV가 개국했다. 1981년에는 KBS-3TV 교육방송(현 EBS) 서비스가 시작되었다.[5] 이후 교육방송 채널은 1990년 한국교육개발원 부설 교육방송(EBS)으로 재개국했고, 1997년 한국교육방송원이 창립됨으로써 한국교육개발원으로부터 분리되었다. 이후 2000년 「한국교육방송공사법」이 제정되면서 EBS는 문교부 산하에서 '공사' 체제로 전환되었다. 2004년에는 수능전문 EBSi가 시작되었고, 박근혜 정부 시절인 2015년에는 '사교육비 절감' 등의 명분으로 EBS-2TV 서비스가 출범했다. 한편, 1961년 흑백으로 서비스를 시작한 KBS는 1981년 컬러TV 방송서비스를 시작했다. 컬러TV 방송 개시를 계기로 수신료가 1981년에 800원에서 2,500원으로 인상되었다. 전두환 군사정권 시절인 1986년에는 '땡전뉴스', '정권홍보방송'이라는 비판 속에 'KBS 시청료 거부운동' 운동이 일기도 했다. 김영삼 정권 시절인 1994년부터 수신료는 한전 전기료에 '병합 고지'되고 있다.

MBC는 1988년 「방송문화진흥회법」(방문진법)이 제정되어 민영방송에서 공영방송으로 위상이 변화되었다. MBC 위상과 관련해 이명박 정부 출범 원년인 2008년에는 'MBC 민영화' 주장이 제기되기도 했다. 'MBC 민영화' 이슈는 사회적 논란 속에 결국 유야무야되었지만, 당시 이명박 정부는 'MBC 민영화'를 실제 실행하려고 했던 것으로 보인다(≪미디어스≫, 2017.10.19.).

1991년에는 민영방송 SBS(서울방송)가 개국했다. SBS 개국에는 태영건설을 지배 주주로 한 31개사가 참여했다. SBS는 1980년 언론 통폐합 조치 이후 11년 만에 부활한 민영방송이었다. SBS는 1995년 타 지역 민영방송사들과 협정을 체결, 전국 네트워크를 형성했다. SBS는 형식상 지역 민영방송이지만, 실질적으로는 KBS, MBC와 같은 전국 지상파방송으로 이해할 수 있다. SBS는 2011년 독자적인 민영 미디어렙 '미디어크리에이트'(현 SBS M&C)를 출범시켰다. SBS는 2021년 12월 28일 자로 지주사 SBS미디어홀딩스에서

---

5)   라디오 교육방송의 경우, 1974년 첫 서비스를 개시했다.

벗어나 (SBS미디어홀딩스를 흡수합병한) 'TY홀딩스'[6]의 직접적인 지배하에 있다.

현재 국내 지상파방송 질서는 KBS, MBC, SBS 구도로 형성되어 있다. 그동안 국내 지상파방송은 사회적 공공재인 전파 희소성에 근거하여 무료의 보편적 서비스 정신을 바탕으로, 방송의 공공성과 공익성 및 다양성 등의 공적 가치를 추구하는 데 역점을 두고 발전해왔다. 이 과정에서 국내 지상파방송은 경쟁력과 영향력 측면에서 타 매체와 비교할 수 없는 절대적 위상을 유지해왔다. 그러나 근래 들어 지상파방송은 방송기술의 혁신적인 발달로 인하여 전파의 '희소성' 명분이 약화되고, 케이블TV·IPTV 등 유료방송 시장의 확대와 OTT 시장의 급성장 등으로 방송 산업 전반에서 상업성 기조가 확대되면서 새로운 전기를 맞고 있다. 방송미디어 산업지형 전반이 다플랫폼·다채널 구조로 빠르게 재편되면서 지상파방송의 시청점유율과 광고경쟁력이 하락하고 있는 것이다(탁재택, 2017).

먼저, 시청률 상황을 보면, 방송 패러다임이 디지털, 모바일, 스마트, 개인화 양상으로 변하면서 개인별 지상파방송 시청시간은 감소하고, 이용자들의 플랫폼 교차시청은 증가하고 있다. 이로써 지상파방송 중심주의에 변화가 나타났고, 이는 광고 경쟁력에도 영향을 주고 있다. 2000년 이후 지상파방송의 시청률 경쟁력은 계속해서 하락하고 있다. 이에 반해 유료방송 쪽의 시청률은 지속적인 상승세를 보이고 있다. 2000년 19.1%에 불과하던 비지상파채널의 시청점유율은 2020년 64.5%로 급성장했다. 반면, 지상파방송은 2000년 80.9%에서 2020년 35.5%로 하락했다. 앞으로 신규 미디어의 시청률 경쟁력이 계속 높아질 것으로 예상되어 지상파방송은 향후 더욱 어려움에 처할 것으로 보인다(〈그림 1〉).[7] 30대 이하의 지상파방송 시청률 감소 및

---

6)   태영그룹이 내부 지배구조 개편을 위해 2020년 9월 신설한 지주회사.

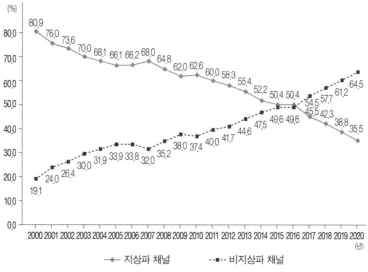

그림 1_ 지상파와 비지상파 채널의 서울·수도권 전 시간대 시청점유율 비교

자료: 닐슨코리아

지상파방송 이탈 추이는 특별한 주목이 필요한 상황이다. 현재 지상파방송 시청자 층은 스마트기기가 TV 시청의 도구로 이용되는 상황에서 빠른 속도로 고령화되고 있다. 이는 특히 지상파 광고비 하락의 주요 원인이 될 수 있다(황성연, 2011; 김창조, 2012; 탁재택, 2017).

방송광고시장 점유율 면에서도 지상파방송은 신규 미디어의 도전으로 또렷한 하락세를 보이고 있다. 방통위가 2021년 6월 29일 공표한 「2020년도 방송사업자 재산상황」 자료에 따르면, 지상파방송의 광고시장 점유율은 2011년 63.6%에서 2020년 36.9%로 감소한 것으로 나타났다. 같은 기간 PP(Program Provider, 방송채널사용사업자)[8]는 32.7%에서 53.9%로 증가했다.

---

7)　2021년 지상파방송의 시청점유율은 전년 대비 1% 하락한 34.5%로 조사되었다.

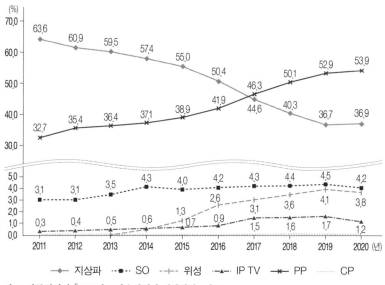

그림 2_ 매체별 광고시장 점유율 변화 추이(2011~2020년)

자료: 방통위원회 「2020년도 방송사업자 재산상황」 자료

　한편, 국내 광고시장에서 온라인·모바일 광고의 점유율 상승세가 동영상 콘텐츠 수요 증가 등으로 뚜렷하게 나타나고 있다. 이와 함께 또 한 가지 주목할 점은 지상파방송 시청자 집단에서 30대 이하 젊은 층이 대폭 축소되고 시청자 층이 빠르게 노령화되면서 지상파방송의 광고효과가 축소될 수 있다는 것이다. 방송광고 시장이 25~49세의 소비세대에 타깃을 맞추고 있어 지상파방송 시청층의 노령화에 따른 광고 시청률 감소는 앞으로 중요한 변수가 될 전망이다(탁재택, 2017). 한편, 정부는 지상파의 경영난을 고려해, 2015년 9월 21일 '방송법 시행령'을 개정하고 지상파에 방송광고총량제를 허용했

---

8)　케이블TV, 위성TV, IPTV 사업자 등과 특정 채널의 전부 또는 일부 시간을 사용하기로 계약을 체결하고 그 채널을 사용하는 프로그램공급자.

다. 또 2021년 4월 27일 '방송법 시행령'을 개정하고 지상파에 중간광고를 허용했다.[9]

　이러한 상황 속에서 국내 지상파방송은 시청자의 니즈(Needs)에 대한 성찰을 토대로 서비스 방식을 변화하려고 노력하는 것이 중요한 시점으로 보인다. 국내 방송미디어 시장이 IPTV·OTT 등 다플랫폼·다채널 산업지형으로 재편되면서 시청자들의 채널 선택권이 확대되었기 때문이다. 특히 콘텐츠 소비의 미래세대라 할 수 있는 '젊은 시청자 층'의 영상과 텍스트 문법이 변화하고 있다는 점에서 젊은 층 이탈 방지책을 마련하는 것도 지상파방송의 중요한 과제라 하겠다. 지상파방송의 미디어환경 변화에 대한 대응이 유연하고 전략이지 못할 경우, 인터넷 포털, 콘텐츠 대기업, 글로벌 OTT 등의 영향력이 확대되는 과정에서, 지상파방송은 자칫 일개 PP로 전락할 위험성도 있다(탁재택, 2017). 관련해서 정준희(2019)는 "지상파방송에 대한 조롱이 일상화되어, 지상파 회의론을 넘어 무용론으로 가고 있다. 제도의존적 폐쇄 엘리트 구조를 타파해야 하고, 대외적으로는 개방적 제휴 전략이 필요하다. 무엇보다, 광고와 프로그램 판매에서 제1윈도우로서 'TV의 힘' 복원이 관건이다"라고 주장한다. 지상파는 활로 모색 차원에서 향후 양질의 콘텐츠 제공과 함께 N-스크린 서비스 확대 등 플랫폼 혁신에 적극적으로 나서야 하고, 특히 젊은 층으로부터 갈수록 외면 받고 있는 현실을 고려할 때 미래세대에 적합한 콘텐츠 개발 등을 통해 어린이·청소년층을 소구하는 전략을 강화해야 한다. 이 과정에서 콘텐츠 정책은 '글로벌 소구력'까지를 함께 고려하는

---

9)　코바코 등의 자료에 따르면, 2021년 지상파 광고수입은 (광고총량제, 중간광고 등) 광고제도개선 효과와 '코로나19' 사회적 거리두기 등으로 지상파 시청률 상승효과가 나타나 전년도 대비 다소 증가했다.

것이 전략적으로 중요해 보인다(홍석경, 2020). 지상파방송의 위기론은 수십 년 된 화두다. 시청률이나 광고 관련 데이터상으로 지상파의 위상과 경쟁력 이 이전만 못 하다는 것은 확실해 보인다. 그럼에도 지상파방송의 파워는 아 직 남아 있다고 본다. 우수한 인력, 지난 수십 년 동안 축적된 제작 노하우· 역량이 대표적이다. 또 지상파방송은 현재 국내 플랫폼사업자들에게 있어 여전히 주요한 콘텐츠 공급자다. 협소한 국내시장과 재정난 등을 고려할 때, 지상파방송은 향후 국내 통신사업자 및 글로벌 OTT사업자 등과의 협업·공 조 전략을 적극적으로 추진해나갈 필요가 있어 보인다.

지상파방송의 시청점유율과 광고점유율이 위협받는 상황에서 종합편성 채널PP(종편PP)[10]는 미디어 시장에 빠르게 안착해가고 있다. 2010년 신문과 방송의 겸영을 허용하는 것을 골자로 한 (통칭) '미디어 법'의 발효로 종편PP 는 찬반 진영 간 첨예한 사회적 논란 속에 이명박 정부 시절인 2011년 12월 출범했다. 종편PP는 전문편성채널과 달리 모든 장르 편성이 가능해 사실상 지상파의 영향력을 갖는다. 종편PP 4사의 출범은 1980년 언론 통폐합 이후 국내 미디어 역사에서 30여 년 만의 '대변혁'이었다. 2002년을 기점으로 국 내 신문들의 매출액은 감소 추이를 보이게 되고, 이의 타개책으로 신문들은 '방송 진출'이라는 신사업을 구상하게 되었다. 신문의 방송 사업과 관련해 사회적 찬반 논쟁은 뜨거웠다. 찬성론자들은 '사상의 자유시장론' 등에 기초 해 의견의 다양성, 사업자의 다양성 등을 주장했고, 반대론자들은 정파성으 로 인한 미디어의 공공성·공익성 훼손, 여론 지배력 전이, 여론 독과점, 방 송의 상업화 등의 우려를 표명했다. 종국에 TV조선, JTBC, 채널A, MBN 등

10)   뉴스, 시사교양, 드라마, 연예오락, 스포츠 등 전 장르를 종합적으로 편성해 제공하는 방송 채널사용사업자.

종편PP 4사가 서비스를 개시했고, 이는 국내 방송미디어 산업지형 전반을 다원적 구조로 전환시키는 중대한 계기였다. 특히 종편PP의 성장세는 국내 방송미디어 지형을 새로운 다채널 구조로 바꾸고 있다. 그동안 케이블방송은 지상파방송 콘텐츠의 재방송 소비구조로 고착되면서 일정 부분 왜곡된 다채널 구조였다면, 자체 콘텐츠를 생산하는 구조의 종편PP 4사의 시장 안착은 실질적인 다채널 구도를 형성해가고 있다(김창조, 2012). 종편PP는 2021년 12월로 출범 10년을 맞았다. 사업 초기 저조한 시청률 기록으로 경영의 어려움도 있었지만, 점차 종편PP의 위상과 경쟁력은 더욱 공고해지는 양상이다. 방통위의 '2020년도 방송사업자 재산상황 공표집'에 따르면, 개국 이듬해인 2012년 종편PP 4사의 방송사업매출 규모는 2,264억 원이었지만, 2020년에는 9,078억 원을 기록해 4배 넘게 증가했다. 종편PP 4사 중 특히 JTBC와 TV조선의 광고매출이 크게 증가했다. 같은 기간 지상파3사의 방송사업매출 규모는 3조 233억 원에서 2조 7,556억 원으로 2,677억 원 감소한 것으로 나타났다. 시청률 면에서도 2011년 12월 개국 첫 달 종편PP 4사의 시청률 합은 겨우 1%에 불과했으나(TNMS, 전체 가구 기준) 2021년 10월 'TV조선' 한 채널의 월평균 시청률이 1.4%에 달하는 것으로 조사되었다. '2020 방송산업 영상백서'에 나온 채널별 연간 가구 시청률을 보면 지상파채널 합계 시청률이 2013년 19.15%에서 2019년 11.90%로 하락(닐슨미디어코리아, 전체 가구 기준)한 반면, 종편PP 4사는 3.45%에서 4.98%로 상승했다. 닐슨코리아가 2021년 3월 15일 발표한 「2020년 4분기 방송산업 동향 보고서」에서도 TV조선은 2.25%를 기록해 KBS1TV(4.04%), KBS2TV(2.67%)에 이어 3위로 나타났다. 그다음은 SBS(2.22%)와 MBC(1.86%)로 조사되었다. 2020년 TV조선의 〈미스터 트롯〉이 기록한 35.7%의 시청률은 유료방송 내 신기록이었다. 2020년 JTBC의 〈부부의 세계〉도 28.4%의 시청률을 기록했다(≪기자협회보≫,

2021.11.16.). 근래 들어서는 종편PP 보도 장르의 시청률 상승세도 주목을 받고 있다. 2021년 1월 '메인뉴스 평균 시청자 수' 통계에 따르면, TV조선 메인뉴스의 경우 133만을 기록했다. KBS의 280만에 이어 2위를 기록한 것이다. MBC와 SBS는 각각 120만과 121만을 기록했다. TV조선 '메인뉴스'의 선전과 관련해 TV조선 시청자위원장인 양승목 서울대학교 교수는 "TV조선 메인뉴스의 시청자 수가 MBC와 SBS의 메인뉴스를 앞섰다는 지표가 나왔다. 뉴스가 끝난 뒤 방송되는 예능 프로그램 덕도 무시할 수 없을 것이다. 하지만 TV조선 〈뉴스9〉의 이러한 성공은 일차적으로 뉴스의 품질과 경쟁력에서 비롯된 것이다"라고 평가했다(≪미디어오늘≫, 2021.3.30.). 한편, 종편PP 보도 장르의 선전과 관련해 일각에서는 '지상파 뉴스의 공공성 훼손이 종편PP에게 기회를 주었다'는 주장을 하기도 한다. 문재인 정부 임기 중에는 의무송출, 외주비율 제도 등 종편PP 득혜들이 폐지되기도 했다. 한편, ≪한겨레≫는 사장이 직접 나서서 "장기적으로 종편PP 또는 보도PP 사업에 진출하겠다"는 의지를 내비치기도 했다(≪미디어오늘≫, 2020.5.13.). 2021년 12월로 종편PP는 출범 10년이 되었다. 서비스 개시 초기, '애국가 시청률'에도 못 미친다는 비판을 받았던 종편PP는 이제는 꾸준한 성장세를 보이면서 국내 미디어산업 질서에서 '상당한 현실'이 되었다.

2. 케이블·위성TV와 DMB·IPTV

국내 유료방송의 역사는 케이블TV가 서비스를 개시하면서 시작되었다. 케이블TV 서비스는 김영삼 정부 시절인 1995년에 지역 민영방송과 함께 도입되었다. 이후 김대중 정부 말기인 2002년에는 위성방송(디지털) 스카이라이프가 출범했다. 케이블과 위성TV의 서비스 개시는 국내에서 뉴미디어 시대를 열었고, 본격적인 다채널 방송환경을 조성했다. 뉴미디어의 등장으로 기존 지상파TV 중심의 국내 방송미디어 산업지형에는 변화가 일기 시작했다. 케이블TV는 시장안착 과정 초기에는 어려움을 겪기도 했으나, 이후 안정적인 성장세를 거듭했다. 하지만 2008년 말 출범한 IPTV 서비스의 견고한 시장안착 등으로 현재는 경영 전반에서 어려움이 가중되고 있는 것으로 보인다. 케이블TV 업계는 통신 3사의 IPTV 서비스 개시 직전인 2008년 봄 '통신 사업 분야 진출'을 공식 선언하기도 했지만 2013년 전후부터 매출 하락세를 보이기 시작했고, 2017년에는 가입자규모 면에서 IPTV 3사에 역전을 당하게 된다. 케이블TV의 경영이 안정적이던 2005년부터 2014년까지 10여 년간의 자료를 종합해보면, 당시 케이블TV 업계의 누적 영업이익은 4조 원 이상이었다. 영업이익률도 10% 선을 기록했다. 반면, 같은 기간 지상파방송의 누적 영업이익은 2,000억 원에 불과했다. 이는 "케이블TV 업계가 호황기에 높은 수익률을 기록하면서도 투자에 인색해 현재의 경영난을 자초했다"(이종관 법무법인 세종 수석전문위원)는 비판을 받는 지점이다. 국내 케이블TV 정책에 있어 최대 쟁점 중 하나가 지상파방송 '재송신' 이슈다. 지상파사업자들은 '지상파 콘텐츠 이용에 대한 케이블 업계의 대가 지급이 우선이다'는 입장인 반면, 케이블TV 업계는 '지상파방송 난시청 해소, 지상파방송의 광고효과 제고에 케이블TV가 기여하는 점이 제대로 반영되어야 한다'는 입장이다. 명확한 콘텐츠 대가 산정방식이 부재한 탓에 양측 간의 근본적인 입장차가 지속되고 있고, 가격 협상 때마다 난항이 반복되는 구조다. 케이블TV 업계는 가입자 감소 등 경영난 가중 속에서 IPTV사들과의 M&A로 출구전략을 모색하는 양상을 보이고 있다. IPTV가 케이블TV 시장을 흡수하는 구도가 되어가고 있다. 2019년에 케이블TV 1위 사업자인 CJ헬로가 LG유플러스로, 2020

년에 케이블TV 2위 사업자인 티브로드가 SK브로드밴드로 흡수되었다. 2021년에는 KT의 위성방송 자회사 스카이라이프가 현대HCN을 인수했다. 케이블TV의 고유 가치 중 하나가 '지역성'으로 볼 수 있다. 케이블TV가 지역 기반의 방송서비스이기 때문이다. 이런 면에서 본다면, 케이블TV가 지향해 나가야 할 핵심 요소가 바로 지역성 가치를 강화하는 것이 될 수 있다. 이를 위해서는 케이블TV에 대한 지역콘텐츠 제작 지원정책이 강화될 필요가 있다는 주장이 설득력을 얻는다. 케이블TV 업계는 '가입자 기반의 수익구조' 모델에서 과감히 벗어나 지속적인 혁신으로 경영상황을 타개하려는 노력을 기울이는 것이 중요해 보인다. 그동안 견지해온 (사실상의 저가) 가격 경쟁구조에서 벗어나 콘텐츠 차별성을 강화해나가는 노력이 중요하다. IPTV와 OTT 중심으로 유료방송시장이 재편되어가는 과정에서 공공성 기반의 지역 실생활정보 제공 등을 중심으로 한 '지역 밀착형 생활플랫폼'으로 케이블TV 위상을 재정립하려는 최근 케이블 업계의 노력은 긍정적으로 보인다.

케이블TV와 함께 초창기 국내 유료방송시장을 선도한 위성TV '한국디지털위성방송'은 2002년 서비스를 시작했다. 이후 2009년에는 IPTV와의 연계서비스인 '올레TV스카이라이프(OTS)' 서비스를 출시해 HD위성방송, IPTV VOD, 집전화, 초고속인터넷 서비스 등을 연계해 제공하기 시작했다. 2012년에는 수신용 접시안테나를 거치지 않고 위성신호를 IP신호로 변환해 인터넷망을 통해 전달하는 방식의 'DCS(Digital Convergence Solution)' 서비스를 개시했다. 한편, 2011년에는 상호를 '한국디지털위성방송'에서 'KT스카이라이프'로 변경하기도 했다. 사업 개시 20년이 된 위성TV는 IPTV, OTT사업자들의 사업 확장 속에서 현재 가입자 감소, 수신료매출 하락 등 사업자로서의 입지가 축소될 상황에 처해 있다. 일각에서는 유료방송시장 내 경쟁구도가 가열되는 상황에서 인수합병(M&A) 외에는 별다른 해법이 없어 보인다고 주장하기도 한다. 한편, 기존 플랫폼으로서의 한계가 지적되는 가운데서도 위성TV는 인터넷이 없는 도서산간 지역에서는 유일한 방송서비스 제공 수단으로서의 '공공성' 가치가 크다는 평가를 받고 있다. 최근 들어서는 위성TV의 통일방송매체로서의 의미도 재부각되고 있다. 당초 위성TV의 도입 목적, 즉 공적 의미부여 측면에서는 난시청 해소, 다채널서비스 제공 외에 통일 지향적 매체의 필요성도 포함되어 있었다. 최근 통일방송 매체로서의 위성TV가 재부각되는 배경에는 위성TV가 광대역 커버리지, 직사채널 운용(통일 관련 프로 편성 가능) 등의 장점이 있다. 입법부와 행정부 차원에서도 최근 위성방송의 통일대비 서비스를 강조하는 움직임이 나타나고 있다.[11] 통일방송, 재난방송 등의 기능 담보를 위해서는 'KT스카이라이프'의 '공적 플랫폼'으로의 위상이 재정립되어야 한다는 주장도 제기된다. 한편, 과기정통부는 2021년 8월 27일 KT스카이라이프의 현대HCN 인수 관련 주식 취득·소유 인가와 최다액 출자자 변경 건을 승인했다. 과기정통부는 승인 배경으로 "기업들이 OTT 출현 등 유료방송 시장상황 변화에 효율적으로 대응할 수 있도록" 하고, "유료방송사업자의 경쟁력 강화 측면에서 불가피하다고 판단"했다고 설명했다. KT스카이라이프의 현대HCN 인수는 2019년 'LG유플러스의 CJ헬로 인수'와 2020년 'SK브로드밴드의 티브로드 인수'에 이어 세 번째 국내 대형 인수합병 사건으로 볼 수 있고, 이는 국내 주요 방송통신 기업의 인수합병 작업이 상당부분 마무리되었음을 시사하기도 한다. 한편, KT스카이라이프는 2021년 6월 2일 넷플릭스와 서비스 제공을 위한 파트너십 계약을 체결함

---

11)   허윤정 의원은 2020년 3월 27일 방송법 개정안을 대표발의하고, "위성방송의 (재)허가 심사 기준에 통일대비 서비스 제공계획 관련 사항 신설이 필요하다"고 주장했다. 한편, 과기정통부는 2020년 12월 29일 KT스카이라이프에 '조건부 재허가' 결정을 내리면서, "통일 대비 방송서비스 제공을 위한 구체적 이행계획 수립·이행"을 제시했다.

으로써 글로벌 OTT와의 사업 공조를 구체화하기도 했다.

케이블TV와 위성TV에 이어 국내 미디어 산업계에 등장한 플랫폼은 DMB(Digital Multimedia Broadcasting), IPTV(Internet Protocol Television) 등 방송통신융합서비스 플랫폼이다.

노무현 정부 시절인 2005년 5월 상용서비스를 시작한 위성DMB는 스마트폰과 모바일방송 등의 대중화로 가입자 수가 급감하면서 이명박 정부 시절인 2012년, 서비스 개시 7년 만에 문을 닫았다. 한편, 2005년 12월 상용서비스를 시작한 지상파DMB는 역대 정부의 정책적 홀대 속에 여전히 경영의 어려움을 호소하고 있다. 지상파DMB 정책은 2004년 7월 노무현 정부가 수출시장 등을 고려해 디지털방송 표준을 미국식(ATSC)으로 결정한 후 본격 시행되었다. 당시 일각에서는 미국 방식이 유럽식(DVB-T) 표준과 비교할 때 '이동방송' 수신에 제한을 받는다고 주장했다. 이에 노무현 정부는 미국 방식을 채택하되 미국식의 단점을 보완하는 차원에서 지상파DMB의 도입을 결정한 것이다. '손안의 TV', '황금알을 낳는 거위'로 한때 묘사되기도 했던 DMB는 출범 후 수익 모델 부재 등으로 서비스 명맥만 유지되고 있는 상황으로 보인다. 지상파DMB는 광고를 주 수익원으로 하는 무료의 방송서비스이지만, '작은 화면', '이동 중 시청' 등의 요인으로 광고 매체로서는 경쟁력이 부족하다는 평가다. 모바일 방송서비스 특성에 맞는 법·제도적 지원도 충분하지 않은 상황이다. 지상파 DMB는 '방송법'상 지상파방송사업자로 분류되어, 모바일방송 특성에 맞지 않게 기존 지상파방송에 준하는 규제가 적용된다. 또한 사업자의 수익 부진 등의 이유로 네트워크 투자가 부진하여, 난시청·음영 지역이 아직 다수 존재하고 있어 DMB 이용자의 편익이 충분히 담보되지 못하는 실정이다. 현재 지상파DMB 사업자들은 광고수익과 함께 홈쇼핑채널 임대수익 등에 전적으로 의존하고 있는 형국이다. 정부 차원의

DMB 활성화 정책방안은 2008년부터 논의되었지만, 이명박·박근혜 정부 임기 동안 DMB 정책은 정부 정책의 우선순위에서 밀려나 있었다. 문재인 정부 들어서는 무료 보편적 서비스이자 주요한 '재난방송매체'[12]로 인식되긴 했으나(신중섭, 2018), 지상파DMB의 매체 속성 등을 고려한 정책적 지원은 제대로 이뤄지지 않았다. 현재 지상파DMB 방송은 스마트폰 확산, N스크린 서비스 확산 등으로 인한 광고매출 감소, 정부 정책의 불투명성 등으로 인해 미래 활로 모색이 쉽지 않은 형국이다. 향후 지상파DMB의 활용성 극대화 차원에서 기술 업그레이드 등을 통한 음영지역 해소, DMB 특성에 맞는 전용 콘텐츠 개발 등 서비스품질 제고 노력이 중요해 보인다. 또한 재난방송을 실시간 이용할 수 있는 플랫폼으로서의 장점을 극대화하는 방향으로의 정부의 정책적 지원이 필요할 수 있다(탁재택, 2017).

국내 대표적인 방송통신융합서비스 플랫폼은 IPTV(Internet Protocol Television)다. 인터넷 기반의 커뮤니케이션 기술의 혁신적 발달에 기반한 IPTV의 출현은 시공(時空)의 압축을 가능하게 하는 등 사회 전반의 소통구조에 획기적 변화를 야기했다. 2008년 서비스가 상용화된 IPTV는 이명박 정부의 핵심적인 방송통신융합서비스 사업이었다. 국내 주요 통신사업자들은 2003년을 전후로 수익 정체기에 들어섰고, 이후 산업적 가치 사슬 간 융합에 착안해 신규 사업 분야를 찾아 나섰다. 이 과정에서 통신사업자들은 방송과 통신의 전형적인 융합서비스 유형이라 할 수 있는 IPTV 분야로의 사업 진출을 모색했다. 통신사업자들은 VOD, 다채널, 양방향 서비스 등을 포괄하는 종합적인 미디어사업자로의 위상 변화를 추구했다.

IPTV 서비스 사업의 초석은 이명박 정부 이전인 노무현 정부 말기에 마련

---

12) 「방송통신발전기본법」에서도 지상파DMB를 재난방송 수신매체로 지정하고 있다.

되었다. 2007년 12월 28일 IPTV서비스의 근간이라 할 수 있는 「인터넷멀티미디어방송사업법」(IPTV법)이 국회 본회의를 통과한 것이다. 'IPTV법'의 핵심 내용은 'IPTV에 KBS1TV 의무 재전송', '전국 권역의 사업 허용' 등이었다. 이후 2008년 9월 KT·SKT·LG데이콤 등 통신3사가 IPTV 제공사업자로 선정되었고, 2008년 11월 KT의 IPTV 본방송 서비스가 시작되었다. 2009년 1월에는 SKT와 LG데이콤의 IPTV 본방송 서비스가 개시되었다. 이로써 3사 간 본격적인 IPTV 상용서비스 경쟁이 시작되었다. IPTV 서비스는 사업 초기 케이블TV 서비스와의 차별성 부재, 인프라(망 설비) 부족, 사회 전반의 경제난 등으로 고전을 했다. 하지만 이후 안정적인 가입자 규모를 확보해나갔다. 이용자들의 매체소비 패턴을 고려한 인터넷 중심의 서비스 제공, 패키지상품 확대, 저렴한 이용 가격 전략 등이 유효했다. 특히 이동통신서비스, 방송서비스, 초고속인터넷 등을 묶은 결합상품의 기여도가 컸다. IPTV 업계는 경영상황 호전으로 2014년분부터 방송통신발전기금 분담금도 납부하고 있고, 2017년부터는 적자에서 흑자 기조로 돌아섰다. 유료방송 서비스 가입자 수 면에서는 2017년 11월 말 IPTV가 케이블 가입자 수를 추월했다. 2019년도 IPTV 방송사업매출 규모는 지상파를 처음으로 추월했다. 2019년 이후 IPTV 업계의 케이블TV 인수합병도 성사되었다. IPTV 업계의 글로벌 OTT와의 '사업제휴' 움직임도 구체적으로 나타나고 있다. LG유플러스는 2018년 11월 16일 넷플릭스와 '단독 파트너십' 계약을 체결하고, 넷플릭스 콘텐츠를 제공하기 시작했다. 또 2021년 9월 26일 디즈니플러스와 '사업제휴 계약'을 맺고 국내 서비스를 개시했다. 한편, SKT는 2019년에 지상파3사와 연합해 자체 OTT 플랫폼 '웨이브(Wavve)'를 출범시켰고, KT 역시 2019년에 자체 OTT '시즌(Seezn)'을 출시했다.

과기정통부가 2021년 11월 10일 발표한 '2021년 상반기 유료방송 가입자 수 조사·검증 및 시장점유율 산정 결과'에 따르면, 2021년 상반기 기준으로 국내 유료방송 가입자 수는 3,510만 7,369명으로 조사되었다. 이 가운데 KT 계열이 1,120만 명, LG유플러스 계열이 887만 명, SK브로드밴드 계열이 870만 명으로 나타나, 유료방송 시장에서 각각 31.9%, 25.28%, 24.77%의 시장 점유율을 차지하고 있다. 매체별 6개월간 평균 가입자 수는 IPTV가 1,900만 3,971명(54.13%), 케이블(SO)이 1,304만 4,615명(37.16%)이었다. IPTV 가입자 수는 줄곧 상승세를 보여왔지만, OTT 시장의 급성장으로 인해 경영환경 전반에 어려움이 가중되는 양상이다. 이런 가운데, IPTV 업계는 새로운 활로를 모색하는 차원에서 IPTV셋톱을 인공지능, 사물인터넷, UHD 등의 신기술과 접목하고, 스마트홈 연동서비스 등으로 사업 구조를 업그레이드하려는 의지를 보이고 있다. OTT가 현재 콘텐츠 서비스의 강력한 플랫폼이 되어가고 있는 상황에서 IPTV가 서비스 혁신을 소홀히 할 경우 케이블TV의 전철을 밟으면서 자칫 '올드 미디어'로 전락할 수 있다는 의견도 나오고 있는 상황이다. IPTV사업자들이 방송서비스를 자신들의 사업에서 사실상 주력 업종이라 할 수 있는 이동통신(사업) 가입자들을 관리해나가는 차원에서 하나의 '하위 패키지 품목'으로 인식하는 관점에서 벗어나, 콘텐츠 투자 의지 등을 더욱 구체화해나가는 노력이 중요할 수 있다.

3. OTT 서비스와 '메타버스' 논의

근래 들어 국내 미디어산업 지형 논의에서 가장 뜨거운 이슈가 OTT(Over The Top)[13]다. OTT는 인터넷만 연결하면 스마트폰, 태블릿, PC, TV 등을 통해서 원하는 콘텐츠를 골라 언제든지 바로 이용할 수 있는 환경을 제공하고 있다. 미디어 소비 환경이 OTT 플랫폼 중심으로 빠르게 재편되고 있고, 코드 커팅(cord cutting) 트렌드는 전(全)지구적 차원에서 가속화되고 있다(이종관, 2021). 2004년 '판도라TV'를 시발점으로 형성되기 시작한 국내 OTT 시장은 2008년에 '유튜브' 한국어서비스가 개시되었고, 2010년에는 CJ헬로비전에서 '티빙(Tving)'을 서비스하기 시작하면서 본격화되었다. 2012년에는 지상파3사가 연합전략으로 '푹(POOQ)' 서비스를 시작했다. 2016년에는 글로벌사업자 '넷플릭스'가 국내 서비스를 개시했고, SKT가 국내 통신사업자로는 처음으로 OTT 서비스 '옥수수(oksusu)'를 출시했다. 2019년에는 지상파3사의 푹과 SKT의 옥수수가 통합을 이뤄 '웨이브(Wavve)'를 출범시켰다. 웨이브의 출범으로 국내에서 대형 OTT 조직이 형성되는 계기가 되었고, 업계에서는 SKT의 투자·마케팅 역량과 지상파의 콘텐츠 역량이 시너지효과를 유발할 수 있다는 전망을 내놓았다. 2019년에는 KT가 '시즌'을 출시했고, 2020년에는 '카카오TV'와 '쿠팡플레이'가 각각 OTT 서비스를 론칭했다. 2021년 상반기에는 CJ ENM과 JTBC가 합작법인 '티빙'을 설립했다. 2021년 하반기에는 '애플TV'와 '디즈니플러스'가 국내시장에 진출함으로써 OTT서비스 사업자 간 경쟁 상황은 더욱 심화되는 양상이다. 국내 OTT서비스는 초기 UCC 등을 제공하면서 웹 기반의 서비스 유형으로 인식되었다. 이후 OTT는 영화, 방송 콘텐츠 등의 서비스 제공을 확대하면서 점차 전통미디어의 대안으로 인식되기 시작했다. 이러한 발전 과정을 거쳐 OTT는 방송서비스의 보완재로서의 위상이 가시화되었다. 현재 OTT는 미디어 서비스의 중심축으로 성장한 상태이고, 영화, 방송콘텐츠, 오리지널콘텐츠 등을 중심으로 서비스 역량을 강

---

13) Top은 TV의 셋톱박스를 의미한다. 즉, OTT는 셋톱박스를 넘어선 여러 유형의 서비스를 제공한다는 의미다.

화하고 있다(이종관, 2021). 현재, 국내 OTT사업자들은 글로벌 OTT사업자들의 '국내시장 잠식'이라는 파고에 직면하고 있다. 한편, 국내 인터넷망제공사업자(ISP)와 글로벌 OTT사업자 간 '망 이용료' 관련 법적 분쟁도 이어지고 있다. 관련해서 최근 국내 법원의 판결 추이는 글로벌 OTT의 국내 망 무임 승차를 규제하는 데 있는 것으로 보인다. 현재 국내에서는 OTT서비스의 개념 정의와 분류, 방송통신발전기금 납부 조항 신설 등과 관련한 논의가 국회와 정부, 업계와 학계 등을 중심으로 지속되고 있다. 방송법과 IPTV법, 전기통신사업법(OTT) 등을 포괄하는 형식의 (가칭)시청각미디어서비스법 제정 논의가 대표적인 예다. 향후 국내 OTT시장은 사업자 간 M&A 등으로 콘텐츠·자본력 등을 갖춘 소수사업자 중심으로 재편될 가능성이 있다. 한편, 일각에서는 글로벌 OTT사업자들의 국내 진출이 확대되고, 또 이들이 국내 외주제작사들과 직거래 방식을 선호하고 있어, 국내 제작산업이 글로벌 사업자들의 '하청기지'가 될 수 있다는 우려를 하고 있다. 이러한 상황에서 국내 OTT사업자들에 대한 적극적인 진흥정책이 마련될 필요가 있다는 주장이 제기되는 것으로 보인다.

앞으로 국내 미디어플랫폼 산업 지형이 어떤 방향으로 진화해나갈지 예측하는 것은 쉬운 일이 아니다. 그럼에도 한 가지 분명한 사실은 새로운 커뮤니케이션 기술문명의 발달에 기초해 한층 업그레이드 된 미디어플랫폼 환경이 조성될 것이라는 점이다. 최근 미디어 업계에서는 '메타버스(Metaverse)'[14] 플

---

14) 메타버스는 '초월한'을 의미하는 메타(Meta)와 '현실·우주' 등을 의미하는 유니버스(Universe)의 합성어로, 1992년 닐 스티븐슨(Neal Stephenson)의 공상과학소설 『스노우 크래시(Snow Crash)』에서 유래한 개념이라는 것이 정설이다. 이 소설에서 메타버스는 현실과 연결된 특별한 가상공간으로 발전해서 아바타를 통한 경제활동이 가능한 가상공간으로 제시됐다. 현재의 VR HMD(Head Mounted Display)와 유사한 디스플레이 장치를 착용하고

랫폼에 대한 논의가 진행되고 있다. 메타버스는 "현실의 물리적 지구를 초월하거나 지구 공간의 기능을 확장해주는, 현실과 가상의 경계를 넘는 새로운 디지털 환경의 세상"으로 이해할 수 있다(김상균, 2021). 메타버스는 물리적 공간의 한계를 뛰어넘을 수 있다는 장점을 앞세워 오프라인(현실)의 경험을 가상의 공간으로 지속 확장해왔다. 특히, 고도화된 기술을 바탕으로 다양한 메타버스 콘텐츠가 개발됨에 따라 디지털플랫폼을 능숙하게 다루고, 타인들과의 동시 접속에 의한 가상공간에서의 관계 생활 및 활동을 현실의 일부분처럼 받아들이면서 새로운 경험을 즐기는, 그리고 연결·관계에 대한 갈증·열망이 강한 MZ세대들 사이에서 '메타버스' 문화가 확산되는 추세다(이종원, 2021; 김동성 외, 2021). 이와 관련해 고찬수(2021a)는 MZ세대가 "메타버스를 만들어가는 창조자이자, 메타버스 속에서 살아가는 주민"이 될 것이라고 주장한다. 메타버스는 앞으로 편의성, 상호작용 방식, 화면·공간 확장성, 기술적·경제적 파급효과 측면 등에서 미디어플랫폼 업계에 여러 유형의 변화를 가져올 수 있다. 현재 글로벌 '빅테크' 기업들은 메타버스 사업 영역을 선점하기 위해 콘텐츠와 빅데이터 분야에 투자를 확대하는 추세다(전범수, 2021). 향후 미디어플랫폼 분야에서 메타버스의 활용 및 파급효과에 대한 관심도가 크게 증가할 것으로 예상한다. 이에 미디어플랫폼 사업자들은 미디어산업의 가치사슬 전반에서 메타버스 기술을 결합한 새로운 실감형 가상현실 경험을 설계하여 미래 경쟁력을 확보할 필요가 있어 보인다. 구체적으로, 미디어 산

고화질의 그래픽 또는 텍스트 기반 터미널로 메타버스에 접속하는 것으로 묘사된다. 이후 메타버스는 2003년에 가상현실 서비스인 세컨드 라이프(Second Life)가 출시되면서 새롭게 주목받기 시작했다. 세컨드 라이프는 메타버스를 시각적으로 구현하며, 아바타를 통해 다른 아바타들과 사회적 관계를 맺고, 때로는 경제적 활동까지 할 수 있는 다양한 가상 체험을 제공했다(황경호, 2021; 김상균, 2021).

업에 특화된 메타버스 콘텐츠와 서비스를 발굴하고, 확장현실(XR)과 데이터·네트워크·인공지능 범용기술 등을 접목한 실감형 가상 플랫폼 개발에 대한 투자 확대 필요성도 제기된다(황경호, 2021). '콘텐츠' 이슈와 관련해서는 몰입감과 실재감을 높일 수 있는 제작역량 담보가, '사용자 경험' 측면에서는 MZ 이전의 세대와 이후의 알파 세대까지, 전 세대를 아우르는 메타버스 환경적 요소들에 대한 관리 능력 배양이 관건이 될 수 있다(김동성 외, 2021). 현재 국회에서는 '메타버스 산업' 육성 차원에서 금융지원, 창업·민간투자, 해외진출 등 진흥정책 전반에 대한 법안 준비도 이어지고 있다.[15] 정부 또한, 과학기술정보통신부·기획재정부·문화체육관광부·방송통신위원회 등을 중심으로 메타버스 산업 육성을 위한 범정부 차원에서의 지원방안을 모색하려는 움직임을 보이고 있다. 미디어플랫폼 정책적인 면에서 볼 때, 메타버스 산업에 대한 논의는 아직 초기 단계다. 메타버스 환경이 미디어플랫폼 산업계에 어느 정도의 가시적인 파급효과를 유발하게 될지는 좀 더 지켜볼 일이다. 업계와 학계의 적지 않은 전문가들이 메타버스가 자칫 3DTV의 전철을 밟을 수 있다는 전망을 하기도 한다. 결국 메타버스의 명운은 미디어플랫폼 산업계의 사업의지의 진정성과 행정부·입법부 등의 정책적 의지에 달려 있다고 하겠다.

살펴본 바와 같이, 국내 미디어플랫폼 산업은 지상파방송에서 출발해 케이블·위성TV 등을 거쳐 방송과 통신의 융합서비스인 IPTV와 OTT 단계로 진화한 양상으로, '다플랫폼·다채널' 서비스 환경이 조성된 국면이다. 미래

---

15) 김영식 의원의 경우, 2022년 1월 11일 '메타버스산업진흥법안'을 대표발의하고, "최근 들어 입체 환경으로 된 가상공간에서 가상인물 등을 통하여 다양한 사회적·경제적·문화적 활동을 할 수 있는 메타버스가 새로운 산업 분야로 대두하고 있다"면서, "과학기술정보통신부장관은 메타버스산업의 진흥 및 메타버스 이용 활성화를 위하여 3년마다 메타버스진흥기본계획을 수립하도록 하자"고 제안했다.

미디어플랫폼 산업은 초연결네트워크, 확장현실, 빅데이터, 인공지능 등 새로운 기술 문명에 기초해 진화를 거듭할 것으로 보인다. 이러한 미디어플랫폼의 진화 과정에서 사회 구성원들의 미디어콘텐츠 소비 패턴 등 사회적 재편 과정은 더욱 가속될 것으로 전망된다.

제3장

방송통신미디어 규제·진흥 정부조직

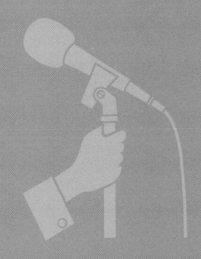

1. 이명박·박근혜 정부

1) 이명박 정부의 정부조직 개편 논의

2007년 12월 19일 치러진 제17대 대통령선거에서 당시 야당이던 한나라당의 이명박 후보가 당선되었다. 이명박 당선인은 2008년 2월 25일 대한민국 제17대 대통령으로 취임했다. 대통령직인수위원회가 마련한 정부조직 개편안에 따라, 이명박 정부의 정부조직은 2원 15부 2처 18청 3실 5위원회(45개 기관)로 구성되었다. 노무현 정부의 2원 18부 4처 18청 4실 10위원회(56개 기관)에 비해서 11개 기관이 줄어들었다. 이명박 정부는 '작고 효율적인 정부'를 추진한다는 명분에 따라 과학기술부, 해양수산부, 정보통신부 등을 다른 부처와 통폐합시켰다. 그중 정보통신부는 방송위원회와 통합되어 방송통신위원회(방통위)로 출범했다(탁재택, 2013).

2) 이명박 정부의 방송통신위원회

2008년 1월 21일 한나라당 의원 130명이 참여하고 안상수 의원이 대표발의한 방송통신기구법 '방송통신위원회의 설치 및 운영에 관한 법률안'이 국회에 제출되었다. 이 법안은 신규 플랫폼의 등장과 방송통신 융합이라는 새로운 환경에 적극적으로 대응할 필요가 있다는 기본 인식하에 방송과 통신에 관련한 정책 업무의 일원화를 골자로 했다. 방통위의 성격을 대통령 직속 합의제 행정기관으로서의 합의제 기구로 한 이유는 사업자의 인·허가, 제재, 분쟁조정 등과 관련해 규제집행 행위의 타당성을 담보하고, 방송미디어의 독립성, 자율성 및 다양성과 가치 다원성 등을 보장한다는 취지에서였다(이원우, 2009). 방통위의 업무 범위는 방송·통신·전파 관련 정책 및 규제 분야로 정했으며, 운영 방식은 5인 상임위원제를 골격으로 했다. 대통령이 위원장과 위원 1명을 지명하고, 나머지 3명은 국회의장 추천(여당 1, 야당 2) 후 대통령이 임명하는 형식이었다. 위원 임기는 3년이며 1회 연임이 가능하고, 위원장 임명 과정에는 청문회 절차를 두었다. 이 법안은 2008년 2월 26일 국회 본회의에 상정·통과되었고, 즉시 공포·시행되었다. 그리고 3일 후인 2월 29일 방통위가 공식 출범했다. 방통위 초대 위원장에는 이명박 대통령의 멘토로 불리면서, 대선 과정에서 기여도가 컸던 것으로 알려진 최시중이 임명되었다. 최시중은 재임 기간 동안 정치적 논란을 야기하기도 했다. 방송의 공공성·공익성을 보장해야 할 책임이 있는 방통위 수장이 이른바 정권 실세로서 정무적 발언들을 하기도 하여 이에 대한 비판이 일었던 것이다. 그는 3년의 임기 후 연임에는 성공했으나, 부하 직원의 금품비리 연루 의혹 등으로 2012년 1월 27일 사퇴를 발표했다. 최시중의 후임으로는 정보통신부 출신의 이계철이 2012년 3월 9일 취임했다. 방통위는 방송위원회와 정보통신부 인력의 결합에 기초한 조직으로, 정보통신부 출신 인력 약 70%와 방송위원회 출신 인력 약 30%로 구성되었다. 이로 인해 '한 지붕 두 가족'이라는 수식어가 따라다니기도 했다.

이명박 정부의 방통위에 관해서는 '합의제'라는 기구적 성격이 가장 큰 논란거리였다. 이 과정에서 합의제 행정기구로서의 한계를 극복하는 방안으로 독임제 부처 설립의 필요성이 제기되기도 했다. 정보통신기술 발전, 방송통신산업 진흥, 규제의 시너지 효과를 위해서는 통합 독임제 부처가 필요하다는 논리였다. 방통위의 위상 및 기구 성격에 대해 수많은 논쟁이 이어졌고, 특히 대통령 선거가 있는 해인 2012년에는 급격히 확대되었다. 논의 과정에서 가장 크게 부각된 것은 방통위, 문화부, 행정안전부, 지식경제부 등 4개 정부 부처로 분산된 방송통신정책의 비효율성 문제였다. 김대호 인하대학교 교수는 "우리나라는 1994년 정보통신부를 설치해 ICT 인프라 강국의 토대를 만들었다. 2008년의 제2차 개편을 통해서는 통신과 방송의 융합을 반영해 방송통신위원회를 설치했다. 이제는 제3차 개편을 통해 부처별로 분산되어 있는 방송, 정보화, 콘텐츠, ICT 산업 등을 모두 포괄하는 미래 지향적 설계를 해야 할 시점에 와 있다"고 주장했다(≪중앙일보≫, 2012.5.16.). 한편, 독임제 부처에서 방송정책 업무를 관장할 경우, 방송의 정치적 독립성이 위협받을 수 있다는 견해들도 있었다.

방통위의 위상과 관련해 이명박 정부 동안의 핵심적 논쟁 사안은 바로 위원회 인적 구성의 '정치성' 요소였다. 이런 가운데 방송통신 규제기구의 인적 구성상 정치적 독립성을 강화해야 한다는 국회 차원의 움직임도 있었다. 제19대 국회 개원 직후인 2012년 6월 18일 남경필 의원은 ('방송법'·'방송문화진흥회법' 개정안과 함께) '방통위원회의 설치 및 운영에 관한 법률 개정안'을 대표발의했다. 남 의원은 "언론의 공공성과 다양성을 확보하고 방송통신위원회의 위원장 및 위원의 임명에 있어서 정치적 중립성을 강화하고자 방송통신위원회 위원장 및 위원의 결격사유에 정당의 당적을 보유했던 사람과 공직선거로 취임하는 공직에서 퇴직한 날부터 3년이 지나지 아니한 사람, 대통령선거에서 자문이나 고문 역할을 한 날부터 3년이 지나지 아니한 사람, 대통령직인수위원회의 위원장·부위원장·위원이었던 사람을 포함하도록 하는 등 결격사유를 강화하고자 한다"라고 법안의 발의 취지를 설명했다.

'방송통신위원회의 설치 및 운영에 관한 법률' 제1조는 "이 법은 방송과 통신의 융합 환경에 능동적으로 대응하여 방송의 자유와 공공성 및 공익성을 높이고 방송·통신의 국제경쟁력을 강화하며 방송통신위원회의 독립적 운영을 보장함으로써 국민의 권익보호와 공공복리의 증진에 이바지함을 목적으로 한다"라고 기술하고 있다. 이렇듯 방통위는 법적으로 방송의 공공성·공익성과 독립성에 기초해 한국 사회의 공공복리에 기여해야 하는 기구이다. 하지만 위원회는 이명박 정부 5년 동안 정파성 시비에 끊임없이 휘말려왔던 것이 사실이다(이인호, 2012). 방통위가 출범한 지 5년이 경과한, 2012년 대선을 전후로 방통위 활동의 성과에 대한 평가가 엇갈렸다. 일각에서는 IPTV 상용화 등 한국 방송산업이 활성화되는 데 중요한 역할을 했다는 의견을 내놓은 반면에, 또 다른 한편에서는 방통위가 정치와 정책이 제대로 분리되지 못한 채 운영된 관계로, 방송문화 전반의 공공성이 붕괴되었다는 평가를 내렸다. 이런 측면에서 볼 때, 방송통신 규제기구 운영의 기본 원칙은 '탈정치성', 즉 인적 구성 시 업무 전문성, 국민 대표성, 정치 독립성 등의 요소에 기초하는 것이 중요할 것이다. 박근혜 대통령 취임 후, 사회적 논란 속에 '정부조직법 개정안'이 2013년 3월 22일 국회에서 통과되었다. 박근혜 정부의 방통위 구조는 결국 지상파방송·종편PP·보도PP 등의 업무를 관장하는 방통위와 케이블방송·위성방송·IPTV 등의 업무를 관장하는 미래창조과학부로 이원화되었다.

3) 이명박 정부의 방송통신심의위원회

이명박 정부 출범과 함께 방통위 조직과는 별도로 방송통신심의위원회(방심위)가 2008년 5월 15일 출범했다. 방심위는 옛 방송위원회의 심의부분과 정보통신윤리위원회가 맡았던 방송과 통신 콘텐츠 심의 기능을 이관 받은 기구였다. 대통령 직속 기구로 출범하는 방통위가 방송 내용 심의 업무를 담당하는 것은 위헌적 소지가 있다는 의견에 따라, '민간 독립기구' 형식으로 방심위가 출범하게 된 것이다. 방심위의 인적 구성은 위원장과 부위원장 그리고 7인의 위원 등 총 9인(상임 3, 비상임 6)으로 되어 있었다. 대통령이 3인을 지명하고, 국회의장이 교섭단체대표와 협의를 통해 3인을 추천하고, 국회 소관 상임위원회가 3인을 추천하는 방식이었다. 결국 대통령이 3인, 국회가 6인을 추천하는 구조였다. 방심위 출범 직후부터 위원회의 조직 형식과 운영 내용에 대한 논란이 끊이지 않았다. 그 이유는 무엇보다 정당 추천을 받은 방심위 일부 위원들이 정치권에 대한 '임명의 빚'(강형철, 2016)을 떨쳐내지 못했기 때문이다. 방심위가 의사결정 과정에서 임명 구조에 내재된 정파성이라는 한계를 드러낸 것이다. 이런 배경에서 2012년 8월 29일 최민희 의원은 '방통위원회 설치 및 운영에 관한 법률 개정안'을 대표발의하기도 했다. 최 의원은 이 법안에서 방심위의 여·야 6 : 3 위원 구성을 여·야 동수로 바꾸자고 주장했다. "9명의 심의위원을 여당이 4명, 야당이 4명을 각각 추천하고 나머지 1명은 여·야가 합의한 사람으로 추천하도록 하자"고 제안했다. 또한 방심위 위원의 결격사유를 명시하자고도 했다. 당원 경력이나 대선캠프 특보 등 정치적 편향성이 확인되었거나 방송통신 분야 사업자의 이해관계에 흔들릴 가능성이 있는 사람은 심의위원이 될 수 없도록 하자고 제안했다. 이 외에도 방심위의 회의 공개 의무화를 주장하기도 했다.

이명박 정부 5년 동안 방송 심의에 관한 규정 중에서 '공정성' 문제가 가장 뜨거운 쟁점이었다. 공정성 관련 심의는 제9조 제2항과 제3항에 기반을 두고 있는데, 제2항에서는 "방송은 사회적 쟁점이나 이해관계가 첨예하게 대립된 사안을 다룰 때에는 공정성과 균형성을 유지하여야 하고 관련 당사자의 의견을 균형 있게 반영하여야 한다"는 내용을, 제3항에서는 "방송은 제작 기술 또는 편집기술 등을 이용하는 방법으로 대립되고 있는 사안에 대해 특정인이나 특정 단체에 유리하게 하거나 사실을 오인하게 하여서는 아니 된다"는 내용을 담고 있다. 이에 대해 비판론자들은 해당 조항의 적용에 있어 방심위가 구조적으로 정부·여당에 유리한 결론을 내릴 수밖에 없다고 주장했다. 더 나아가 공정성 심의가 표현의 자유와 언론의 자유를 현저히 침해할 수 있다는 논리까지 전개했다. 이명박 정부 5년 동안 방심위 결정과 관련하여 공정성 논쟁을 불러온 대표적 사례로 미국산 쇠고기 수입 협상 관련 (광우병) 방송 심의, 4대강 관련 방송 심의 등을 꼽을 수 있다.

한편 이명박 정부 5년 동안 지속된 공정성 심의 논란은 심의 자제, 심의 최소화, 사업자의 자율심의 확대 등의 이슈로 확대되었다. 심의 규제 제도의 축소와 관련해서, 최우정(2009)은 "청소년보호 차원에서 폭력물과 음란물 등에 대해서는 내용 심의 규제 제도가 필요하나, 기본적으로는 국민 간 자유로운 소통, 다양한 정보 유통, 매체의 자유로운 활동 등을 보장하는 차원에서 내용 심의 전반이 자제될 필요가 있다"고 주장했다.

심의 절차에 대한 비판도 적잖게 제기되었다. 비판은 민간 독립기구를 표방하는 방심위가 심의 결과를 보고하면 이에 대해 대통령 직속 기구인 방통위가 최종 규제권한을 행사하는 구조에 향했다. 법상으로 방심위는 독립적 기구로 규정되어 있다고는 하지만, 방심위의 의결 사항은 방심위가 자체적으로 행정처분을 내릴 수 있는 구속력과 권한이 없고 방통위에 행정 처분을 요청해야 하는 구조였다. 방심위의 위상 및 역할과 관련해서 방심위 박만 위원장은 2012년 11월 30일 기자간담회에서 "방심위를 상부 기관인 방통위로부터 독립시켜 중립적 기구로 가져가야 한다. 이를 통해 조직에 대한 정치적 오해와 편견 등을 불식시킬 수가 있다. 방심위는 콘텐츠 규제기관으로서 준사법적 기능을 수행하지만, 민간기구 특성상 심의 의결권만 있고 행정 명령권이 없어 문제다. 심의기구에 대한 별도 법이 마련되어, 독립적 권한을 행사할 수 있는 구조가 바람직하다. 대통령과 여·야가 각각 3명씩 총 9명의 위원을 추천하는 방식도 헌법재판소처럼 대통령과 국회, 대법원장이 추천하는 제도로 바꿔 정치중립성을 강화해야 한다. 심의 기관장의 인사청문회 절차도 필요하다. 방통위가 관장하는 방송통신발전기금을 사용하고 있는 것도 문제다. 방심위가 독자적인 예산 편성권을 가져야 한다"고 발언했다. 방심위 구조에 대한 이명박 정부 5년 동안의 주요 쟁점들을 종합한 발언이다.

4) 박근혜 정부의 정부조직 개편 논의

2012년 12월 19일 치러진 제18대 대통령선거에서 당시 여당이던 새누리당의 박근혜 후보가 당선되었다. 박근혜 당선인은 2013년 2월 25일 대한민국 제18대 대통령으로 취임했다. 하지만 2017년 3월 10일 헌법재판소가 헌정사상 처음으로 '대통령 탄핵 인용'을 결정함으로써 임기 1년여를 남기고 파면되었다.

박근혜 정부의 정부조직은 이명박 정부의 15부 2처 18청에서 17부 3처 17청으로 개편되었다.

정부조직 개편 논의과정에서 대표적인 쟁점은 과학기술과 정보통신기술을 창조경제의 원천으로 활용한다는 차원에서 미래창조과학부(미래부)를 신설하는 안이었다. 이는 미래부 신설 시 미래부 장관이 과학기술정책의 수립·총괄조정평가, 과학기술의 연구개발·협력·진흥, 산학 협력 및 과학기술인력 양성, 국가정보화 기획·정보보호·정보문화, 방송통신의 융합·진흥 및 전파관리, 정보통신산업, 원자력 안전, 우편·우편환 및 우편대체에 관한 사무 등을 관장하는 구조였다. 미래부 신설안은 기존의 방송통신정책 총괄부처인 방통위원회의 기능 축소를 의미하는 것으로, '방송법'과 '방통위설치법' 등의 개정을 전제로 했다. 당시 여당 안대로 방송통신 분야의 진흥 정책 기능 등이 미래부로 이관될 경우, 방통위는 규제 업무와 이용자 보호 업무 등을 맡게 되는 형식이었다. 이에 대해 당시 야당인 민주당은 대통령직인수위의 정부조직 개편안 발표 직후부터 크게 반발하는 모습을 보였다. 무엇보다 방송정책 전반에 독임제 부처 성격의 미래부가 관여하는 것에 우려를 나타냈다. 전병헌 의원은 다음과 같은 주장을 폈다. "김대중 정부 들어 공보처[1]가 겨우 폐지되고 방송개혁위원회(방개위)[2]를 만들어 '방송법' 전면 개정을 통

---

1) 김영삼 정부 시절에는 공영방송을 담당하는 방송위원회와 유료방송 영역을 담당하는 종합유선방송위원회가 있었지만, 방송정책을 실질적으로 관장한 곳은 공보처였다는 것이 중론이다.

2) 김대중 대통령이 1998년 12월 14일 위원 14명을 위촉함으로써 대통령 직속 민관 합동 자문기구 성격의 방송개혁위원회(대통령령 제15935호, 1998.12.04. 제정 및 시행. 활동기간, 1998.12.01.~1999.02.28.)가 발족되었다. 방개위에는 방송협회, 케이블TV협회, 유선방송협회, 위성방송추진협의회, 광고단체연합회, 언론노조, 언론개혁시민연대 등에서 위촉한 인사들이 실행위원으로 참여했고, 제도/발전/기술 등 세 개 분과로 논의를 진행했다. 방개위는 동월 17일부터 이듬해인 1999년 2월 27일까지 두 달여 동안 활동했고, 활동을 종료할 때는 방송개혁 기본방향, 방송 독립성·공공성 확보 방안, 방송구조개혁 방안 등을 담은 자문보고서 「방송개혁의 방향과 과제」(전체 4장 23개 항목)를 내놓았다. 방개위 자문보고서는 "방송이 정치권력과 자본의 영향력으로부터 자유롭지 못했던 과거에 비추어볼 때, 개혁 작업의 일차적 목표가 방송규제기구의 독립성을 확보하는 것이어야 한다"면서, 새롭게 구성되는 규제기구 방송위원회는 "행정부처로부터 직무상 독립된 독립규제위원회의 성격을

해 과거 방송위원회와 종합유선방송위원회를 통합하여 방송위원회를 출범시키면서 비로소 '방송 정책'이 합의제 기구에서 다뤄질 수 있는 역사의 진전이 있었다. 그 후 민주당 당론에서 많이 벗어나가긴 했으나 방송통신융합이라는 시대적 조류에 부합하는 방송통신융합기구로 방송통신위원회를 만들었다. 이제 다시 방송정책을 독임제 부처로 이관한다는 것은 시대역행적 처사가 아닐 수 없다. …… 방송정책은 결코 독임제 부처인 미래창조과학부에 맡길 수 없다. 언론의 자유와 독립, 방송의 공공성을 지키는 것은 산업진흥을 대가로 희생될 수 있는 교환의 대상이 될 수 없기 때문이다"(≪미디어스≫, 2013.1.27.). 여·야 간 협상 과정은 지난했으나, 종국에 여·야는 2013년 3월 21일 밤 정부 조직개편안 관련 합의에 도달했다. 골자는 미디어정책과 관련해서는 미래부를 신설하되 방통위를 합의제 중앙행정기관으로 남겨두는 안이었다. 세부적으로는 미래부가 SO, 일반PP, 위성TV, IPTV, 스마트TV, 방송진흥정책 업무 등을 관장하고, 방통위는 지상파, 종편PP, 보도PP 관련 정책권을 갖는 형식이었다. 전파·주파수 관련 사항은 전체적으로 미래부로 이관하되, 현행 통신용 주파수 관리는 미래부 소관으로 하고, 방송용 주파수 관리는 방통위 소관으로 했다. 국회 상임위원회 운영과 관련해서는 문화체육관광방송통신위원회는 미래창조과학방송통신위원회로 명칭을 변경하고, 교

지니되, 실정법상 합의제 행정기구의 형태를 가져야 한다"고 제안했다(≪미디어스≫, 2013.2.3.). 이로써 김대중 정부 초기 방송정책 관리권은 공보처에서 문화부로 잠시 넘어갔으나, 방개위 활동 내용에 기초한 방송위원회가 2000년에 통합방송법에 따라 새롭게 설립되면서 문화부의 방송정책 관리권은 다시 방송위로 이관되었다. (애초 방송위원회는 1981년 「언론기본법」에 의해 최초로 설립되었으나, 「언론기본법」이 폐지됨에 따라 1987년에 제정된 「방송법」으로 근거법령이 바뀌었다. 이후, 2000년 통합방송법 제정으로 방송위원회가 새롭게 탄생했다.) 노무현 정부 때까지 방송정책 전반을 총괄하던 방송위는 이명박 정부의 정부조직 개편 과정에서 정보통신부와 함께 방송통신위원회로 새롭게 통합되었다.

육과학기술위원회는 교육문화체육관광위원회로 명칭을 변경하며, 미래창조과학방송통신위원회는 미래창조과학부와 방송통신위원회에 속하는 사항을 소관으로 하기로 했다. 박근혜 정부 정부조직 개편안은 새누리당이 안을 제출한 지 52일 만인 2013년 3월 22일 오전 국회 본회의에서 처리되었다. 다음 날인 23일 0시를 기해 박근혜 정부 정부조직이 15부 2처 18청에서 17부 3처 17청으로 최종 개편되었다(탁재택, 2017).

5) 박근혜 정부의 방송통신위원회

이명박 정부 시절의 방통위 구조가 박근혜 정부 출범 이후 미래부와 방통위로 이원화된 가운데, 박근혜 정부 출범과 함께 방통위원장으로 취임한 이경재 위원장은 2014년 3월 25일 (잔여) 임기를 마쳤다. 이로써 2기 방통위 3년 임기가 마감되었다. 2기 방통위는 3명의 위원장이 맡아 수행했다. 1기 방통위에 이어 연임된 최시중 위원장의 경우, 부하직원 금품비리 연루 의혹 등으로 중도 하차했다. 후임 이계철 위원장은 이명박 정부 임기 종료와 함께 자진 사퇴했다. 박근혜 정부 출범 이후 임명된 이경재 위원장은 방통위 2기 임기 종료와 함께 물러났다. 사실상 1년 단위로 위원장이 바뀐 것이다. 2기 방통위 3년의 공과에 대해서는 평가가 엇갈린다. 미디어산업 육성 측면에서는 기여가 있었다는 평가와 방송의 공공성 담보 등의 측면에 있어서는 합의제 본연의 취지에 충실하지 못했다는 평가가 공존한다.

박근혜 정부에서 방통위를 대표하는 인물은 2014년 4월 8일 3기 위원장으로 취임한 최성준 방통위원장이다. 방통위 3기 위원회의 정책과제에 기초해 박근혜 정부에서는 지상파방송 광고총량제와 (EBS에 국한된) 지상파 다채널서비스 등이 허용되었다. UHD 본방송은 당초 '2017년 2월 개시'에서 시점이 미뤄져 동년 5월 31일 자로 시작되었다. 한편, 방통위 3기 임기 동안에 KBS, MBC 등 공영방송 이사진 선임 과정에서 일부 편향성 논란이 야기되기도 했다(≪피디저널≫, 2017.4.10.).

박근혜 정부 임기 동안 방통위의 위상, 위원 구성과 운영 방식 등과 관련해 야당을 중심으로 여러 유형의 법안 발의가 있었다. 관련 법안을 대표발의한 의원들은 유승희, 최민희, 신경민, 이상민, 임수경, 노웅래, 박홍근, 최명길, 남인순 의원 등이다. 2013년 8월 23일 유승희 의원이 대표발의한 '방통위설치법 개정안'의 골자는 "방통위원장 임명 과정에 국회 동의 절차를 두자"는 것이었다. 2013년 9월 25일 최민희 의원이 대표발의한 '방통위설치법 개정안'의 골자는 "방통위 위원을 여·야가 각각 2명을 추천하고 두 교섭단체가 합의하는 1명을 추천하여 대통령이 임명하도록 하고, 위원장과 부위원장은 위원 중에서 호선하자"는 것이었다. 2014년 2월 4일 신경민 의원이 대표발의한 '방통위설치법 개정안'의 골자는 "방통위 부위원장을 야당 측 인사가 추천하는 사람 중에서 호선하도록 하자"는 것이었다. 2014년 2월 17일 이상민 의원이 대표발의한 '방통위설치법 개정안'의 골자는 "대통령선거 후보자의 자문·고문 등의 역할을 한 사람의 경우 3년의 기간이 경과하기 전에는 방통위원이 될 수 없도록 하는 등 방통위원의 자격 기준과 결격사유를 강화하자"는 것이었다. 2014년 4월 3일 임수경 의원이 대표발의한 '방통위설치법 개정안'의 골자는 "방통위의 지상파, 종편 등에 대한 재허가 과정에서 가중된 의결정족수(4/5) 제도를 도입하자"는 것이었다. 2016년 7월 7일 노웅래 의원이 대표발의한 '방통위설치법 개정안'의 골자는 "방통위의 KBS 이사 추천권과 방송문화진흥회 이사 임명권을 국회 교섭단체 등으로 이관하자"는 것이었다. 2016년 7월 21일 박홍근 의원 등 162명의 의원들이 발의한 '방통위설치법 개정안'[3]의 골자는 2016년 7월 7일 자 노웅래 의원의 법안 발의 내용과 유사한 것으로, "KBS 이사 추천, EBS 임원 및 이사 임명 및 방송문화진흥회 임원 임명 관련 방통위의 권한 사항을 삭제하자"는 것이었다. 2016년 8월 19일 최명길 의원이 대표발의한 '방통위설치법 개정안'의 골자는 "방통위의 소관 사무와 심의·의결 대상에 방송편성 관련 규제 또는 간섭의 조사·제재에 관한 사항을 추가하자"는 것이었다. 끝으로 2016년 11월 23일 남인순 의원이 대표발의한 '방통위설치법 개정안'의 골자는 "방통위 위원 구성 시여성 참여를 확대하는 차원에서 특정성별이 전체 위원 수의 10분의 6을 초과하지 않도록 하자"는 것이었다. 이 법안들 가운데, 이상민 의원이 2014년 2월 17일 대표발의한 '방통위설치법 개정안'이 2015년 1월 12일 국회 본회의에서 통과되었다. 통과된 개정안의 주요 내용은 "대통령선거에서 후보자의 당선을 위하여 방송, 통신, 법률, 경영 등에 대하여 자문이나 고문의 역할을한 사람 및 대통령직인수위원회 위원으로 활동한 사람에 대하여는 3년의 기간이 경과하기 전에는 방송통신위원회 위원이 될 수 없도록 한다"는 것이었다. 이렇듯 박근혜 정부 기간 동안 방통위 위원 구성과 운영 방식의 변화를유도하려는 야당의 노력은 지속되었고, 그 결과물로 방통위 상임위원의 자격 기준과 결격사유가 강화되었다.

6) 박근혜 정부의 미래창조과학부

박근혜 정부를 대표하는 상징적인 부처로 신설된 미래창조과학부(미래부)

---

3)   참고로, 이 법률안은 2016년 7월 21일 박홍근 의원이 대표발의한 '방송법 일부개정법률안',
     '방송문화진흥회법 일부개정법률안', '한국교육방송공사법 일부개정법률안'의 의결을 전제
     로 했다.

는 2013년 4월 19일 과천 정부청사에서 현판 제막식을 갖고 본격적인 활동에 들어갔다. 미래부는 '창조경제' 이념을 앞세운 박근혜 정부가 이명박 정부 시절의 방송통신위원회, 지식경제부, 교육과학기술부, 국가과학기술위원회 등에 흩어져 있던 ICT, 과학기술 관련 업무 등을 하나로 묶어 만든 조직이었다. 방송정책과 관련해서는 미래부가 SO·일반PP, 위성TV, IPTV, 스마트TV, 방송진흥 정책 등과 관련한 업무를 관장했다. 박근혜 정부의 미래부는 1, 2차관제로 되어 있었다. 이명박 정부 시절 과학기술부 과학기술정책 등의 업무가 1차관실에 주로 배속되었고, 방통위 ICT 정책 등의 업무가 주로 2차관실에 속해 있었다. 이런 구조하에서 박근혜 정부 임기 내내 양측 간 정책목표 통일 등 화학적 결합에 어려움이 있었던 것으로 보인다. 한편, 미래부 폐지론도 대두되었다. 더불어민주당 소속의 문미옥 의원은 "미래부를 폐지하고 과학기술부와 정보통신부를 부활시키자"는 내용을 골자로 한 '정부조직법 개정안'을 2016년 8월 17일 대표발의했다. 박근혜 정부 임기 내내 '창조경제' 개념·정책의 모호성과 구체성의 결여로, 창조경제 구현의 실효성이 크지 않았다는 것이 일반적인 평가다. 이는 SO·일반PP, 위성TV, IPTV, 스마트TV 등 방송진흥정책 전반에서도 마찬가지였다고 볼 수 있다.

7) 박근혜 정부의 방송통신심의위원회

이명박 정부에 이어 박근혜 정부에 들어서도 방심위의 기능과 역할에 대한 사회적 논란은 지속되었다. 무엇보다 '공정성'[4]이 핵심 쟁점이었다. 박근

---

4) 미국의 경우, 연방통신위원회(FCC)는 1949년에 제정된 방송 '공정성 원칙(Fairness Doctrine)'을 표현의 자유와 언론의 자유를 침해할 소지가 있다는 이유 등으로 1987년 폐지한

혜 정부를 대표하는 방심위는 2014년 6월 17일 출범한 제3기 박효종 위원장 체제였다. 제3기 방심위는 2014년 11월 4일 자 '제3기 정책과제'에서 "심의의 공정성을 확보하겠다"고 했으나, 박근혜 정부 임기 내내 방송심의규정 제9조 '공정성'에 대한 사회적 논란은 끊이지 않았다. '공정성' 이슈와 관련하여, 학계의 주장과 입법부의 법안 발의도 이어졌다. 배진아(2014)는 공정성 심의 담보 방안으로 무엇보다 방심위 구성상의 '여·야 6 : 3 구조의 개선', '공정성 심의 만장일치 의결제 도입' 등을 주장했다. 국회에서는 신경민, 이상민, 남인순 의원 등 야당 쪽 의원들의 법안 발의가 이어졌다. 2014년 2월 4일 신경민 의원이 대표발의한 방통위설치법 개정안의 골자는 "방심위의 구성을 여·야 6 : 3이 아닌 5 : 4 구조로 변경하기 위하여 여당이 5인을 추천하고 야당이 4인을 추천하여 대통령이 위촉하도록 하고, 위원장의 경우 여당에서 추천한 인사가, 부위원장의 경우는 야당에서 추천한 인사가 맡도록 하자"는 것이었다. 2014년 2월 17일 이상민 의원이 대표발의한 '방통위설치법 개정안'의 골자는 "대통령선거 후보자의 자문·고문 등의 역할을 한 사람의 경우 3년의 기간이 경과하기 전에는 방심위원이 될 수 없도록 하는 등 방심위원의 자격 기준과 결격사유를 강화하자"는 것이었다. 2016년 11월 23일 남인순 의원이 대표발의한 '방통위설치법 개정안'의 골자는 "방심위 위원 구성 시 여성 참여를 확대하는 차원에서 특정성별이 전체 위원 수의 10분의 6을 초과하지 않도록 하자"는 것이었다. 이 법안들 가운데, 이상민 의원이 2014년 2월 17일 대표발의한 '방통위설치법 개정안'은 2015년 1월 12일 국회 본회의에서 통과되었다. 통과된 개정안의 핵심은 "대통령선거에서 후보자의 당선을 위하여 방송, 통신, 법률, 경영 등에 대하여 자문이나 고문의 역할을 한

바 있다.

사람 및 대통령직인수위원회 위원으로 활동한 사람에 대하여는 3년의 기간
이 경과하기 전에는 방송통신심의위원회 위원이 될 수 없도록 한다"는 내용
이었다. 한편, 방심위 노조는 박근혜 정부 말기인 2017년 2월 6일 발표한 '방
심위원회 구조적 편파성 이대로 방치할 수 없다' 성명서에서 "지난 9년 동안
방심위가 공정했는가? 이명박·박근혜 정권 9년 동안 언론계가 권력에 길들
여지는 과정에서 방심위가 일말의 책임이 없는지 되돌아볼 때, 말할 수 없는
부끄러움을 느낀다. 현행 6대 3 방심위 구조는 편파적이다. 현재 논의되고
있는 공영방송 지배구조 개선 입법 사항(여: 야, 7 : 6)이 방심위의 편파성을
해소하는 모든 해결책이 될 수는 없지만, 방심위 위원 위촉 절차에도 동일하
게 적용될 필요가 있다"라고 주장했다. 방심위 내부에서조차 방심위 위원 구
성상의 여·야 비율 조정의 필요성을 언급한 것이다. 한편, 박근혜 정부에서
는 청와대가 직원 및 위원 성향분석 등을 통해 방심위의 운영 전반에 대해
개입하려고 했다는 정황이 문재인 정부 출범 이후 밝혀지기도 했다(≪미디어
오늘≫, 2017.10.18.).

2. 문재인 정부

1) 문재인 정부의 정부조직 개편 논의

2017년 5월 9일 치러진 제19대 대통령선거에서 당시 야당인 더불어민주
당의 문재인 후보가 당선되었다. 문재인 대통령은 선거 다음날인 5월 10일
취임했다. 문재인 정부는 (전임 대통령의 탄핵으로 인해) 대통령직인수위원회 활
동 없이 임기를 시작했다. 이의 보완책으로 5월 16일 국무회의에서는 '국정

기획자문위원회의 설치 및 운영에 관한 규정'(대통령령)이 의결되었다. 이에 기초해 대통령 직속기구 형식의 국정기획자문위원회가 신설되었다. 50일 동안 한시적으로 운영된 국정기획자문위원회는 통상적인 대통령직인수위원회를 대신해, 정부조직, 예산현황 파악, 정책기조 설정 등 대통령 자문 역할을 담당했다. 문재인 정부의 정부조직 개편안은 여당인 더불어민주당이 2017년 6월 9일 정부조직법 개정안을 발의한 지 41일 만인 7월 20일 국회 본회의에서 처리되었다. 이로써 17부·5처·16청 중앙 행정조직이 18부·5처·17청으로 변화되었다. 박근혜 정부의 상징적 부처인 '미래창조과학부'는 '과학기술정보통신부'로 명칭이 변경되었다. 이날 국회법 개정안도 의결되어, 국회 상임위원회 '미래창조과학방송통신위원회'는 '과학기술정보방송통신위원회'로 명칭이 변경되었다. 문재인 정부 인수위원회 성격의 국정기획자문위원회는 정부조직법 개정안 처리 하루 전인 7월 19일 신정부의 '100대 국정과제'를 발표했다. 미디어정책과 관련해서는 '표현의 자유와 언론의 독립성 신장' 항목이 포함되었다. 세부적으로는 '이사회구성·사장선임 등 공영방송 지배구조의 합리적 개선', '해직언론인 복직·명예회복', '지상파·종편의 영향력 등을 감안한 합리적 규제체계 마련' 등이 들어 있었다. 문재인 정부 출범 직후부터 과학기술정보통신부, 문화체육관광부, 방송통신위원회 등으로 분산되어 있는 미디어정책 영역을 통합할 수 있는 정부조직의 신설 필요성이 꾸준히 제기되었으나, 방송통신 정책 분야와 관련된 정부조직 개편 논의는 구체화되지 못했다.

2) 문재인 정부의 방송통신위원회

문재인 정부 초대 방통위원장에는 이효성 성균관대학교 명예교수가 취임했다.[5] 이효성 위원장은 2017년 8월 1일 취임사에서 "자유롭고 독립적인 방송을 위해 노력하겠다. 방송통신 서비스 이용자의 권익을 강화해나가겠다. 방송통신, 미디어, 콘텐츠 산업의 발전을 위한 환경을 조성하겠다. 방통위가 그 설립 취지와 목적에 맞게 효율적으로 운영될 수 있도록 업무확립에 힘쓰겠다"는 의지를 피력했다. 새롭게 출범한 제4기 방통위 정책과제에는 '공영방송 지배구조 개선 및 제작·편성의 자율성 제고', '미디어의 다양성 증진 차원에서의 통합시청점유율 제도 도입', '방송광고 제도개선', '종편의 매출 및 시청률 성장 등을 고려한 비대칭규제 개선', '(EBS2TV 등) MMS 활성화' 등이 포함되었다.

먼저, '공영방송 지배구조 개선 및 제작·편성의 자율성 제고' 측면에서 방통위는 학계 인사 등이 참여하는 한시 자문기구 성격의 '방송미래발전위원회'를 2017년 10월 19일 출범시켰다. 이후 방통위와 정보통신정책연구원은 2018년 3월 29일 '공영방송 지배구조 개선과 제작 자율성 제고를 위한 방송미래발전위원회의 정책 제안 발표·토론회'를 개최했다. 공영방송 지배구조 개선과 관련해 발제를 맡은 이준웅 서울대학교 교수는 "공영방송 이사회의 정파성을 극복하는 차원에서 이사진의 1/3 이상을 중립적 인사로 구성하자.

5)   문재인 대통령은 2017년 8월 8일 이효성 신임 방통위원장에 대한 임명장 수여식에서, '지난 10년간 우리 사회에서 가장 참담하게 무너진 부분이 방송, 특히 공영방송 영역이라고 본다. 지난 정권에서 방송을 정권의 목적에 따라 장악하기 위해 많은 무리한 일들이 있었다. 정권의 방송 장악이 다시는 되풀이되지 않아야 한다'라고 말했다. 또 문 대통령은 '이효성 위원장과 개인적인 인연은 없지만 방송의 정치적 독립을 유지하기 위해 방통위원장으로 임명했다'고 말하기도 했다. 이와 관련해 청와대의 한 고위 관계자는 '참여정부의 언론개혁 실패를 반면교사로 삼고 있다. 개혁을 앞세워 논란을 키우기보다는 법과 제도에 따라 방통위원회를 통해 원칙과 기준을 가지고 신속하고 조용하게 하는 방안을 찾고 있다'라는 입장을 밝히기도 했다(≪한겨레≫, 2017.8.8.)

KBS·MBC 이사회 규모를 13명으로 늘리자. (이 경우, 중립 이사 5인.) 국회와 방통위 중, 한 쪽이 임명·추천권을 행사하면, 다른 한 쪽이 (정파적·비전문적 인사 등을) 거부할 수 있게 해, 상호견제가 가능하게 하자. (합의적 추천 구조 담보의 의미.) 이사 자격은 방송 관련 특정 분야 경력(공인) 보유자로 하자. 이사 임기 교차제, 이사 연임 제한제, 이사회 회의록 공개제 등을 도입하자. 사장 선임 방식과 관련해서는 현행 유지, 또는 특별다수제를 도입하자. 특별다수제의 경우, 일정 기간이 경과해도 의사결정이 이뤄지지 않을 시 과반수제로 결정하도록 하자"고 제안했다. 이후 문재인 정부 임기 동안 공영방송 지배구조 개선 차원에서의 실질적인 방안은 마련되지 않았다.

통합시청점유율 제도 도입 정책과 관련해 방통위는 2020년 9월 9일 '2019년도 통합시청점유율 시범 산정 결과'를 발표했다. 통합시청점유율 제도 도입은 방송프로그램 시청행태 변화를 반영하기 위한 것으로, 현 시청점유율 산정을 위한 시청기록에 N스크린(스마트폰·PC·VOD)을 통한 방송프로그램 시청기록을 합산한 것이다. 통합시청점유율 제도 운영의 기본원칙은 시청유형에 따른 가중치를 부여하지 않고, N스크린 시청기록은 본방송 다음날부터 1주일간의 시청기록으로 한정하되, 해당 프로그램이 최초로 편성·방송된 채널에 귀속하는 것 등이었다. 주요 사업자별 결과는 KBS 22.488%, MBC 11.733%, SBS 8.666%, TV조선 9.636%, JTBC 9.164%, 채널A 6.142%, MBN 5.070%, CJ ENM 14.570% 등으로 조사되었다.

방송광고 제도개선과 관련해 방통위는 2021년 1월 13일 제5기 방통위 정책과제 '방송시장 활성화 정책방안'을 발표했다. 이날 나온 정책방안의 골자 중 하나가 '지상파 중간광고 허용' 건이었다. 방통위의 판단은 "지상파방송이 과점적 지위를 점했던 당시에 도입된 방송의 광고·편성 등의 규제들은 방송 제작·유통·소비 환경 변화를 적절히 반영하지 못하여, 국경 없는 경쟁

시대에 적절한 대응이 어렵다"는 것이었다. 이후 2021년 4월 27일 국무회의에서 지상파 중간광고 허용을 골자로 한 방송법시행령 개정안이 의결되었다. 개정안 내용은 지상파에 유료방송 사업자와 동일한 시간·횟수로 중간광고를 허용한다는 것이었다. 또한, 방송법시행령 개정안은 광고총량(편성시간당 최대 20/100, 일평균 17/100)과 가상·간접광고 시간(7/100) 역시 지상파와 유료방송을 동일하게 규정했다. 지상파 중간광고는 2021년 7월 1일부터 허용되었는데, 그 세부 내용은 "1회당 1분 이내, 프로그램 길이 45분 이상일 시 1회, 60분 이상일 시 2회 허용, 프로그램 길이가 60분을 넘길 시 이후 30분당 1회 추가, 최대 6회까지 허용" 등이었다.

'종편의 매출 및 시청률 성장 등을 고려한 비대칭규제 개선'과 관련해 방통위는 외주편성의무 면제, 종편의무전송 등의 특혜를 폐지했다. 외주비율과 관련해 방통위는 2018년 11월 14일 '종편 순수외주제작 방송프로그램 편성 관련 방송법시행령 개정안'을 의결했다. 개정안의 골자는 (지상파사업자와 종편사업자의 규제 비대칭 문제를 해소하기 위해) 종편사업자에도 순수외주제작 방송프로그램 편성의무를 부과하는 것이었다. 이 개정안은 2018년 12월 24일 '공포'를 거쳐 2019년 6월 25일 자로 시행되었다. '의무전송 특혜'와 관련해서는 방통위가 2018년 12월 26일 '종편PP 의무송출제도 개선안'을 발표했다. 지상파와 종편PP 간 규제체계의 차별 해소 차원이었다. 개선안의 주요 내용은 "방송법(70조 제1항)의 의무송출제도는 상업적 논리로 채널구성에 포함되기 어려운 공익적 채널 등을 배려하기 위한 제도로 종편PP는 제도 취지에 부합하지 않아, 종편PP 채널 의무송출 규정 폐지가 타당하다. 종편PP 채널 의무송출제도 개선안을 유료방송 플랫폼 사업자에 대한 규제를 담당하는 과기정통부에 통보하고, (시행령개정, 입법예고 등) 후속 작업에 착수한다"는 것이었다. 이후 2019년 12월 3일 국무회의에서 '종편 의무송출특혜 폐지' 관련

방송법시행령 개정안이 의결되었다. 개정안은 관보 게재 후 2020년 3월 10일 자로 시행되었다.

MMS 정책과 관련해 방통위는 2021년 8월 31일 '재난방송 강화 종합계획'을 발표했다. 골자는 "재난방송 사각지대를 최소화하여 모든 국민이 언제 어디서나 24시간 재난정보를 전달받을 수 있도록 재난방송 주관방송사인 KBS에 지상파다채널방송(MMS) 성격의 '재난전문채널'을 신설하기로 했다"는 것이었다.

한편, 문재인 정부 임기 동안에도 방통위 위원 자격과 방통위 구성 관련 법안 발의가 이어졌다. 문재인 정부 출범 초기인 2017년 6월 1일 박대출 의원은 방통위설치법 개정안을 대표발의했다. 법안의 골자는 국정기획자문위원회(인수위원회) 인사의 방통위원·방심위원 참여를 제한하자는 것이었다. 박 의원은 법안에서 "이번 19대 대통령 선거는 당선인 신분 없이 곧바로 임기가 시작, 「대통령직 인수에 관한 법률」에 따른 인수위원회를 구성하지 못했다. 이번 정부는 '국정기획자문위원회'를 설치해 '대통령직 인수위원회'의 기능과 역할을 대신하고 있어 현행 결격사유 규정의 적용을 받지 않는 모순이 발생할 수 있다. 방송통신위원회 위원 및 방송통신심의위원회 위원의 결격사유에 다른 법령에 따라 제1항 제6호의 대통령직인수위원회와 유사한 목적으로 설치 구성된 기구 위원의 신분을 상실한 날부터 3년이 경과되지 아니한 사람을 추가한다"고 했다. 김도읍 의원은 2017년 8월 22일 대표발의한 방통위설치법 개정안에서 "방통위 위원은 퇴직한 날부터 1년간 제11조의 소관사무와 밀접한 관련성이 있는 업무를 담당하는 정무직공무원에 임명될 수 없도록 하자"고 제안했다. 한편, 강효상 의원은 2017년 10월 12일 발의한 방통위설치법 개정안에서 "방통위원은 임기 중 본인의 의사에 따라 위원직을 그만두는 날부터 3년간 제11조의 소관사무와 밀접한 관련성이 있는 업무를 담당하는 정무직공무원에 임명될 수 없도록 제한함으로써 방통위의 중립적 운영을 보장하는 것"이 필요하다고 주장했다. 오세정 의원은 2018년 2월 26일 "방통위 위원 추천을 교섭단체별 의석수 비율에 따라 순차적으로 추천"하는 것을 골자로 한 방통위설치법 개정안을 대표발의했다. 개정안에서 오 의원은 "국회의 구성과 운영이 교섭단체가 2개뿐인 양당제에서 3개 이상의 교섭단체가 존재하는 다당제로 변화되었음에도 불구하고, 국회 추천 위원회의 구성은 이러한 변화를 제대로 반영하지 못하고 있는 상황"이라면서, "방통위원회 위원 추천을 교섭단체별 국회의원 의석수 비율에 따라 각 교섭단체가 1명씩 순차적으로 추천하도록 하고, 방심위원회 위원은 대통령이 3인을 위촉하고, 6인은 각 교섭단체에서 1인 이상 추천을 받아 위촉하되 추천 위원 수는 교섭단체 대표의원이 협의하여 정하도록 하자"고 제안했다.

한편, 제4기 방통위를 이끈 이효성 방통위원장이 2019년 7월 22일 임기 1년여를 남겨놓고 돌연 사퇴 의사를 표명했다. 이와 관련해 일각에서는 이 위원장이 '가짜뉴스 규제' 방식을 두고 정부·여당의 기대를 충족시키지 못해 사실상 경질된 것이라는 해석을 내놓기도 했다. 이 위원장이 자칫 표현의 자유를 제한하고 언론의 자유를 침해할 수 있기 때문에 가짜뉴스 대응은 정부 차원의 규제보다는 '자율규제' 원칙을 따르는 것이 더 바람직하다는 소신을 유지했다는 것이다(≪조선일보≫, 2019.7.23.). 야당 추천의 김석진 방통위 부위원장은 이효성 위원장의 중도사퇴와 관련해 "방송독립, 정치적 중립, 다양성 실현을 위해 임기가 정해진 위원장이 유감스럽게도 2년 지나 물러나서 안타깝고 아쉽다. 표현의 자유, 언론의 자유를 지켜야 한다는 면에서 다시는 이런 일이 발생해선 안 된다고 스스로 다짐한다"는 소회를 밝히기도 했다(≪이데일리≫, 2019.9.4.).

이효성 위원장의 후임으로 한상혁 위원장이 취임했다. 2019년 9월 9일 취임사에서 한 위원장은 '공영방송 공적 책무 명확화 등 미디어 공공성 강화', '매체 간 차별 규제 개선', '가짜뉴스 대책 마련' 등을 강조했다. 이효성 전 위원장의 잔여 임기를 채운 한상혁 위원장은 연임에 성공했다. 한 위원장은 방통위 제5기 위원장으로 취임하면서 2020년 8월 3일 발표한 취임사에서 "미디어산업의 콘텐츠 경쟁력 강화를 위해 수신료, 방송광고, 방발기금 등을 포함한 미디어의 재원구조 전반을 미디어의 공적 책임과 함께 놓고 근본적으로 재검토하겠다"는 등의 포부를 밝혔다. 한편, 제5기 방통위 구성과 관련해 더불어민주당의 전신인 열린우리당 시절 당의장(당대표)을 지낸 이부영 전 의원은 자신의 페이스북 글에서 "방통위원회를 정당분견소로 만들려는가. 방통위원 자리가 전직 의원들(김현 전 민주당 의원, 김효재 전 한나라당 의원 등)이 나눠 가지는 정무직인가"라는 비판 의견을 밝히기도 했다(뉴스1, 2020.8.1.).

한편, 미디어 거버넌스 개편 관련 논의가 지속되고 있다. 방통위, 과기정통부, 문체부 등으로 분산되어 있는 방송·통신 소관 업무를 통합해 새로운 형식의 독임제 부처에서 관장하도록 해야 한다는 주장도 나오고 있다. 독임제 부처가 신설될 경우, 공영미디어 규제 거버넌스는 '공영미디어위원회'와 같은 독립성이 담보된 합의제 기구에서 맡는 구조가 바람직해 보인다. 공영미디어 제도 정비에 있어서는 그동안 수십 년 동안 논란이 되어온 '정치적 후견주의'를 배제하고, 사회적 책무성의 구체화 및 이에 기초한 재원구조의 독립성과 안정성, 그리고 제작 자율성 등을 담보하는 방향으로의 접근이 중요할 것이다.

3) 문재인 정부의 과학기술정보통신부

문재인 정부 출범 후 미래창조과학부가 과학기술정보통신부(과기정통부)로 명칭이 바뀌었다. 문재인 정부에서 과기정통부는 박근혜 정부에서와 마찬가지로 SO·일반PP, 위성TV, IPTV 등 유료방송 정책을 관장했고, 이 외에도 ICT, 과학기술 관련 업무 등을 수행했다. 문재인 정부 임기 5년 동안 과기정통부·방통위의 이원적 구조와 관련해 미디어정책 운영의 효율성, 이중규제 해소, 정책수행 책임성 제고 등을 이유로 부처 일원화 필요성이 지속적으로 제기되었다. 일례로, 방송용 주파수 정책은 방통위가, 통신용 주파수 정책은 과기정통부가 수행하는 구조 등이 개선되어야 한다는 주장이었다. 관련해서 유영민 과기정통부 장관은 2017년 10월 12일 열린 국정감사에서 방통위와의 방송업무 통합에 부정적 입장을 피력한 바 있다. 당시 유 장관은 신경민 의원의 '과기정통부와 방통위 업무의 일원화 필요성'에 대한 질의에 대해 "의사결정의 신속성을 위해 진흥 업무는 지금처럼 독임제(과기정통부) 부처가 맡는 것이 바람직하다고 본다"라고 답했다. 이에 반해 이의기 국가공무원노조 과기정통부 지부 위원장은 "개인적으로는 방통위와 옛날처럼 합쳤으면 하는 바람이 있기는 하다. 과기정통부는 과학 쪽과 화학적인 결합이 잘 안 되는 부분이 있다. 무엇 때문인지는 모르나 인사도 그렇고 잘 안 섞인다"는 입장을 보였다(≪이데일리≫, 2018.8.29.). 반면, 한상혁 방통위원장은 2021년 8월 26일 '제5기 방통위 출범 1주년' 온라인 기자간담회에서 "방송·통신 정책 담당 부처가 방통위와 과기정통부(2차관실)로 분리된 이원적 구조인데, 이는 정당성과 타당성 면에서 문제가 있었다. 새 정부가 출범하면 제대로 된 규제와 진흥 정책 구현 측면에서 통합되는 것이 (업무 효율성 면에서) 맞다"는 입장을 피력했다. 정부조직 통합 이슈와 관련해 한 가지 숙고해봐야 할 점은 방송통신을 진흥·규제하는 주무 기관의 위상이 너무 자주 변화하는 것이 아닌가 하는 점이다.[6] 시대적 상황 변화에 맞게 정부 조직이 능동적으로 변화해 가야 하는 것은 당연한 이치이다. 하지만 하나의 제도가 사회적으로 정착하고 뿌리를 내리는 데는 최소한의 숙성 기간을 거쳐야 한다는 점도 유념할 필요가 있다. 이것은 특히 한국처럼 5년 단임의 대통령제를 표방하고 있는 나라의 경우 더욱 그러하다. 방송미디어 제도 관련 거버넌스의 주기가 짧을 경우, 제도 운영의 평가가 심층적으로 이뤄지지 못할 수 있고, 또 무엇보다 정책의 연속성이 담보되기 어렵다는 면도 있다. 조직 운영의 효율성에 대한 비판이 제기될 수 있다는 것이다. 박중훈 한국행정연구원 박사는 2016년 10월 발표한 「역대 정부 조직개편에 대한 성찰」 보고서에서 공무원과 전문가 그룹 314명을 설문조사한 결과, 응답자의 43.5%가 '개편 목적 대비 효과 달성' 여부에 대해 '부정적'이라고 답했고, '긍정적'이라고 답한 비율은 15.9%에 불과했다. 응답자들은 가장 큰 문제점으로 "물리적인 개편만 있고 화학적 개편 작업이 뒤따르지 못했다"고 지적한 바 있다.

4) 문재인 정부의 방송통신심의위원회

문재인 정부 초대 방송통신심의위원회(방심위) 위원장에 강상현 연세대학교 교수가 2018년 1월 30일 취임했다. 제4기 방심위는 2017년 6월 제3기 위원회가 활동을 종료한 뒤 약 7개월 만에 출범했다. 강상현 위원장은 2018년 3월 15일 4기 방심위 기자간담회에서 "그동안 편파 심의, 표적심의 등에 대한 비판이 있었다. 조직개편, 인사조치, 제도개혁 등을 통해 정치 심의, 불공정 심의에서 벗어나겠다. 적폐청산과 적법 심의를 우선 과제로 삼겠다"고 말

---

6) 이와 관련해 김석주 선문대학교 교수는 "1948년 이후 70년간 무려 61차례의 정부 조직 개편이 있었다. 대부분 기존 정부 부처나 산하기관의 기능을 통폐합하는 방식으로 진행됐다"고 주장했다(≪조선일보≫, 2017.4.13).

했다. 제4기 방심위는 2018년 5월 15일 발표한 '제4기 위원회 비전과 정책과
제'에서 "심의 공정성·독립성 제고를 위해 국민참여 심의제를 도입하겠다"
고 발표하기도 했다. 한편, 일각에서는 4기 방심위에서도 '정치 심의'가 계속
되고 있다는 주장들이 나왔다. 이에 대해 강상현 방심위원장은 2019년 1월
29일 방심위 출범 1주년 간담회에서 "방심위원 개인이 정치적 입장에서 심
의하는 경우가 있었는지는 모르겠다. 하지만 전체 위원회 차원에서 특정 세
력, 외부 압력에 따라 결정을 내린 경우는 없다. 특정 집단·단체의 경우 자
신들에게 유리한 결과라고 인식되면 그냥 넘어가고, 기대했던 것과 다르게
결과가 나오면 비판적 입장을 견지한다. 그 자체가 정치적인 것이다. 위원회
에 부담을 주는 것이다. '정치심의' 주장은 '정치심의' 강요와 다를 바 아니
다"라고 말했다.

한편, 야당 의원들은 방심위 심의 대상에서 '보도' 분야를 제외하자는 법
안을 발의하기도 했다. 박대출 의원은 2019년 1월 2일 대표발의한 방송법
개정안에서 "심의 대상 중 보도에 해당하는 내용의 경우, 「언론중재 및 피해
구제 등에 관한 법률」에 따른 언론중재위원회를 통하여 정정보도·반론보도
의 청구가 가능하다는 점과 보도의 심의에 대한 방송사업자의 부담이 과중
하다는 점을 고려할 때 방송통신위원회의 심의 대상에서 이를 제외할 필요
가 있다. 특히, 방송통신심의위원회 구조상 보도에 대한 심의가 자칫 정권에
비판적 보도를 하는 특정 매체 길들이기 등으로 변질, 악용될 우려가 있다는
비판이 있다. 이에 방송통신심의위원회의 심의 대상에서 보도에 해당하는
내용을 제외"하자고 주장했다. 조수진 의원도 2020년 7월 24일 대표발의한
방송법 개정안에서 "뉴스와 시사프로그램 등 보도에 관한 내용은 합리적 의
심에 근거한 의혹을 제기하는 내용이더라도 심의 대상이 되어 국민의 알 권
리를 심각하게 침해하고 있다는 문제가 지속적으로 제기되고 있다. 또한 보

도에 관한 내용은 「언론중재 및 피해구제 등에 관한 법률」에 따른 언론중재위원회를 통하여 정정보도·반론보도의 청구가 가능하다는 점을 고려할 때, 이중규제에 해당한다는 지적도 있다. 이에 방송통신심의위원회의 심의 대상에서 보도에 관한 내용을 제외"할 필요가 있다고 주장했다.

방심위 구성 방식과 관련한 법안 발의도 이어졌다. 진선미 의원은 2018년 8월 31일 대표발의한 방통위설치법 개정안에서 "방심위 위원 구성 시 다양성 보장 차원에서 특정성별이 위원 수의 3분의 2를 초과하지 않도록 하자"고 제안했다. 정용기 의원은 2018년 12월 26일 자 방통위설치법 개정안 대표발의에서 "정치적 중립성 담보 차원에서 방심위 위원을 13인으로 구성하며 대통령이 위촉하되, 7인은 대통령이 소속되거나 소속되었던 정당의 국회 교섭단체가 추천하는 자를 위촉하고, 6인은 그 외 교섭단체가 추천하는 자를 위촉하도록 하자"고 제안했다. 한편, 박대출 의원은 2021년 2월 23일 자 방통위설치법 개정안 대표발의에서 "국회가 업무능력과 정치적 중립성 등에 대한 검증을 할 수 있도록 방심위원장에 대해 국회의 인사청문을 거치도록 하자"고 제안했다. 방심위 예산문제와 관련한 법안발의도 나왔다. 변재일 의원은 2021년 1월 28일 자 방통위설치법 개정안에서 "현행법은 방심위 운영 등에 필요한 경비를 지급할 수 있는 기금으로서 「방송통신발전 기본법」 제24조에 따른 방송통신발전기금, 「정보통신산업 진흥법」 제41조에 따른 정보통신진흥기금 및 그 밖에 대통령령으로 정하는 기금을 열거하고" 있다면서, "방심위가 방송 내용의 공공성 및 공정성을 보장하고 정보통신의 올바른 이용환경 조성을 위하여 사무를 수행하는 곳임을 고려해, 「방송광고판매대행 등에 관한 법률」 제30조의2에 따른 지역중소지상파방송발전기금을 방심위의 운영 등에 필요한 경비를 지급할 수 있는 기금으로 추가하자"고 제안했다.

한편, 강상현 방심위원장은 2021년 1월 29일 제4기 방심위 이임사에서 재임 기간 동안의 소회를 밝혔다. 이날 강 위원장은 "심의의 공정성과 심의 업무의 독립성이 방심위의 핵심인데, 이를 위해서는 무엇보다도 위원 구성에 있어 정치권의 개입을 최소화해야 한다. 위원회는 방송과 통신의 모든 내용과 관련된 사회적 기준을 정하는데, 정치권 인사들이 오면 모든 것을 정치적 관점에서 당리당략의 눈으로만 보게 된다. 지난 3년을 돌이켜 보면 국회나 정부쪽에서 방심위의 위상과 역할에 대해 잘못 알고 있는 경우가 많다. 방심위를 방통위의 산하기관 정도로 아는 사람들도 있었고, 심지어는 방심위를 정부 기관으로 아는 사람도 적지 않았다. 특히 정치권에서는 이처럼 잘못된 인식에 기초해 심의의 공정성과 심의 업무의 독립성을 위협하는 일들이 종종 있었다. 정부의 어떤 부처도 방송과 통신의 심의 업무를 가져가려고 해서도 안 된다. 민간독립기구인 방심위가 있는 한 정부가 내용 심의에 관여해서는 안 되기 때문이다. 심의 업무의 독립성이 좀 더 보장되기 위해서는 법적으로 예산 면에서 보다 독립적일 수 있는 개선이 필요하다. 방송통신 기술과 미디어환경이 날로 새로워지고 있는데 이런 변화를 심의가 제대로 따라가지 못하고 있다. 특히 개인방송이나 OTT, 미디어커머스와 같은 방송과 통신의 경계영역 혹은 신융합 서비스에 대해 어떤 내용 규제를 가져가야 할지, 좀 더 거시적인 규제 로드맵 설정이 있어야 한다"라고 말했다(≪미디어오늘≫, 2021.1.30.).

일각에서는 강상현 교수가 위원장으로 활동한 제4기 방심위 체제에 대해 "강 위원장이 이명박·박근혜 정부 시절의 정부·여당 추천 6명과 야당 추천 3명이라는 구도하에서 '정치심의' 오명을 교훈 삼아 '정치심의 타파 및 위원들의 자유로운 판단과 진술 보장'을 위해 노력했고, 실제 강 위원장 취임 이후 심의 전 사전 조율을 위한 위원들 모임은 모두 사라진 것으로 보인다"는 평가를 내리기도 했다(≪한겨레≫, 2020.6.3.).

2021년 8월 9일, 공백 6개월여 만에 제5기 방심위원회가 출범했다.[7] 신임 방심위원장으로는 정연주 전 KBS 사장이 선출되었다. 신임 정 위원장은 취임사에서 "…… 저에 대한 비판의 목소리도 있었음을 잘 알고 있습니다. 저는 지금껏 살아오면서 저에 대한 비판에 대해서는 늘 마음의 문을 열고 경청해왔으며, 자신을 되돌아보며 성찰의 기회로 삼아왔습니다. 이런 마음가짐으로 저에게 주어진 책무를 다해나갈 것입니다 …… 우리 위원회는 방송과 정보통신의 규범들이 규정한 책무와 사회적 가치를 구현해나가는 과정에서 행여 표현의 자유를 제한할 수도 있는 규제 만능주의에 빠지지 않도록 늘 절제할 필요가 있다고 봅니다. 언론의 자유, 표현의 자유는 민주주의의 뿌리입니다. 그러나 표현의 자유, 언론의 자유라는 이름 아래 아무런 책임도 지지 않은 채 거짓과 편파, 왜곡을 일삼는 행위에 대해서는 방송과 정보통신 법령과 기준을 통해 우리 위원회에 주어진 책무를 주저함 없이 다해야 할 것입니다"라고 말했다. 제5기 방심위는 2022년 1월 14일 발표한 '제5기 위원회 비전'에서 '민간 독립 심의 기관으로서의 위상 강화', '심의 신뢰도 제고와 실효성 강화', '이용자 보호와 다양성 보장' 등을 제시했다. '위상 강화' 관련해서는 국가 검열을 금지하는 헌법 정신에 따라 독립성·중립성을 확보하는 노력을, '심의 신뢰도 제고와 실효성 강화' 관련해서는 긴급 전자 심의 대상을 불

---

7)   이와 관련해 조승래 의원은 2021년 9월 17일 방통위설치법 개정안을 대표발의하고, "방심위원들의 임기가 만료되었음에도 새로운 위원 추천이 원활히 이루어지지 않으면서 수개월째 방심위의 심의 업무가 공백 사태를 겪는 것을 방지하는 차원에서, 방심위원의 추천은 임기종료 후 10일 이내 하도록 하되, 해당 기한이 지나면 국회의장이 방심위원을 추천할 수 있도록 하면서, 국가인권위원회의 사례처럼 방심위원의 임기가 종료되어도 후임자가 임명되기 전까지는 직무를 수행할 수 있도록 함으로써 되풀이되는 방심위의 구성 및 운영 지연을 해결하자"고 제안했다.

법 도박·마약 정보 등으로 확대하는 방안과 글로벌 플랫폼 사업자와의 협력 확대를, 그리고 '이용자 보호와 다양성 확보' 관련해서는 사회적 약자와 소수자 차별·비하·혐오 등에 대한 심의 강화와 불법 촬영물 재유통을 방지하는 기술지원 고도화 등을 강조했다.

한편, 문재인 정부 출범 이후 이명박·박근혜 정부 시절에 방심위 간부가 방심위 위원장과 부위원장의 지시를 받고 제3자 명의를 도용해 민원을 넣는 방식으로 '청부 심의'를 했다는 사실이 드러나기도 했다. 방심위가 2018년 3월 19일 발표한 업무감사 결과에 따르면, 2011년부터 2017년까지 46건의 방송 관련 민원을 제3자 명의를 통해 한 간부가 대리 작성했다는 것이다. 이 가운데 33건(법정제재 19건, 행정지도 14건)에 대해서는 실제 제재가 내려지기도 했다. 한 간부가 대리 작성한 것으로 드러난 민원 가운데는 정치권에서 논란이 된 사안도 적지 않았다. 즉, 정치권에서 방심위 정부여당 추천 위원인 위원장과 부위원장에게 협조를 요청하면 방심위가 '대리 민원'을 넣어 심의를 진행했다는 뜻일 수 있다. 방심위는 그 간부에 대해 '파면'을 내렸다(≪미디어오늘≫, 2018.3.19.).

제4장

지상파방송 정책

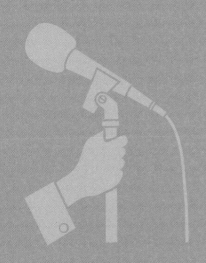

1. 이명박·박근혜 정부

1) KBS

국내 지상파방송·공영방송 관련 논의에서 KBS는 늘 중심적 의제다. 이명박 정부 시절 KBS와 관련된 주요 정책 이슈들은 사장 선임 문제, 수신료 현실화 문제, 다채널서비스 등이었다(탁재택, 2013).

먼저 사장 선임 이슈를 살펴보자. 이명박 정부하에서는 정연주, 이병순, 김인규 등이 KBS 사장을 역임했다. 이들의 취임·퇴임 과정에서는 사회적 논란이 있었다. 노무현 정부가 들어선 후 박권상 사장이 물러나고, 2003년 6월 신문기자 출신 정연주가 KBS 사장으로 취임했다. 이후 5년여의 시간이 흐르고 이명박 정부가 들어선 2008년, 정연주 사장의 거취 문제가 쟁점이 되었다. 2005년 정연주 사장은 KBS가 국세청을 상대로 벌여온 법인세 부과 취소 소송에서 승소가 예상된다는 의견이 있었음에도 법원의 '조정 권고'를 수용, 500여억 원을 환급받고 소송을 취하한 바 있다. 이에 기초해 2008년 감사원은 '부실경영'을 이유로 정연주 사장의 해임을 요구했다. KBS 이사회는 감사원의 의견을 수용, 정연주 사장의 해임을 결의했다. 그해 검찰은 정연주 사장이 경영 적자를 충당하기 위해 2005년 국세청과의 소송을 포기해 KBS에 1,800여억 원의 손실을 끼친 혐의(「특정경제범죄 가중처벌 등에 관한 법률」상 배임)로 그를 불구속 기소했다. 2012년 대법원은 정연주 사장의 '배임 혐의'에 대해 '무죄' 판결을 내렸다. 당시 재판부는 "정 전 사장이 사적 이익을 위해 공사의 이익에 반하는 불합리한 내용의 조정안을 제시하면서까지 무리하게 조정을 추진함으로써 KBS에 재산상 손해를 끼쳤다고 할 만한 증거가 없다"라고 판시했다.

정연주 사장의 뒤를 이어 이병순 사장이 2008년 8월 27일 취임했다. 이병순 사장은 취임사에서 "KBS는 오랜 염원 한 가지를 이뤘습니다. KBS가 공영방송으로 출범한 지 35년 만에 첫 내부 출신 사장 시대가 열린 것입니다. …… KBS의 독립성 확보에 최선을 다하겠습니다. KBS의 독립은 정치권력으로부터 독립, 자본으로부터의 독립, 그리고 사회 이익집단으로부터의 독립과 자율을 의미합니다"라고 말했다. 이병순 사장은 전임자인 정연주 사장의 잔여 임기를 채우고, 연임에 성공하지 못하고 퇴임했다. 이병순 사장은 수익구조 개선을 위해 '월별 수지동향 점검회의' 등을 개최하면서 경영 개선을 위한 열의를 보였으나 그의 업적에 대한 평가는 우호적이지만은 않았다. 대표적인 쟁점은 프로그램 공정성이었다. 당시 자정시간대에 광고판매율과 고정 시청층 확보 등의 면에서 일정 부분 호평을 받았던 〈시사 투나잇〉 폐지, 그리고 보수 언론에 비우호적이라는 평가를 받기도 했던 〈미디어 포커스〉 개편 등에 대한 비판이 제기되었다.

이병순 사장의 후임으로 김인규 사장이 2009년 11월 24일 취임했다. 김인규 사장은 이명박 대통령 임기 동안 KBS 사장직에 3년간 재직했기에 이명박 정부의 간판 KBS 사장이라 할 수 있다. 김인규 사장은 취임사에서 "먼저 최대 과제가 수신료 현실화입니다. …… 무엇보다 우리 KBS가 수신료의 가치를 실현하는 KBS가 되어야 합니다. 국민들이 수신료를 내고 싶은 KBS로 만들어나가야 합니다. 이를 위해 저는 무료 지상파 디지털 TV 플랫폼을 구축하려고 합니다"라고 말했다. 취임사에서 알 수 있듯이, 김인규 사장 재직 기간 핵심적 정책 사안은 수신료 현실화와 다채널서비스 '코리아뷰(Korea-View)' 사업이었다. 김 사장의 '수신료 현실화' 노력은 성공하지 못했다. 수신료 인상 노력이 실패한 데는 방송의 불공정성과 경영의 비효율성에 대한 시비가 가장 큰 이유였다. 한편, 수신료 산정 방식과 관련해 이병석 의원은 2012년 3월 5일 독일의 공영방송재정수요조사위원회(Kommission zur Ueber-pruefung und Ermittlung des Finanzbedarfs der Rundfunkanstalten, KEF) 모델에 기초한 것으로 보이는 '수신료산정위원회' 제도 도입을 골자로 한 '방송법 개정안'을 대표발의하기도 했다.[1] 김인규 사장이 취임식에서 언급한 무료 지상파 다채널서비스 '코리아뷰' 사업은 영국 프리뷰(FREEVIEW)[2]를 모델로 한 무료 지상파 디지털 플랫폼 정책이었다. 코리아뷰는 지상파방송이 발전된 동영상 압축기술을 이용해 무료로 제공하는 채널수를 확대하는 사업이었다. 당시 KBS의 기본 사업 구상은 지상파방송 직접 수신 370만여 가구를 주 대상으로, 20여개 지상파 디지털채널을 무료로 제공함으로써 유료 매체에 가

---

[1]   수신료 인상 절차와 관련해 헌법재판소는 1999년에 "수신료는 준조세적 성격을 갖고 있으므로 국회의 결정이 배제되어서는 안 된다"라는 판결을 내려, 국회 차원의 최종 승인권을 존중해야 한다는 관점을 제시한 바 있다. 이는 수신료 인상 논의 과정에서 (정파적 갈등과 반목이라는 측면에서) 정치권을 배제해야 한다는 주장이 설득력을 얻기 어려운 대목이 된다. 이러한 맥락에서 당시 일각에서는 수신료산정위원회가 'KBS이사회' 기능과 '국회' 기능을 존중하면서, 양 기관의 기능 사이에서 기능해야 한다는 주장을 펴기도 했다.

[2]   영국 BBC를 중심으로 2002년 설립된 프리뷰는 4개의 회사가 참여해 무료 지상파 디지털 TV, 라디오, 쌍방향 방송 등을 제공하고 있다. 프리뷰 정책은 안정적인 영국의 디지털 전환 정책과 영국 공영방송 수신료의 가치 제고에 기여했다는 것이 일반적인 평가이다.

입하지 않은 경제적 약자, 소외계층에 무료 디지털방송 서비스를 제공하자는 것이었다. KBS의 사업 구상은 초기 EBS와 공동으로 채널을 제공하고 점차 MBC·SBS의 참여를 유도하는 것으로, 기술 방식은 MPEG-2(HD방송)와 MPEG-4 (SD방송) 방식을 혼용하는 것이었다. 코리아뷰 정책과 관련해 당시 이명박 정부에서는 구체적인 정책 방향을 제시하지 않았다. 또 당시 논의 과정에서 SD급 다채널 보급은 정부(HD) 디지털 정책 기조에도 배치된다는 시각도 존재했다. 3년의 재임 기간 동안 김인규 사장이 적극적으로 추진했던 수신료 현실화는 결국 성공하지 못했다. '코리아뷰' 정책 또한 구체적인 결실을 거두지 못했다. 김인규 사장 임기 동안 G20 정상회의 보도, 4대강 사업 보도, 이승만 다큐 프로그램 방영 등과 관련하여 공정성 논란은 지속되었다. 전국언론노조 KBS 본부는 김인규 사장 재임 기간 중이었던 2012년 상반기에 공정방송 쟁취 등을 목표로 94일간의 장기 파업을 벌이기도 했다.

2012년 11월 23일 오전 김인규 사장의 퇴임식에 이어, 이날 오후에는 신임 길환영 사장의 취임식이 열렸다. 이날 취임식에서 길환영 사장은 "공사 역사상 최초로 합법적이고 민주적 절차에 의해 내부 승진 사장이 취임하게 된 것은 그동안 정치적 논란에서 자유롭지 못했던 공영방송 KBS의 과거를 돌이켜 볼 때 커다란 의미가 있다"는 점을 강조하기도 했다.

한편, 이명박 정부 시절 국가정보원이 KBS 동향 관련 '청와대 보고자료'를 작성한 것으로 드러나 파문이 일었다. 2009년 작성된 국가정보원 문건의 제목은 「KBS 최근 동향 보고」였다. 이 문건에는 KBS 내 특정 유력인사 세력의 활동 내용, 주요보직 배치 상황, 운전기사와 여비서의 실명과 발탁 배경까지 기록되어 있었다(≪한겨레≫, 2012.3.30.). 이 밖에도 이명박 정부 국가정보원은 KBS, MBC 등 공영방송을 장악하기 위해 인적 쇄신, 반노조 대책 등 여러 유형의 '대책 문건'을 생산한 것이 문재인 정부의 '국정원 적폐청산 태스크포스'에 의해 밝혀지기도 했다(≪한겨레≫, 2017.9.18.).

한편, 이명박 정부에서는 공영방송 구조개혁 이슈도 쟁점이었다. 2008년 이명박 정부 출범 이후부터 2009년 상반기까지 공영방송 구조개혁 논의가 상당히 포괄적으로 진행되었다. 2009년 하반기에 국회에서 신문·방송 겸영 허용을 골자로 한 미디어 관련법이 여당에 의해 단독 처리되고, 공영방송 사장(KBS 김인규 사장 2009년 11월, MBC 김재철 사장 2010년 3월 각각 취임) 교체 등의 변화들이 나타나면서, 지배구조 문제를 포함한 공영방송 구조개혁 논의는 수면 아래로 가라앉았다. 이후 공영방송 구조개혁 이슈는 대선이 있던 해인 2012년도에 들어서 MBC 민영화, 정수장학회 문제 등과 맞물리면서 잠시 재점화되는 양상을 보이긴 했으나 논의 자체에 동력은 없었다. 2008년을 전후로 있었던 공영방송 구조개혁 논의를 살펴보면, 그 핵심은 KBS와 EBS 등을 하나로 묶는 '공영방송법 제정안' 건이었다. 이 논의는 제17대 국회인 2004년 11월 24일 당시 한나라당 박형준 의원이 대표발의한 '국가기간방송법안'에 상당 부분 기초하고 있었다. 당시 박형준 의원이 대표발의한 법안의 골자는 (9인)경영위원회 도입과 국회의 공영방송 예산 통제권 강화, 공영방송의 공적 재원 비율 확대 등이었다. 경영위원회의 경우, 위원 구성은 국회의장이 추천하고 대통령이 임명하는 방식으로 하고, 경영위원회에 공영방송 사장·부사장·감사 임명권 등을 주어 감독 권한을 강화할 수 있도록 했다. 이를 통해서 공영방송 지배구조의 공영성을 강화해나간다는 취지였다. 이러한 법안 내용에 대해 당시 사회적 논의 과정에서는 부정적 견해도 제기되었다. 무엇보다 국회 추천으로 경영위원회가 구성될 경우 정파성 요소가 내포될 수밖에 없다는 관점이었다. 박형준 의원의 법안 발의 내용 등에 기초해 이명박 정부 초기 공영방송 구조개혁 관련 논의가 진행되었다. 당시 비공식적 논의체에 참여했다고 주장하는 자문그룹 인사들의 발언을 종합해보면, 그 주요 방안은 "(가칭) 공영방송 경영위원회[3]를 상임위원 5명으로 구성하고, 여당에서 2명, 야당에서 2명, 대통령이 1명을 추천하는 방식으로 한다. 공영방송 경영위원회는 사장 선임권을 갖고, 수신료를 운영 재원으로 하는 KBS와 EBS에 대한 감독 권한을 행사한다. 공영방송의 광고 한도를 20%로 설정하는 방안을 검토한다. 수신료 인상 문제와 관련해, 경영위원회 산하에 독일식 재정수요조사위원회를 신설하는 방안을 검토한다" 등이었던 것으로 보인다. 이런 측면에서 본다면 당시 논의되었던 공영방송 구조개혁 논의의 기본 방향은 공영방송의 지배구조와 재원구조 변화에 있었던 것으로 해석된다. 이에 기초해 국회에서는 여러 유형의 법안 발의들이 이어졌다. 한편 이러한 입법부의 동향에 대해 사회적으로 냉소적인 시각도 존재했다. 현실 정치의 역학관계상 여·야 정치권이 얼마나 진정성을 가지고 자신들의 기득권과 이해관계를 포기하면서까지 공영방송 지배구조 개선 논의에 실질적으로 임하게 될지 지켜볼 일이라는 것이었다. KBS의 경우 1973년 공사 체제로의 전환 이후 상당 기간 동안 여·야의 권력 지형이 뒤바뀌는 상황에서 정파성·불공정성 시비에 휘말려왔다. 이로써 공영방송이 사회적 갈등의 당사자가 되기도 했다. 이러한 구조적 현실 속에서 제도냐 운영이냐의 논란이 있을 수는 있지만, 공영방송의 법과 제도의 개선이 필요하다는 시각이 당시 상당수 존재했던 것도 사실이다(탁재택, 2013).

---

3) 공영방송 위원회 형식의 모델 논의 시 MBC의 범주화 문제가 늘 제기되어왔다. 논의의 핵심은 MBC가 상업적 재원에 의존하는 관계로 실질적인 공영방송으로 분류될 수 있느냐 하는 것이다. 이런 이유로 일각에서는 논의의 효율성을 담보하는 차원에서 MBC를 배제한 공영방송위원회 형식을 주장했다. 일례로 '방송공사위원회' 모델이 바로 그것이다. '방송공사위원회' 모델로 갈 경우, 그 대상은 자연스럽게 '한국방송공사(KBS)'와 '한국교육방송공사(EBS)'가 된다는 논리였다.

이명박 정부 임기 동안 공영방송의 민영화 이슈도 제기되었다. 이명박 정부는 대선 과정에서부터 줄곧 KBS2TV와 MBC 등의 정체성과 효율성을 문제시하면서, 새로운 '일공영·다민영' 체제의 지상파방송 구조개혁의 필요성을 강조했다. 이러한 논의의 연장선상에서 정치권 일각에서는 KBS2TV와 MBC의 민영화를 생각했던 것으로 보인다. KBS2TV의 민영화 논란은 채널의 정체성 약화에서 기인하는 측면이 큰데, 이는 재원 문제와 연결되어 있다. 즉, KBS의 재원구조가 광고재원을 주 재원으로 하는 상황에서는 KBS2TV의 채널 정체성에 대한 의문은 불가피한 측면이 있다. 그러나 공영방송의 민영화 논의가 이에 대한 옳은 해법은 아니다. 공영방송의 개혁은 방송의 공적 가치를 확대하는 방향으로 가는 것이 더 바람직하다고 보기 때문이다. 공영방송 민영화 논의는 사회적 공론장을 훼손하는 행위라는 의견이 제기될 수 있다. 1987년 프랑스의 TF1 민영화도 정치적 이유에서 출발했지만, 지금은 방송의 상업화를 가속화시켰다는 비난을 받고 있다. KBS2TV 등 정체성에 논란이 있는 공영방송에 대한 정책 검토는 재원구조의 건전성을 강화하는 방향으로 유도하는 것이 필요할 수 있다. 강형철(2012a)은 "공영방송의 민영화 논란은 기득권층의 시각을 대변하는 것으로, 민영화를 통해 권력 비판적 프로그램들을 제어하기 위한 목적이 내재되어 있다는 시각도 있다"라고 주장한다. 방송구조개혁 논의 과정에서 일부 공영방송 채널의 민영화 이슈는 잠복 중인 상황으로 이해된다(탁재택, 2017).

박근혜 정부에서는 길환영, 조대현, 고대영, 세 명의 사장이 KBS 경영을 맡았다. 이명박 정부 말기 김인규 사장의 뒤를 이어 사장에 취임한 길환영 사장은 세월호 참사 후 당시 보도국장의 보직사퇴 파문으로 중도 사임했다. 세월호 참사 후 당시 보도국장이 "교통사고 사망자 수와 비교하면 세월호 참사 피해자 수는 많은 것이 아니라는 취지의 발언을 했다"는 주장이 제기되면서, KBS는 여러 논란에 휩싸이게 되었다. 결국 당시 보도국장이 보직사퇴 뜻을 밝혔으나, 자리에서 물러나면서 자신의 임명권자인 길 사장을 향해 '대통령만 보고 가는 사람', '권력의 눈치만 보고 사사건건 보도본부의 독립성을 침해해온 사람'이라고 비판한 것이 파문을 일으켰다. KBS이사회는 2014년 6월 5일 길환영 사장 해임제청안을 가결했다. 야당 추천 이사 4인이 제출한 길환영 사장 해임제청안이 처리된 것이다. 박근혜 대통령은 KBS이사회가 2014년 6월 9일 안전행정부를 통해 제출한 길환영 사장 해임제청안을 2014년 6월 10일 재가했다. 이로써 길환영 사장은 3년 임기를 다 채우지 못하고 물러났다.

길환영 사장의 뒤를 이어 조대현 사장이 취임했다. 2014년 7월 28일 취임식에서 조 사장은 "KBS는 국민이 원하는 공영방송이 되어야 한다. KBS는 정체성·정당성, 방송, 경영, 조직 부문에서 위기 상황에 처해 있다. 적자 해소, 공정성 시비 탈피, 편성의 창의성 제고와 프로그램 혁신, 투명한 인사와 조직문화 회복, 공영방송 위상과 역할 회복 등을 주요 비전으로 하겠다"고 말했다. 길환영 전임 사장의 잔여 임기를 채운 조대현 사장은 연임에 실패했다. KBS 양대 노조는 조 사장의 경영을 '총체적 실패'라고 주장했다(KBS 양대 노조 공동 성명서, 2015.8.10.; ≪미디어스≫, 2015.8.3.). KBS 양대 노조는 측근·편중 인사, 개편 실패, 오보·방송사고, 경영 실패 등을 지적했다. KBS 본부노조 일각에서는 조 사장이 임기 만료를 앞두고 오로지 연임에만 올인하는 모습을 보였다는 비판적인 목소리도 나왔다(≪미디어스≫, 2015.8.6.).

조대현 사장 후임으로 고대영 사장이 2015년 11월 24일 취임했다. 고 사장은 KBS 사장에 대한 인사청문회 제도 도입4)으로 인사청문회를 거친 첫

---

4)   2014년 5월 2일 '국회법'·'인사청문회법'·'방송법' 개정안이 국회 본회의에서 처리되면서

번째 사장이었다. 고 사장은 취임사에서 '변화'를 강조했다. "KBS가 생존위기를 겪고 있다는 말은 공정보도와 균형 잡힌 여론 형성, 사회통합과 국가 발전에 기여한다는 공영방송의 숭고한 목적 또한 위기에 처했다는 뜻입니다. KBS는 이제 변해야 합니다. 우선 조직이 달라져야 합니다. 더 경쟁력이 있어야 합니다. 편성규약 정비를 통해 공정성과 객관성을 높여가겠습니다." 고 사장은 2016년 5월 23일 KBS 조직개편을 단행했다. 수익성 개념을 강조하면서, '방송사업본부', '미래사업본부' 등으로 조직을 재편했다. 이에 대해 야권 추천 이사들은 '공영성을 포기하고도 수익성조차 보장할 수 없는 조직개편'이라고 비판했다. 한편 고대영 사장 체제에서는 미디어비평 프로그램과 뉴스비평 프로그램이 폐지되기도 했다. 2003년 시작한 미디어 비평 프로

KBS 사장에 대한 인사청문회가 제도적으로 도입되었다. 이로써 고대영 KBS 사장 후보자가 2015년 11월 16일 첫 번째 케이스로 KBS 사장 인사청문회 제도를 거쳤다. 공영방송 KBS 사장에 대한 인사청문회 제도에 대해서는 반론 또한 제기되었다. 반론의 요체는 청문회 제도의 본래 취지와 다르게 공영방송의 위상과 기능·역할에 대한 정파적 이해대립 관계가 표출될 수 있다는 것이다. KBS를 불필요한 소모적 정쟁의 대상으로 만들 수 있다는 뜻으로, KBS가 정치적 협상의 산물이 될 수도 있다는 논리였다. 바른사회시민회의가 2016년 6월 10일 개최한 '국회권력 비대화, 이대로 둘 것인가?' 정책좌담회에서 이영조 경희대 국제대학원 교수는 "한국은행 총재, KBS 사장까지 인사 청문회 대상이 되었다. 부적절 인사를 방지한다는 장점도 있지만, 정치적으로 오용되는 경우도 많다"라고 주장했다. ≪동아일보≫는 2015년 11월 18일 자 'KBS 사장 인사청문회, 언론자유 침해 우려 크다' 사설에서 다음과 같이 주장한다. "그제 국회에서 고대영 KBS 사장 후보자에 대한 인사청문회가 열렸다. 지난해 방송법 개정에 따라 도입된 첫 인사청문회. 과거 방송 내용을 놓고 정파적 관점에서 따지는 인사청문회를 지켜본 KBS 사람들은 취재 보도를 할 때마다 정치판의 반응을 의식하게 될 것이다. KBS 사장 후보 인사청문회 도입 자체가 그것을 노린 게 아닌지 의문이다. 지난해 여·야는 공영방송과 민영방송 모두 노사 동수(同數)의 편성위원회를 구성하도록 하는 내용의 방송법 개정안을 놓고 첨예하게 대립했다. 당시 여당인 새누리당은 방송의 자율성과 언론 자유를 위협한다는 이유로 반대하다 결국 이 조항을 삭제하는 대신 KBS 사장 인사청문회 도입에 합의해줬다."

그램 〈미디어 인사이드〉와 2011년 시작한 뉴스비평 프로그램 〈KBS뉴스 옴부즈맨〉이 폐지된 것이다. KBS의 3대 비평 프로그램 중 〈미디어 인사이드〉와 〈뉴스 옴부즈맨〉이 폐지됨으로써, 〈TV비평 시청자데스크〉만 남게 되었다. 이에 대해 KBS본부노조는 "공영방송의 책무를 저버리고 KBS 저널리즘을 후퇴시키는 것"이라면서 비판적 태도를 보였다.

박근혜 정부 4년여 기간 동안에도 KBS 지배구조에 대한 문제제기가 야권을 중심으로 끊임없이 제기되었다. 앞서 기술한 바와 같이, 2014년 5월 2일 'KBS 사장 국회 인사청문회 실시'를 골자로 한 국회법·인사청문회법·방송법 개정안이 국회 본회의에서 통과되어 KBS 사장 인사청문회가 제도적으로 도입되었다. 또한, 이날 'KBS 사장·이사의 자격 기준·결격사유 강화'를 골자로 한 방송법 개정안이 국회에서 통과되었다.[5] 상기 '방송법 개정안'에 KBS 사장·이사의 결격사유로서, 대통령선거에서 자문이나 고문의 역할을 한 사람의 구체적 범위 사항(자문이나 고문의 역할을 한 날부터 3년이 경과되지 아니한 사람)이 추가됨에 따라, 방통위는 2014년 8월 7일 '방송법시행령 개정안'을 의결했다. 시행령 개정안은 대통령선거에서 자문이나 고문의 역할을 한 사람의 구체적 범위는 "공직선거법 제61조에 따른 선거사무소, 선거연락소 및 선거대책기구에 설치된 자문단, 고문단, 특보단, 위원회 등 선거 관련 조직

---

5) 다음 각 호의 어느 하나에 해당하는 사람은 공사의 사장·이사가 될 수 없다. 1. 대한민국 국적을 가지지 아니한 사람 2. '정당법' 제22조에 따른 당원 또는 당원의 신분을 상실한 날부터 3년이 경과되지 아니한 사람 3. '국가공무원법' 제33조 각 호의 어느 하나에 해당하는 사람 4. '공직선거법' 제2조에 따른 선거에 의하여 취임하는 공직에서 퇴직한 날부터 3년이 경과되지 아니한 사람 5. '공직선거법' 제2조에 따른 대통령선거에서 후보자의 당선을 위하여 방송, 통신, 법률, 경영 등에 대하여 자문이나 고문의 역할을 한 날부터 3년이 경과되지 아니한 사람 6. '대통령직 인수에 관한 법률' 제6조에 따른 대통령직인수위원회 위원의 신분을 상실한 날부터 3년이 경과되지 아니한 사람.

에 속하여 자문이나 고문의 역할을 한 사람"으로 최종 규정했다. 이와 관련해, 박용진 의원은 2016년 12월 15일 "현행법에서는 공영방송 이사의 결격 사유에 대해서는 규정하고 있으나 이사의 적극적 자격 요건에 대해서는 아무런 규정이 없다. 이로 인해 방송이나 언론에 대한 전문지식이나 경력이 없는 사람이 이사로 임명되는 일명 낙하산 논란이 계속되고 있다"면서, 공영방송 이사 자격 요건으로 "전문지식이나 경력을 갖춘 자"를 명시하자는 내용의 '방송법 개정안'을 대표발의하기도 했다. 특별다수제 등 이사회 구성에 대한 논란도 뜨거운 이슈였다. 박홍근 의원 등 162명의 의원들은 2016년 7월 21일 '방송법 개정안'을 발의했다.[6] 개정안의 골자는 'KBS 이사 수를 11명에서 13명으로 늘리고, 국회에서 여·야가 7대 6의 비율[7]로 추천하자. 이사회의 사장 임면제청 시 재적이사 3분의 2 이상의 특별다수제를 도입하자. 사업자와 종사자 5대 5 동수의 편성위원회를 구성해 운영하자'는 것 등이었다. 의원들은 개정안 발의 배경으로 "KBS의 이사를 추천하는 방통위 위원 구성이 정치적 중립성을 담보하기 어려운 구조[8]로 되어 있어, KBS 사장의 정치적 중립성·독립성을 담보할 수 없다"는 점을 강조했다.

박근혜 정부에서는 KBS 결산 제도에 변화가 있었다. 관련하여 김을동 의

---

6) 노웅래 의원도 유사한 내용의 '방송법 개정안'을 2016년 7월 7일 대표발의한 바 있다. 개정안의 골자는 'KBS 이사회를 국회 추천으로 여·야 7대 6 비율로 구성하자. 노사 동수 편성위원회를 구성해 운영하자'는 것 등이었다.

7) 안정상 민주당 수석전문위원은 한국방송학회가 2017년 5월 26일 개최한 '미디어제도개선연구특위 세미나'에서 "박홍근 의원 법안의 여·야 이사 비율 7 : 6은 여·야 균형성 담보 차원에서 2013년 나온 안이다. 당시 활동했던 방송공정성특위 자문교수단에서 7 : 6 안을 제안했다"고 그 배경을 설명했다.

8) 위원 5인 중 위원장을 포함한 2인은 대통령이 지명, 3인은 국회 추천. 국회 추천 시 대통령이 소속되거나 소속됐던 정당의 교섭단체가 1인 추천, 그 외 교섭단체가 2인 추천.

원은 "현행법에 따르면 KBS의 결산은 국회의 승인을 받아 확정·공표되고, 감사원은 확정된 결산에 대하여 회계검사를 거쳐 그 결과를 방송통신위원회에 송부하고 있다. 국회는 국민의 대표기관으로서 최고의 의사결정기관이라는 점에서 국회의 승인은 최종적인 절차가 되는 것이 통상적이나 KBS 결산의 경우에는 국회의 승인 후에 감사원의 결산 검사가 이루어짐에 따라 감사원의 검사 결과가 결산 승인을 위한 참고자료로서의 역할을 하지 못하고 있다. 또한 KBS 결산에 대한 국회의 승인이 늦추어질 경우 감사원의 결산 심사가 지연될 뿐만 아니라 형식적인 감사에 그치는 폐단이 있어 이에 대한 절차적 개선이 필요하다"면서, "KBS의 사장은 방송통신위원회와 국회뿐만 아니라 감사원에도 매 회계연도 종료 후 2월 이내에 직전 회계연도의 결산서를 제출하도록 한다. 감사원은 제출받은 결산서에 대한 검사 결과를 5월 31일까지 방송통신위원회와 국회에 송부하도록 한다"는 내용을 골자로 한 방송법 개정안을 2013년 1월 7일 대표발의했다. 박대출 의원도 "KBS의 결산은 방송통신위원회가 감사원의 검사 결과를 첨부한 결산서를 국회에 제출하도록 하여 KBS 재정의 공정한 집행을 심사할 수 있도록 한다"는 내용의 '방송법 개정안'을 2013년 1월 30일 대표발의했다. 이에 기초해 2013년 7월 2일 열린 국회 본회의에서 '방송법 개정안'이 처리되었고, 이로써 KBS 결산과 관련한 '방송법' 제59조는 "방통위는 매년 4월 10일까지 결산서 등을 감사원에 제출하여야 한다. 감사원은 결산서 등을 검사하고 그 결과를 6월 20일까지 방통위에 송부하여야 한다. 방통위는 결산서 등에 감사원의 검사 결과를 첨부하여 6월 30일까지 국회에 제출하여야 한다. 공사의 결산은 국회의 승인을 받아 확정되고, 공사의 사장은 이를 공표하여야 한다"로 정리되었다.

박근혜 정부에서는 "공영방송을 공공기관으로 지정해야 한다"는 주장이 재등장했다. 이와 관련해 이현재 의원은 2014년 11월 13일 '공공기관 운영에 관한 법률'(공운법) 개정안을 대표발의했다. 새누리당 의원 155명이 발의에 참여한 개정안은 '공공기관의 개혁을 위한 보다 적극적인 제도 마련이 필요하다'면서, "(독립성 보장 차원에서 제외되어 있는) 공영방송 KBS와 EBS를 공공기관에 새롭게 지정하자"고 주장했다. 이와 관련해 장병완 의원은 2014년 12월 3일 열린 국회 미방위 전체회의에서 다음과 같이 발언했다. "공운법과 방송법은 지향하는 가치가 다르다. 만약 KBS가 공운법 적용 대상이 된다면 경영에 관한 주무 부처는 방통위에서 기획재정부로 바뀌게 될 것이다. 공영방송이 기재부와 방통위 양쪽의 관할 대상이 된다면 경영 독립성을 보장받지 못하는 방송 중립성이 과연 있을 수 있겠는가. 노무현 정부 기획예산처 장관 시절 공운법을 제정했기 때문에 그 사정을 잘 안다. 이 두 가치가 병립할 수는 없는 것이다. 2006년 공운법 제정 당시 국회 문방위와 KBS 쪽에서 워낙 강하게 문제를 제기했기 때문에 여·야(열린우리당·새누리당)는 공영방송을 공공기관 지정의 예외로 두는 방향으로 공운법을 개정했다."

수신료 인상 이슈는 17·18대 국회에 이어 19대 국회의 문턱도 넘지를 못했다. 박근혜 정부에서 길환영·조대현 사장은 수신료 인상 문제에 상대적으로 적극적이었던 반면, 고대영 사장은 수신료 이슈에 적극적이지 않았다. 이에 대해 추혜선 의원은 야 3당이 '공영방송, 권력의 품에서 국민의 품으로'를 주제로 2017년 2월 28일 주최한 토론회에서 "(고대영 사장 취임 후) KBS가 수신료 인상 이슈에 소극적이다. KBS가 야권에 고개 숙이고 싶지 않다는 의미 같은데, 사업성을 중시하는 기조가 마치 민영방송 같았다. (이러한 태도는) 공영방송의 골조를 뜯어내고 있는 것으로 볼 수 있다. 현 기조가 길어지면 공영성 회복이 더 어려워질 것이다"라고 발언했다. 한편, 노웅래 의원은 '수신료 제도 개선'을 골자로 한 '방송법 개정안'을 2014년 1월 2일 대표발의했다. 노 의원은 개정안에서 "수신료·광고 등 수익별 분리 회계, 결산 시 수신료

사용 내역서 제출, 수신료 심의·의결 및 산정·배분 기구로서 국회의장 소속의 (위원장 + 부위원장 + 19인위원 + 사무조직) 공영방송수신료위원회 신설(이 경우, 국회의 수신료 인상 최종 승인권은 유지), 수신료 한전 병과고지 제도 폐지, 타 공영방송사 수신료 배분비율 재조정" 등을 주장하기도 했다. 박주민 의원도 2017년 4월 3일 '수신료 분리 고지'를 골자로 한 '방송법 개정안'을 대표발의했다. 박 의원은 "현재 KBS가 TV수신료를 징수할 때 한국전력공사에 위탁하여 전기사용료에 병합 징수함으로써, 소비자의 선택권을 제한하고 공사가 송출하는 방송을 시청하지 아니하는 시청자에게까지 수신료를 강제 납부하게 하는 불합리한 점이 있다"면서, "수신료 징수 위탁기관이 TV수신료를 징수할 때에는 위탁기관의 고유 업무와 관련된 고지행위와 결합된 형태로 징수할 수 없도록 함으로써, TV수신료 징수제도를 시정하고 시청자의 방송 선택권을 존중하여 방송 수혜자인 시청자의 권리를 강화하고자 한다"고 주장했다. 한편 고대영 사장이 관심을 보인 자산활용사업과 관련해 2017년 3월 24일 열린 3기 방통위의 마지막 전체회의에서 '부동산활용사업 수입' 신설 등을 골자로 마련된 '방송법시행령 개정안'이 상정되었으나, 논의가 무산되었다. KBS가 UHD 방송을 준비하고, 광고 수입이 줄어드는 상황에 대한 배려가 필요하다는 취지로 마련된 시행령 개정안에 대해 야당 추천 방통위원들은 "공영방송 지배구조 개선이 우선"이고 또 "충분한 논의가 필요한 사안"이라고 주장했다. 또 이날 상정된 시행령 개정안에는 KBS의 EBS에 대한 UHD 송신 설비 지원과 수신료 수입 중 EBS에 지원되는 비율을 현행 3%에서 3~5%로 변경하는 내용도 포함되어 있었으나, 역시 논의가 무산되었다. 김석진 방통위 상임위원은 수신료 배분 비율 조정 문제와 관련해 "수신료 배분 몫 조정을 방통위가 할 수 있는지도 의문이다. 사회적 합의가 있어야 한다"고 주장했다(《미디어오늘》, 2017.3.25.). KBS가 이명박 정부 때부터 정책적으로 관심을 기울여온 지상파 다채널서비스 문제는 박근혜 정부에서 '방송법' 개정을 통해 EBS2TV에만 허용되었다.

살펴본 바와 같이, 한국의 대표 공영방송인 KBS와 관련한 박근혜 정부 임기 동안의 사회적 논란은 공정성과 지배구조 문제 등에 집중된 양상이었다. 한편, 이명박 정부에 이어 박근혜 정부에서도 정보경찰 등이 KBS와 MBC 등 지상파방송사를 사찰하고, 임원 인사에까지 개입한 것으로 나타났다. 당시 경찰은 2014년 세월호 참사 직후 KBS 등 지상파방송 동향을 사찰하고 비판 여론 무마를 위해서는 방송사 사장에 우파 인사를 임명해야 한다고 청와대에 보고한 것으로 드러났다(YTN, 2019. 5. 15.; ≪피디저널≫, 2022. 2. 9.).

한편, 박근혜 정부에서는 이명박 정부 때와는 달리 공영방송 구조개혁 등에 대한 논의가 집중적으로 부각되지는 않았다. 일각에서는 박근혜 정부가 미디어정책에 있어 이명박 정부에 비해 소극적이었던 이유를 박근혜 대통령이 여전히 정수장학회(MBC지분 30% 보유) 문제로부터 자유롭지 못하기 때문이라는 주장을 폈다. 즉, 정수장학회 논란이 완전히 가라앉지 않은 상황에서 박근혜 정부가 방송정책 이슈가 여론에 부각되고 쟁점화되는 것에 부담을 느끼고, 큰 잡음 없이 기존의 미디어정책을 유지하는 전략을 취하려 했다는 관점이다.

2) MBC

이명박 정부에서 MBC는 KBS와 함께 공영방송 제도에 관한 사회적 갈등의 중심에 있었다. MBC의 핵심 문제는 실질적 주인이 부재한 지배구조에 있다(윤석민, 2012b). MBC 지배구조의 양대 축은 방송문화진흥회(이하, 방문진)와 정수장학회(1982년 5·16장학회에서 명칭 변경)이다. 주주 구성을 보면, 방문진

이 70%를, 정수장학회가 30%를 보유하고 있다. 주총 의결 절차는 방문진에서 의결한 사항을 정수장학회가 동의하는 형식이다. MBC는 부산의 재력가 김지태에 의해 설립되었다. 1959년 부산 MBC가 출범한 후 1961년 서울 MBC가 개국했다. 1969년 MBC는 TV 서비스를 시작했다. MBC의 역사와 관련해 한 가지 주목할 점은 1962년 5·16장학회가 설립자 김지태로부터 MBC를 '접수'했다 또는 '강제 헌납' 받았다는 등의 주장이 존재한다는 것이다.[9] 1980년 KBS는 언론 통폐합 과정에서 5·16장학회로부터 MBC 지분 70%를 인수받았다. 1988년에는 「방송문화진흥회법」이 제정되어 특수재단형태의 공익법인으로서 방송문화진흥회(방문진)가 출범했다. 이 과정에서 방문진은 KBS로부터 MBC 지분 70%를 회수했다. 이로써 MBC는 형식상 민영방송에서 공영방송[10]으로 변신하게 된다. 「방송문화진흥회법」 제1조는 '방송사업자의 공적 책임 실현'이라는 공영방송의 공적 책임성을 방문진에 부여하고

---

9)   관련하여 고(故) 김지태 씨 유족들은 "5·16 직후 군사정부가 부정축재를 이유로 구금, 협박 등을 통해 김 씨가 자신이 보유하고 있던 부산일보 주식 전부와 부산MBC 주식 65% 등을 정수장학회에 헌납했다"고 주장하고, 2010년 6월 정부와 정수장학회를 상대로 주식양도 청구소송을 제기했다. 이에 대해 대법원 1부는 2014년 2월 13일 상고심에서 심리불속행으로 '기각' 결정을 내렸다. 한편, 진실·화해를 위한 과거사 정리위원회는 2007년 6월 "김 씨가 자신 소유 언론기관의 주식을 헌납한 것은 공권력에 의해 강요된 것"이라며 원상회복하거나 손해를 배상하라고 '권고' 결정을 내린 바 있다. 하지만 1심과 2심 재판부는 국가의 강압에 의해 주식을 증여한 사실은 인정하면서도 "김 씨 스스로 의사 결정을 할 여지를 완전히 박탈할 만큼은 아니어서 증여 행위를 아예 무효로 할 정도는 아니다"며 '패소' 판결했다(뉴스1, 2014.2.28.).

10) 현행 방송법에서는 '공영방송'의 개념이 부재한 상황이지만, 「공직선거법」 제8조의7 제2항 제1호와 「정당법」 제39조 제2항에서는 KBS와 MBC 등 '공영방송'의 개념을 명시하고 있다. 한편, MBC가 자사의 공영 미디어렙 지정과 관련해 제기한 헌법소원(2012.3.16.)에 대한 2013년 9월 26일 자 판결문(2012헌마271)에서도 헌법재판소는 MBC를 '공영방송'으로 정의하고 있다.

있다. 방문진은 「방송문화진흥회법」 제6조에 따라 이사장 1인을 포함해 9인의 이사로 구성되며, 이사는 방통위가 임명하는 구조다. 상법상 주식회사인 MBC의 사장은 상법 및 정관에 따라 주총을 거쳐 선출된다. MBC·방문진과 관련해서 정수장학회의 정체성에 대한 사회적 논란은 이명박 정부에서도 계속되었다. 이명박 정부 출범 후인 2008년 3월 6일 자유기업원이 「지상파방송 민영화 과제」 보고서를 발표했다. 당시 보고서는 국내 방송질서를 '수신료' 기반과 '광고' 기반으로 구분해 재구성할 필요가 있다고 주장했다. 2008년 7월 29일 열린 뉴라이트 방송통신정책센터 주최의 MBC 민영화 관련 세미나에서 김우룡 외국어대학교 교수는 "지역사를 매각하고 매각 대금을 이용, 방문진이 정수장학회를 인수하며, 이후 방문진 주식을 국민주로 전환한다"라는 내용을 골자로 한 'MBC 민영화' 주장을 펼쳤다. 당시 정부와 여당은 MBC의 〈피디수첩〉 등의 2008년도 광우병 사태 보도에 상당한 불만을 가지고 있었던 것으로 보인다. 한편, 일각에서는 MBC 자산 규모가 너무 큰 관계로 현실적으로 민영화가 쉽지 않다는 의견과 방송의 공적 책임을 감독하는 방문진이 MBC 민영화를 위한 자산 처분을 결정할 권한이 없기 때문에 별도의 법이 있어야만 민영화 논의가 가능하다는 등의 의견을 견지하기도 했다(≪한겨레≫, 2012.10.14.). 100% 상업재원에 의존하면서 「방송문화진흥회법」에 의해 공영방송의 위상을 취하고 있는 MBC의 정체성에 대한 문제는 이명박 정부의 핵심 인물에 의해서도 제기되었다. 2008년 12월 19일 방문진 20주년 행사에서 당시 최시중 방통위원장은 "MBC가 공영방송, 공·민영방송, 민영방송 등 여러 이름으로 일컬어지고 있는데, MBC의 정명(正名)이 무엇인지 스스로 돌아볼 시점"이라면서, MBC의 위상 재정립 필요성을 역설했다. 문재인 정부 출범 후에 나온 MBC 관계자들의 발언을 종합하면, 이명박 정부에서는 최종적으로 민영화를 목표로 국정원 등이 중심이 되어 'MBC 정상화 전략 및 추진방안'을 실행하려고 했던 것으로 보인다. 이 방안에 따르면, 1단계는 '블랙리스트' 퇴출, 2단계는 '노조 무력화', 3단계는 'MBC 민영화' 등이었다(《미디어스》, 2017.10.19.).

이명박 대통령 임기 중 MBC를 상징적으로 대표하는 인물은 2010년 3월 취임한 김재철 사장이다. 당시 청주MBC 사장으로 있던 김재철은 방문진의 부당한 압력과 간섭에 맞서겠다던 엄기영 사장이 이사회와의 갈등을 풀지 못하고 2010년 2월 8일 사의를 표명함에 따라, 엄기영 사장 후임으로 사장에 취임했다. 김재철 사장은 엄기영 전 사장의 잔여 임기를 채우고 난 후, 2011년 2월 연임에 성공해 3년 임기를 새로 부여받았다. 김재철 사장은 사내외의 '낙하산 사장' 비판에 대해 2010년 3월 4일 '사원 여러분께 드리는 글'에서 자신이 정치적 인물이 아님을 강조하면서, "저는 낙하산이 아닙니다. …… 저는 MBC를 권력과 자본으로부터 독립시키고 자율적으로 경영해야 한다는 소신을 갖고 있습니다. …… 저는 MBC의 공정성과 독립성을 지켜내겠다고 전 사원 여러분 앞에 분명히 약속드리겠습니다. 사장으로서 MBC 가족으로서 책임을 지겠습니다. 지켜봐주시고 믿어주십시오"라고 말했다. 하지만 이런 약속과는 달리, 김재철 사장은 이명박 정부 임기 중 줄곧 MBC 공정성 논란과 관련해 비판을 받았다. MBC는 전통적으로 시사·보도 프로그램 등의 비판·감시 기능으로 공영방송의 기능에 충실한 기관으로 사회적 평가를 받아왔다. 하지만 2010년 김재철 사장 취임 이후 상황은 적지 않게 바뀌었다. 2012년에는 〈피디수첩〉 등 시사프로그램 제작진들에 대한 해고와 징계가 잇따랐다.[11] 이로 인해 노사 간에 첨예한 갈등이 이어졌다. MBC노

---

11) 정부 비판적인 MBC 〈PD수첩〉 등의 프로그램 폐지와 제작진 퇴출을 위해 국가정보원이
     동원되기도 했다. 국가정보원이 작성했다는 MBC 관련 문건들에는 배포선이 홍보수석 등

조는 방송의 공정성 확보와 김재철 사장 퇴진 등을 요구하며 2012년 1월 30일부터 7월 17일까지 170일 동안 장기파업을 했다.[12] 장기파업의 여파로 MBC 시청률은 급락세를 보이기도 했다.

이명박 정부 임기 동안 MBC 지배구조 관련 여러 유형의 법안 발의가 이어졌다. 최문순 의원은 2010년 3월 19일 발의한 '방문진법 개정안'에서 "방문진 이사 임명에 방송사업자, 노조가 각각 추천하는 인사가 포함되어야 하고, 상임으로 있는 이사장 또한 다른 이사들처럼 비상임으로 할 것"을 주장했다. 정장선 의원은 2011년 2월 7일 발의한 '방문진법 개정안'에서 "사장 임면 등 모든 심의·의결을 재적이사 2/3 이상 찬성"으로 할 것 등을 제안했다. 남경필 의원은 2012년 6월 18일 발의한 '방문진법 개정안'에서 "대선 캠프에 참여한 인사는 공영방송 사장이 될 수 없도록 하고, MBC 사장 선임 권한을 가진 방문진 이사 9인은 여·야, 그리고 방통위에서 각각 3명씩 추천하게 하자"고 제안했다. 배재정 의원은 2012년 7월 31일 발의한 '방문진법 개정안'에서 "방문진 이사를 12명으로 늘리고, 여·야가 각각 6인씩 추천하고, 이사회는 3분의 2의 동의를 얻어 사장을 선출하도록 하자"고 제안했다. 최민희 의원은 2012년 9월 17일 발의한 '방문진법 개정안'에서 "방문진 이사를 11명으로 늘리고, 여·야가 각각 4명씩, 방통위가 3명을 추천하도록 하자. 방통위 추천 몫 3명 가운데는 MBC노동조합 등 사내 구성원 추천 2명이 포함되도록

으로 명시되어 있었다(〈MBC뉴스데스크〉, 2021.11.10.; ≪미디어오늘≫, 2021.11.11.)

12) 2012년 MBC 파업 사태는 방문진 이사회가 방송의 공적 책임과 노사관계에 대한 신속한 정상화를 위해 노사 양측 요구를 합리적 경영판단 및 법상식과 순리에 따라 조정처리 하도록 협조하고, 이를 위해 언론관련 청문회가 국회 문화체육관광방송통신위원회에서 개최되도록 노력하겠다는 여·야 합의문이 나온 후 종결되었다. 하지만 합의문은 이후 지켜지지 않았다(≪미디어오늘≫, 2017.11.13.).

하자"고 제안했다. 전체적으로 종합하면, 방문진 이사 추천과 관련해 여·야 6 : 3 추천 구조를 여·야가 동수로 추천하는 구조로 바꿀 것과 사장 선출 시 특별다수제 도입 등을 여·야 의원들이 공히 제안했다고 볼 수 있다.

한편 김재철 사장은 자신의 취임 일성으로 밝힌 19개 지역 MBC에 대한 통합(광역화) 작업을 임기 중 강력히 추진했다. 이와 관련해 방통위는 김재철 사장이 일차적으로 추진한 진주·창원 MBC 통폐합 건에 대해 2011년 8월 8일 "서부 경남지역 보도프로그램 편성계획 성실 이행, 방통위 제시안 이상의 지역 프로그램 제작비 투입, 노사 간 불신 해소, 지역행사와 소외계층 지원" 등을 허가조건으로 해서 승인 결정을 내렸다. 이는 1980년 언론 통폐합 이후 MBC 지역국의 첫 통폐합이었다. 이로써 합병 등기 절차를 거쳐 2011년 9월 1일 '경남 MBC'가 '방송의 지역 공공성 훼손, 서울 MBC 지상주의' 등을 내세운 MBC노조와 언론시민사회단체들의 반발 속에 출범했다(탁재택, 2013).

박근혜 정부에서는 김종국, 안광한, 김장겸, 3명의 사장이 MBC 경영을 맡았다. 이명박 대통령 임기 5년 동안 MBC 문제의 중심인물이었던 김재철 사장은 박근혜 정부 출범 직후인 2013년 3월 27일 사표를 제출했다.[13] 김 사장의 사퇴 직전인 2월 1일 감사원은 MBC 방문진에 대한 감사 결과를 발표했다. 발표 요지는 "방문진에서 MBC 예·결산서 등 기본적인 경영 관련 자료도 제대로 구비하지 않고 있어 MBC 대표이사에게 경영 관련 자료와 법인카드 사용 관련 자료 등을 제출하도록 총 3회에 걸쳐 요구했으나 MBC 대표이사는 자료 제출을 거부했다. 정당한 사유 없이 감사원의 자료 제출 요구를

---

13)   박근혜 정부 출범 직후인 2013년 3월 26일 방송문화진흥회 임시이사회가 열려 김재철 사장 해임안이 가결되었다. 야당 추천 이사 3인과 여당 추천 이사들 중 일부가 찬성표를 던짐으로써, 이명박 정부 시절 3년 1개월여 동안 재직한 김재철 사장이 해임되었다.

거부한 MBC 대표이사와 감사를 '감사원법' 제51조 등의 규정을 위반한 혐의로 고발했다"는 것이었다. 2015년 2월 13일 서울남부지법은 업무상 배임과 '감사원법' 위반 혐의로 기소된 김재철 전 MBC 사장에 대해 징역 6월에 집행유예 2년을 선고한다고 밝혔다. 재판부는 "공영방송의 수장으로서 의심받을 행동이 없도록 해야 하지만 김 전 사장은 오히려 공적 업무에 사용해야 할 법인카드를 휴일에 호텔에 투숙하거나 고가의 가방·귀금속 등을 구매하는 데 사용했다. 김 전 사장은 법인카드 부당 사용 의혹 등으로 재임 기간 내내 MBC 내부의 갈등을 일으켜 공영방송으로서 MBC의 위상을 흔들리게 하고 감사원의 감사에 큰 차질을 일으켰다"[14]고 판결 배경을 설명했다(연합뉴스, 2015.2.13). 김재철 사장 재임 기간 중 MBC 직원들에 대한 징계가 잇따랐다. 특히 8명의 해직자가 발생했다. 이에 대해 김재철 전 사장은 사퇴 3년 후인 2016년 ≪미디어오늘≫과의 인터뷰에서 "다 내 후배들이고 내가 노조에 아픔을 주고 싶거나 원래 그렇게 험한 사람이 아닌데 (해직자들에겐) 죽을 때까지 미안하게 생각한다. …… 일을 하다보면 피해자가 생기기 마련인데 지금은 내가 MBC를 나와서 보면 아직까지 해고자 문제를 풀지 못하는 MBC 경영진도 안타깝다"고 말했다(≪미디어오늘≫, 2016.6.13.). 한편, 지난 2010~2013년 MBC 사장 재임 시절 노조원들을 직무현장에서 배제하거나 노조원들에게 불리한 인사평가를 해 노조 탈퇴를 유도한 '노조 탄압'을 시도한 혐의로 2017년 재판에 회부된 김재철 전 MBC 사장에 대해 대법원 1부는 2021년 3월 11일 '징역 1년 6개월에 집행유예 3년, 160시간의 사회봉사'를 선고했다.

---

14) 전국언론노조 MBC본부는 파업 중이던 2012년 3월 김 전 사장이 취임 뒤 2년 동안 법인카드로 귀금속을 사는 등 6억 9,000만 원 가량을 부정사용하고 직위를 이용해 특정인 등을 밀어준 혐의로 김 전 사장을 고발했다(연합뉴스, 2015.2.13).

김재철 사장 사퇴 후인 2013년 5월 2일 김종국 대전MBC 사장이 김재철 사장 후임으로 선임되었다. 김종국 사장은 10여 개월간 사장에 재직했다.

김종국 사장의 뒤를 이어 박근혜 정부에서 MBC의 간판 사장이었다고 할 수 있는 안광한 사장이 2014년 2월 25일 취임했다. 취임사에서 안 사장은 "우리에게는 탁월한 콘텐츠 제작 역량과 우수한 인적 자원이 남아 있습니다. 저는 이를 바탕으로 MBC를 콘텐츠 파워 1위, 국민 생활 영향력 1위의 글로벌 콘텐츠 전문 방송으로 만들고자 합니다. …… 고품질 콘텐츠에 집중하고 새로운 성장 동력을 찾아내야 합니다. 이를 뒷받침할 조직 문화의 정상화도 필수적입니다"라고 주장했다. 안광한 사장은 3년의 임기를 다 채우고 물러났다. 안 사장은 취임사에서 '조직 문화의 정상화'를 강조했지만, 그의 재임 기간 동안 노사 갈등은 지속되었다. 보도의 정권 편향성 논란, 불공정성 시비도 예외가 아니었다. 세월호 참사 관련 보도가 대표적 사례로 회자된다. 참사 당일부터 현장에 있었던 목포MBC의 보고를 묵살하고 '단원고 전원 구조'라는 오보[15]를 낸 것이다(≪노컷뉴스≫, 2017.2.25.). 안 사장은 2014년 10월 24일 (〈PD수첩〉 등을 만들어온) 교양국 해체를 골자로 한 조직개편을 단행했다. 기존의 교양국 업무는 예능국과 콘텐츠제작국으로 이관되었다. MBC경영진

---

15) 〈뉴스타파〉 최승호 PD는 2016년 7월 30일 건국대학교에서 한국PD연합회 주최로 열린 '공영방송의 역할' 특강에서 다음과 같은 주장을 한다. "모든 사회적 문제들은 공영방송이 올바로 서야지만 제자리로 돌아올 수 있다. (세월호 참사 당시) 목포MBC는 현장과 가까웠기에, 전원 구조가 아니라는 상황을 조기에 알았다. 그래서 무려 네 번이나 이 같은 사실을 중앙(서울)에 전달했다. 하지만 당시 (서울)MBC 간부는 이를 무시했다. 행정안전부에서 잘못을 인지한 후에야 비로소 MBC는 보도 방향을 바꿨다. 당시 그 간부는 그것이 가장 안전한 길이라고 판단했을 것이다. 설사 잘못된 보도라 하더라도, 정부의 발표대로 가는 것이 안전하다고 판단했을 것이다. 이게 현재 공영방송 전반에 깔려 있는 의식이다"(≪피디저널≫, 2016.7.30.).

은 수익성을 고려한 조직개편이라는 입장이었지만, 노조 등은 교양 프로 축소 등 방송의 공영성을 훼손하는 행위라며 반발했다(≪중앙일보≫, 2014.10. 25.). 한편, MBC는 2014년 9월 1일 상암동 신사옥 개막 기념식을 갖고 여의도를 떠나 상암동 사옥 시대를 열었다. 안광한 사장 임기 동안 지역MBC 법인 합병 작업은 계속되었다. 이명박 정부 시절인 2011년 9월 창원·진주 합병(MBC경남) 건에 이어 2015년 1월 1일 강릉MBC(보도 중심)와 삼척MBC(제작 중심)가 법인 합병되어, 'MBC 강원영동'으로 새롭게 출범했고, 2016년 10월 1일에는 청주MBC와 충주MBC가 합병된 'MBC 충북'으로 새롭게 출범했다.

안광한 사장 후임으로 김장겸 사장이 박근혜 대통령 탄핵 10여 일 전 취임했다. 김 사장은 2017년 2월 28일 취임사에서 "품격 있는 젊은 방송을 만들겠다. 품격은 편향적 보도와 선정적 방송의 유혹으로부터 벗어나 저널리즘의 기본자세를 확고히 할 때에 갖출 수 있다. 확인되지 않은 내용으로 모두가 특종이라고 보도할 때 마지막까지 사실 여부를 검증하여 시청자들께 책임을 다하는 모습에서 우리는 품격을 발견할 수 있다"고 주장하기도 했다.

박근혜 정부에서는 이명박 정부에서 MBC 관련 쟁점 중의 하나였던 '민영화' 문제는 특별히 제기되지 않았다. 반면, '지배구조' 이슈는 핵심적 의제로 기능했다. 2014년 5월 2일 '방문진이사·MBC 사장의 자격 기준·결격사유 강화'를 골자로 한 '방문진법 개정안'이 국회 본회의에서 통과됨으로써 방문진 이사·MBC 사장의 자격 요건이 강화되었다. "방문진 이사·MBC 사장의 임명 과정에서 정파성을 배제하고 투명성을 강화하는 제도적 절차를 마련한다"는 취지에서 마련된 '방문진법 개정안'은 방문진 이사·MBC 사장의 결격 사유·자격 요건을 명시하고 있다.[16] 상기 '방문진법 개정안'에 MBC 사장·이

---

16) 다음 각 호의 어느 하나에 해당하는 사람은 MBC의 사장·이사가 될 수 없다. 1. 대한민국

사의 결격사유로서, 대통령선거에서 자문이나 고문의 역할을 한 사람의 구체적 범위 사항(자문이나 고문의 역할을 한 날부터 3년이 경과되지 아니한 사람)이 추가됨에 따라, 방통위는 2014년 8월 7일 '방문진법시행령 개정안'을 의결했다. 시행령 개정안은 대통령선거에서 자문이나 고문의 역할을 한 사람의 구체적 범위는 "「공직선거법」 제61조에 따른 선거사무소, 선거연락소 및 선거대책기구에 설치된 자문단, 고문단, 특보단, 위원회 등 선거 관련 조직에 속하여 자문이나 고문의 역할을 한 사람"으로 최종 규정했다. 이와 관련해 박용진 의원은 2016년 12월 15일 "현행법에서는 공영방송 이사의 결격사유에 대해서는 규정하고 있으나 이사의 적극적 자격 요건에 대해서는 아무런 규정이 없다. 이로 인해 방송이나 언론에 대한 전문지식이나 경력이 없는 사람이 이사로 임명되는 일명 낙하산 논란이 계속되고 있다"면서, 공영방송 이사자격 요건으로 "전문지식이나 경력을 갖춘 자"를 명시하자는 내용의 '방문진법 개정안'을 대표발의하기도 했다. 특별다수제 등 이사회 구성에 대한 논란도 뜨거운 이슈였다. 박홍근 의원 등 162명의 의원들은 2016년 7월 21일 '방문진법 개정안'을 발의했다.[17] 개정안의 골자는 "방문진 이사 수를 9명에서

국적을 가지지 아니한 사람 2. 「정당법」 제22조에 따른 당원 또는 당원의 신분을 상실한 날부터 3년이 경과되지 아니한 사람 3. 「국가공무원법」 제33조 각 호의 어느 하나에 해당하는 사람 4. 「공직선거법」 제2조에 따른 선거에 의하여 취임하는 공직에서 퇴직한 날부터 3년이 경과되지 아니한 사람 5. 「공직선거법」 제2조에 따른 대통령선거에서 후보자의 당선을 위하여 방송, 통신, 법률, 경영 등에 대하여 자문이나 고문의 역할을 한 날부터 3년이 경과되지 아니한 사람 6. 「대통령직 인수에 관한 법률」 제6조에 따른 대통령직인수위원회 위원의 신분을 상실한 날부터 3년이 경과되지 아니한 사람.

17) 노웅래 의원도 이와 유사한 내용의 '방문진법 개정안'을 2016년 7월 7일 대표발의한 바 있다. 개정안의 골자는 "방문진 이사회를 국회 추천으로 여·야 7대 6 비율로 구성하자. 노사 동수 편성위원회를 구성해 운영하자"는 것 등이었다. 또 송호창 의원도 "이사장을 기존 호선방식에서 재적이사 7명 이상의 찬성으로 선출하고, 방통위의 방문진 이사 해임권을 신설

13명으로 늘리고, 국회에서 여·야가 7대 6의 비율로 추천하자. 방문진의 사장 임면제청 시 재적이사 3분의 2 이상의 특별다수제를 도입하자"는 것 등이었다. 의원들은 개정안 발의 배경으로 "방문진의 이사를 추천하는 방통위 위원 구성이 정치적 중립성을 담보하기 어려운 구조로 되어 있어, MBC 사장의 정치적 중립성·독립성을 담보하기 어렵다"는 점을 강조했다.

박근혜 정부에서는 MBC에 대한 감사원 감사 필요성을 제기한 법안이 발의되기도 했다. 강동원 의원은 "방송문화진흥회가 최다출자자인 문화방송(MBC)은 각종 사회 문제에 대하여 공정성과 객관성을 지니고 방송사업을 하여야 함에도 불구하고 편파성을 띤 보도 등으로 인해 공영방송사로서의 신뢰성이 훼손된다. 그러나 문화방송에 대하여 감시·감독하여야 할 방송문화진흥회가 형식상의 감독을 행하고 있을 뿐 실질적인 감독기관으로서의 역할을 수행하지 못하고 있어, 문화방송에 대한 외부감사의 요구가 높아지고 있는 실정"이라면서, 'MBC에 대한 감사원 감사 도입'을 골자로 한 '방문진법 개정안'을 2013년 12월 31일 대표발의하기도 했다. 한편, 박근혜 정부에서는 지역MBC의 독립적인 경영권을 강화해야 한다는 목소리도 나왔다. 2015년 10월 2일 국회 미래창조과학방송통신위원회 소속 이개호 의원은 국정감사 자료를 발표하고, "지역MBC 역대사장 중 해당 지역 출신은 지난 20년 동안 7%에 불과하다. 1995년 이후 19개 지역MBC 역대 사장 174명 중 해당 지역 MBC 출신은 12명, 14개 지역사는 20년 동안 단 한 번도 지역 출신 사장을 배출하지 못했다"고 주장했다 이어 이 의원은 "서울MBC 사장이 사실상 임명권을 행사하면서 지역MBC 사장직이 낙하산·보은인사 자리로 전락했다. 이 구조로는 지역성을 충분히 구현해내기 어려울 뿐만 아니라, 서울과 지역

하는 것" 등을 골자로 한 '방문진법 개정안'을 2015년 10월 21일 대표발의한 바 있다.

사 간 이해가 대립될 경우에는 서울MBC 편을 드는 경우까지 발생하고 있다"고 주장했다. 한편, 장병완 의원은 "방문진 이사(9인) 중 3인을 지역방송 전문가로 충원하는 것"을 골자로 한 '방문진법 개정안'을 2015년 10월 14일 대표발의했다. 장 의원은 "지역MBC의 경영이 어려움에도 그 경영을 관리·감독하는 방송문화진흥회는 광고 수익 및 전파료 배분 등에 있어 지역MBC에 부당하게 불리한 기준을 적용하는 등 지역MBC에 대한 배려가 부족한 것으로 보인다. 이는 방송문화진흥회 이사회 구성에 있어서 방송의 지역성에 대한 고려가 부족하기 때문이라는 지적이 있다"라고 주장하고, "방송문화진흥회 이사 중 3인은 지역 방송에 관한 전문지식과 경험이 있는 사람을 이사 추천위원회의 추천을 받아 임명하도록 함으로써 MBC가 방송의 지역성을 보장하는 방향으로 경영될 수 있도록 하자"고 제안했다.[18)

박근혜 정부 4년 동안 MBC 해직·징계 언론인 문제는 주요 사회적 의제 중의 하나였다. MBC 이호찬 기자는 언론학회가 2016년 11월 23일 주최한 '최순실 사태, 언론보도를 논하다' 세미나에서 "바른 말 하는 기자와 피디, 아나운서 등 80여 명이 외곽 부서로 배치되었다. 이들에게 스케이트장 관리 업무까지 맡겨지고 있는 현실이다. 부당 전보 등 비정상적 경영 상황이다. 견제·감시 시스템이 부재한 상황에서 공영방송으로서의 역할, 요원하다. 사장 선임구조 등에 대한 사회적 관심이 필요하다"고 주장했다. 관련하여 대법원은 2017년 4월 13일 'MBC의 PD·기자 전보조치 부당 전보, 전보 무효' 판결

---

18) 방문진 이사 구성과 관련해 장병완 의원은 2015년 6월 1일 국회 미래창조과학방송통신위원회 전체회의에서도 "올해 8월 교체되는 10기 방문진 이사진 구성부터 9명의 이사진 중 적어도 3분의 1정도는 지역성을 담보할 수 있는 인사가 포함되어야 한다. 지역방송 정책은 지역성과 다양성 함양을 강조하는 방송법상의 의무사항으로, 지역사의 안정적 운영 차원에서 법 개정이 필요하다"고 주장했다. 이에 대해 최성준 방통위원장은 "동감한다"고 답했다.

을 내렸다. 이로써 2014년 10월 MBC 교양제작국 해체와 조직개편 과정에서 비제작부서로 발령받아 현업과는 무관한 스케이트장 관리, 협찬 영업 등의 업무에 투입됐던 6명의 PD와 3명의 기자가 현업으로 복귀할 수 있게 되었다 (≪피디저널≫, 2017.4.21.). 김성수 의원은 2016년 6월 25일 자 ≪미디어오늘≫ 인터뷰에서 "지난 8년간 (MBC)경영진은 김재철부터 지금까지 한 무리다. 그 동안 저지른 잘못이 너무 많이 쌓이니 그걸 방어하는 수단도 더 악랄해지고 있다. 국민들이 더 이상 MBC 문제에 관심 갖지 않고 지겨워하고 있다. 지금 상황을 지배구조 개선으로 바로잡아야 한다. 여·야 7대 6 구조의 이사회 구 성과 사장 선임·해임 시 3분의 2이상 동의를 얻는 특별다수제 도입이 골자 다. 누가 정권을 잡을지 모르는 상황이기 때문에 지금처럼 지배구조를 개선 하기에 좋은 시점이 없다"고 주장했다. 한편, 신경민 의원은 2014년 10월 27 일 자 ≪미디어스≫ 인터뷰에서 "MBC에는 해줄 말이 없다. 유능한 직원들 다 골방에 앉아 손가락 빨게 하고 있다. 좋은 직원들을 다 내치고 저렇게 (영 망으로) 프로그램을 한다는 것은 기본 경영에도 어긋나는 것이다. 수십 년의 노력을 통해 사회적 자산으로 만들어놨는데, 망가뜨리는 건 한순간이더라. MBC는 기본으로 돌아가야 한다. 그런데 현재로서는 가능성이 없어 보인다. 정권이 혹 교체되더라도 MBC는 체질 개선이 필요한데, 다시 정상화되기에 는 오랜 시간이 걸릴 것이다"라고 말했다. MBC 해직·징계 언론인 문제와 관련해 박광온 의원은 "총리실 소속의 해직·징계 언론인 복직·명예회복 심 의위원회 신설"을 골자로 한 '해직언론인 등의 복직 및 명예회복 등에 관한 특별법'을 2017년 1월 25일 대표발의하기도 했다. 한편, 새누리당 비상대책 위원 등을 지낸 바 있는 이상돈 중앙대 명예교수는 "박 대통령이 과거 MBC 문제를 해결하겠다는 약속을 파기한 것에 대해 자기방어를 하는 모습이 아 닌가 생각된다. 2012년 MBC노조가 공정방송을 요구하는 파업을 벌일 때 박근혜 당시 의원으로부터 '노조가 먼저 파업을 풀고 업무에 복귀하면 MBC 문제를 순리대로 해결하겠다'는 구두약속을 받아 노조에 전달하는 등 메신저 구실을 했다. 파업이 철회됐으나, 이후 아무런 조처가 이뤄지지 않았다. 박 대통령이 계획적으로 약속을 어겼다고 보진 않는다. 청와대, 당내 여론 등에 대응할 방법 등을 제대로 따져보지 않고 덥석 해결을 약속했다가, 현실적으로 여의치 않으니까 약속 파기로 나아간 것으로 보인다. 박 대통령은 당선된 뒤에라도 일정한 영향력을 행사할 수 있었는데, 결국 아무것도 하지 않았다. 박 대통령의 약속 파기가 확실시되자 MBC노조가 이를 폭로하고 규탄하는 기자회견까지 열었는데, 야당 쪽이 이런 문제제기를 제대로 이어받지 못했다. 약속 파기가 아니었다면 MBC 내부의 극단적인 갈등은 일어나지 않을 수 있었다. '무대응이 최상의 대응'이란 전략을 충실하게 구현하고 있다. MBC에 대해 공영방송일 필요성이 있느냐는 회의론까지 나온다. MBC 문제가 쉽사리 풀리긴 어려울 것이다"라고 주장했다 (≪한겨레≫, 2016.2.1.). ≪미디어오늘≫ 정철운 기자는 2015년 1월 18일 자 기사에서 "기자가 만난 조선·중앙·동아일보 기자들은 정권이 바뀌면 MBC에 '피바람'이 불거라 입을 모았다. 방송문화진흥회 이사진이 교체되고 사장이 바뀐 뒤 진보 성향 인사들이 주요 보직을 잡아 이명박·박근혜 정부 주요 보직자들을 '숙청'할 거라고 했다. MBC에 불어 닥칠 '또 다른 비극'이다. 정권이 바뀔 때마다 '숙청'이 반복되면, MBC에는 사내정치만 남게 된다. MBC는 미래에 직면할 위기를 지금부터 관리해야 살 수 있다. 경영진이 2012년 파업 참가자들을 주요 업무에서 배제하는 현재 전략은 장기적으로 전망이 없다. …… 현 경영진은 파업 참여 여부에 따라 업무 능력이 있는 사원은 최대한 배제하고 경력사원을 채용하며 인건비는 늘리고 노동생산성은 떨어뜨리는 비효율성을 보여주고 있다. 오늘날 MBC의 비극은 2012년 파업의 여파다. 그나마 파업의 여파가

덜한 드라마와 예능 분야에서 채널경쟁력을 유지하고 있으나 본래 MBC의 킬러콘텐츠는 보도와 시사교양이었다. …… 좋은 콘텐츠는 애사심과 협동적 조직문화에서 탄생한다"고 주장하기도 했다(탁재택, 2017). 한편, 박근혜 정부에서는 정보기관 등을 동원해 MBC 등 공영방송을 장악하려는 시도가 있었던 것으로 보인다(MBC 〈PD수첩〉, 2022.2.8.; ≪피디저널≫, 2022.2.9.).

3) SBS

1991년 출범한 SBS는 이명박 정부 시절에 법인을 지주제로 전환했고, 민영 미디어렙을 신설했다. 노무현 정부 말기인 2007년 12월 당시 방송위원회가 법인 분할을 조건부 허가함으로써 SBS는 2008년 3월 3일 창립이사회를 통해 지주제로 공식 전환되었다. 이로써 SBS의 최대 주주가 태영에서 SBS미디어홀딩스로 바뀌었다. SBS가 방송사업을 맡고 SBS미디어홀딩스가 투자사업을 전담하는 구조로 이원화된 것이다. 이러한 지주제 전환에 대해 당시 SBS노조와 일부 언론시민사회단체들은 지주회사의 SBS 경영 개입 중단, 소유와 경영의 명확한 분리 등을 요구하기도 했다. 민주당 최문순 의원은 2010년 11월 5일 '방송법 개정안'을 대표발의해, 방송 지주회사의 1인 소유 지분을 30% 이하로 제한할 것 등을 주장하기도 했다. 지주제 전환 당시 SBS의 지분 구조는 태영이 SBS미디어홀딩스 지분 61.2%를 보유하고, SBS미디어홀딩스는 SBS 지분 30.3%를 보유하는 상황이었다. SBS 지주제 전환 이후, SBS를 설립한 윤세영 회장은 경영 일선에서 물러나겠다고 선언했다. 2011년 1월 3일 열린 시무식에서 윤세영 회장은 "2월 주주총회 이후 회장직을 사퇴하겠다. 급변하는 미디어환경 변화 속에서 SBS의 새로운 도약을 위해 결단을 내린다"라고 발표했다. 이날 그는 지상파방송의 위기 도래를 예견

하기도 했다. 2011년 2월 22일 열린 주주총회에서 윤세영 회장은 SBS 그룹 명예회장으로 추대되었고, 하금열 SBS미디어홀딩스 사장이 윤세영 회장의 후임이 되었다. 일각에서는 이것이 윤석민 부회장 체제의 2세 경영 구도가 본격화된 것임을 시사한다고 주장했다.

SBS는 2011년 국내 최초 민영 미디어렙을 출범시켰다. SBS의 지주회사 SBS미디어홀딩스 이사회가 2011년 10월 27일 '광고판매대행사 미디어크리에이트 자회사 편입' 건을 의결함으로써 SBS 독자 민영 미디어렙 설립이 공식화되었다. 2008년 11월 헌법재판소는 한국방송광고공사의 방송광고 독점 판매에 대해 헌법 불합치 결정을 내리고 대체입법 마련을 촉구했다. 그러나 당시 여·야가 정치적으로 대립에 빠짐으로써 혼란스러운 상태가 장기간 지속되었고, 종편PP사들은 연말 개국을 앞두고 있었다. 이 와중에 SBS는 안정적 광고 영업 차원에서 '자회사 편입'이라는 정책적 결정을 내린 것으로 보인다. '미디어크리에이트' 주주 구성은 SBS미디어홀딩스가 지분 참여 비율 60%인 대주주로 참여했고, 일본의 유력 광고대행사 하쿠호도 등도 주주로 참여했다. 설립 자본금은 150억 규모였다. SBS의 자회사 편입이 의결된 후, 민주당은 'SBS미디어홀딩스의 자체 미디어렙 설립 시도는 헌재결정 취지에 위배되고 국회의 미디어렙 입법 활동을 무시하는 행위'라고 비판했다. 지역 민방, 종교방송 등의 반발도 컸다. SBS는 종편PP 출범으로 마냥 국회 법제화만을 기다릴 수는 없다면서, 2011년 11월 14일 국내 최초 민영 미디어렙 '미디어크리에이트'의 출범식을 가졌다. 이후 방통위는 2012년 8월 22일 전체회의에서 방송광고판매대행사업자 허가(미디어크리에이트의 방송광고판매대행 사업 허가신청)를 조건부 의결(3년 허가)했다. 조건부 내용은 "중소방송사에 대한 비결합판매 지원, SBS와 지역민방 간 체결한 광고 합의서 준수, 방송 및 광고산업 발전을 위한 지원계획 수립, 방송사의 미디어렙 경영에 대한 부당

간섭 방지책 마련" 등이었다. 민영 미디어렙인 '미디어크리에이트'가 등장함으로써 국내 방송광고판매시장은 새로운 경쟁체제로 진입했다(탁재택, 2013). '미디어크리에이트'는 2018년 12월 1일 자로 사명이 'SBS M&C(Marketing & Communications)'로 변경되었다.

박근혜 정부 4년 동안 SBS는 경영 환경과 수지 개선을 위해 많은 노력을 기울였다. 이 과정에서 2011년 초 '경영 일선 퇴진'을 선언했던 윤세영 명예회장이 2015년 봄 경영 일선에 복귀하기도 했다. 윤석민 SBS미디어홀딩스 부회장도 SBS 2016 신년사에서 "도전의 DNA를 불러내자. 1등 SBS를 달성하고, TV밖으로, 세계로 나아가는 문화 콘텐츠 기업이 되도록 하겠다"고 주장했다. 한편, SBS는 2016년 100억 가까운 영업적자를 기록했다. SBS노조는 적자 원인으로 '잘못된 지주회사 구조와 이를 통한 부당한 이익 유출'을 지적했다. SBS노조 측은 "계열사인 SBS가 지주회사인 미디어홀딩스의 기능을 전적으로 대행하면서도 오히려 막대한 금액을 홀딩스에 경영자문료로 지급해온 부당한 관행이 경영위기를 악화시켰다. 제대로 된 계약서도 없이 집행된 SBS의 부당한 계열사 지원과 타 계열사에 대한 퍼주기 계약만 정상화했어도 흑자 전환이 가능했다. 만약 콘텐츠 판매 관련 각종 권한을 위탁하지 않고 SBS가 직접 영업했더라면 외부 경영환경 악화에도 불구하고 큰 폭의 흑자가 가능했을 것이다. 부당한 지주회사 구조가 완전히 수명을 다한 상황이다"라고 주장했다(≪미디어오늘≫, 2017.2.2.). 이후 SBS노조는 경영정상화와 적폐청산 등을 요구했다. 당시 SBS노조의 '홀딩스 체제' 관련 조합원 대상 설문조사 결과, 응답 조합원 470명 중 97.6%가 '지주회사 체제가 SBS 성장의 걸림돌이 되고 있다'고 답변하기도 했다. 박근혜 정부 4년 동안 SBS는 국내 유료방송 시장의 급성장 등으로 인해 타 지상파방송사와 마찬가지로 여러 유형의 경영의 어려움을 겪었다. 최순실 사태의 파급 여파 속에서 SBS 사장으로 취임한 박정훈 사장은 2016년 12월 12일 취임사에서 "이 땅의 언론사 중 SBS를 가장 공정한 언론사로 우뚝 세우겠다. 윤세영 회장님도 취재와 보도의 자율성을 철저히 보장하겠다고 약속했다"고 주장했다(탁재택, 2017).

4) EBS

지난 2000년 「한국교육방송공사법」이 제정되면서 자본금 1,000억의 정부 출자를 통해 공영방송으로 거듭난 EBS[19]는 이명박 정부 5년 동안 안정적인 성장세를 보였다. 다큐멘터리 등 콘텐츠 전반도 시청자들로부터 호평을 받았다. 여기에는 2009년 10월 19일 취임한 곽덕훈 사장의 기여가 어느 정도 있었다는 평가다. 곽덕훈 사장은 취임사에서 "EBS의 독립성과 전문성을 보장하는 「한국교육방송공사법」을 지켜내도록 노력하겠다. EBS의 독창성과 경쟁력을 확보할 수 있도록 전략적으로 접근하겠다. 독립적으로 나아가 글로벌 교육기관이 되도록 하겠다"라고 말했다. 곽덕훈 사장은 2012년 자신의 임기가 만료되어갈 즈음 국회 상임위원회 전체회의장에서 연임할 의사가 없음을 공개적으로 밝히고, 임기만료 후 퇴임했다.

이명박 정부에서 지속된 공영방송 지배구조 개선 논의는 EBS도 예외가 아니었다. EBS 노조 또한 교육방송으로서 부여된 공적 책임을 보다 효율적으로 수행하기 위해 독립적 이사회 구성 및 사장 선임 절차 개선 등을 중요하게 보았다. 현행법상으로는 방통위가 이사 9명 전원과 사장, 부사장, 감사까지 임명하게 되어 있어 EBS 노조는 임명 구조상의 투명성을 강화하는 차원에서 '이사추천위원회' 등의 설치를 제안하기도 했다. 이는 추천위가 교육

---

19) EBS는 1974년 라디오방송 서비스를, 1980년 TV방송 서비스를 개시했다.

계, 시민단체 등 각 분야의 대표성 있고 자격 요건이 충분한 인사들로 구성되어, 이사회가 상호 간 균형을 이루면서 기능해야 한다는 인식이었다. 사장 임명 방식도 방통위원장이 아닌 대통령에 의해 임명되는 것이 위상 측면에서나 사회적 감시 차원에서도 더 바람직하다는 의견이었다. 정치권에서는 '방송법'과 '방문진법' 등의 개정안 발의 과정에서 여러 유형의 '교육방송공사법 개정안'을 발의했다. 민주당 배재정, 최민희 의원 등의 개정안이 대표적인 것이었다. 배재정 의원은 2012년 7월 31일 대표발의한 '한국교육방송공사법 개정안'에서 이사를 12인으로 늘리고, 여·야가 6인씩 추천할 것을 제안했다. 이외에도 국회 문방위 내에 이사후보추천위원회(15인)를 운영할 것과 사장 선출을 이사회 2/3 동의로 할 것을 주장했다. 또한 사장 결격사유로는 대통령 선거에서 후보자의 당선을 위해 방송·통신·법률·경영 등에 대해 자문이나 고문 등의 활동을 한 자, 대통령직인수위원회의 위원장·부위원장·위원이었던 자 등으로 명시하자고 제안했다. 최민희 의원도 2012년 9월 17일 발의한 '한국교육방송공사법 개정안'에서 EBS 이사 정원을 11명으로 늘리고, 여·야가 각각 4명(교원단체 추천 1명 포함)을, 방통위가 3명(노조 등 사내구성원 추천 2명, 교과부장관 추천 1명 포함)을 추천하도록 하자고 제안했다. 하지만 EBS를 둘러싼 지배구조 논의는 구체적으로 전개되지는 않았다. 전체적으로 EBS는 이명박 정부 5년 동안 시청자들의 콘텐츠에 대한 호평이 잇따르면서 사회적 위상이 제고되는 시기였다고 평가할 수 있다(탁재택, 2013). 한편, 이명박 정부에서는 국가정보원이 특정인의 EBS 프로그램 출연까지 감시한 것으로 밝혀지기도 했다. 당시 국가정보원이 사찰 대상이던 시사만화가 박재동 화백에 대해 그의 단순 여행 프로그램 출연까지 감시했다는 것이다(≪한국일보≫, 2020.11.22.).[20]

박근혜 정부에 들어서 EBS의 위상은 더욱 제고되었다. 관련한 대표적 이슈는 지상파다채널서비스(MMS)였다. 지상파방송사업자들이 공통적으로 관심을 기울였던 MMS가 박근혜 정부에서 EBS에만 허용되었다. 방통위가 2014년 8월 4일 발표한 3기 위원회 정책과제에 EBS를 필두로 지상파에 다채널방송을 허용하는 것이 포함되었다. 이어 방통위는 12월 23일 'EBS의 지상파 다채널방송 시범서비스 도입' 건을 의결했다. 골자는 '시청자 편익 증진, 교육 격차 해소 및 사교육비 절감'이라는 명분하에 2015년 1월 말부터 MMS를 시범서비스 형태로 허용한다는 것이었다. 지상파 중 EBS에 MMS 시범서비스를 우선 허용하기로 한 배경으로 방통위는 "방송통신발전기금, 특별교부금 등 공적 재원의 비중이 높으며 타 방송사 프로그램 대비 제작비 규모가 적은 EBS에 MMS를 우선 도입하여 방송시장 경쟁상황에 미치는 영향을 최소화하기 위한 것"이라고 설명했다. EBS는 다채널방송(MMS) EBS-2TV 시범서비스를 2015년 2월 11일에 개시했고 주로 (06:00~25:00) 초·중, 외국어 교육 콘텐츠를 제공했다. 박주선·문병호 의원이 2015년 2월 3일 주최한 '시청권 확대를 통해 교육복지를 향상시켜야 한다' 토론회에서 박주선 의원은 개회사를 통해 "연간 18조~33조 원에 달하는 사교육비는 반드시 줄여나가야

---

20) 박재동 화백이 ≪한국일보≫에 공개한 국정원의 동향 정보 등 사찰 문건에 따르면, 국정원은 지난 2009년 3월 18일 '박재동 화가의 EBS 출연관련 동향 보고' 문건을 작성했다. 박 화백을 '좌파성향'이라 규정짓고 시작하는 이 문건은 "EBS는 〈세계테마기행〉을 외주제작사에 의뢰하며 만든 작품으로 고정 출연자가 없어 외주업체가 임의로 선정"하며 "〈세계테마기행〉 출연자는 통상 사회적으로 물의를 야기한 인물이 아닐 경우 출연시키는 것이 원칙"이라 설명해됐다. 이어 "이번 박재동 화백 출연 경우는 책임 PD가 박재동 화백이 사회적으로 물의를 야기한 적이 없어 출연을 승인한 것"이며 "이에 따라 경영진에 별도 보고를 하지 않아, 경영진도 박재동 화백 출연사실을 사전에 인지하지 못했다"고 적었다. 박 화백은 2009월 3월 9일부터 12일까지 방영된 그리스 편에 출연했고, 국정원 보고서는 그 직후인 3월 18일에 작성됐다. 국정원 문건은 이외에도 박 화백의 다른 활동들에 대한 동향보고도 포함하고 있었다(≪한국일보≫, 2020.11.22.).

한다. 사교육비 절감을 위한 정책 수단 중 EBS의 역할은 대단히 중요하다. 취약한 EBS의 보편적 시청권이 확대되는 EBS의 지상파 다채널방송 시범서비스 실시를 환영한다"고 말했다. EBS-2TV MMS 법적 근거 마련을 위한 '방송법 개정안'은 2016년 11월 1일 국무회의에서 의결 처리되어, 2016년 11월 3일 정부가 입법발의했다. 개정안의 골자는 지상파다채널방송에 '부가채널'로서의 법적 지위를 부여하고, 부가채널 운용 시 방통위의 승인을 받도록 하며, 운용 관련 세부사항은 시행령으로 정한다는 것 등이었다.

　박근혜 정부 4년 동안 EBS를 둘러싼 지배구조 이슈도 주요 쟁점이었다. 우선, 2014년 5월 2일 '한국교육방송공사법 개정안'이 국회 본회의에서 통과되어 EBS 사장·이사의 자격 요건이 강화되었다. '한국교육방송공사법 개정안'은 이상민 의원이 2014년 2월 17일 대표발의한 것으로, "대통령선거에서 후보자의 당선을 위하여 방송, 통신, 법률, 경영 등에 대하여 자문이나 고문의 역할을 한 사람 및 대통령직인수위원회 위원으로 활동한 사람에 대하여는 3년의 기간이 경과하기 전에는 한국교육방송공사의 임원이나 이사가 될 수 없도록 함. 이사회 회의를 공개하도록 하고, 법률로 정하는 사유에 해당하는 경우 이사회의 의결로 회의를 비공개할 수 있도록 함" 등이 골자다. '한국교육방송공사법 개정안'에 EBS 사장·이사의 결격사유로서, 대통령선거에서 자문이나 고문의 역할을 한 사람의 구체적 범위 사항(자문이나 고문의 역할을 한 날부터 3년이 경과되지 아니한 사람)이 추가됨에 따라, 방통위는 2014년 8월 7일 '한국교육방송공사법시행령 개정안'을 의결했다. 시행령 개정안은 대통령선거에서 자문이나 고문의 역할을 한 사람의 구체적 범위는 "「공직선거법」 제61조에 따른 선거사무소, 선거연락소 및 선거대책기구에 설치된 자문단, 고문단, 특보단, 위원회 등 선거 관련 조직에 속하여 자문이나 고문의 역할을 한 사람"으로 최종 규정했다. 이와 관련하여, 박용진 의원은 2016년 12월 15

일 "현행법에서는 이사의 결격사유에 대해서는 규정하고 있으나 이사의 적극적 자격 요건에 대해서는 아무런 규정이 없다. 이로 인해 방송이나 언론에 대한 전문지식이나 경력이 없는 사람이 이사로 임명되는 일명 낙하산 논란이 계속되고 있다"면서, EBS 이사 자격 요건으로 "전문지식이나 경력을 갖춘 자"를 명시하자는 내용의 '한국교육방송공사법 개정안'을 대표발의했다. 한편, EBS 이사회는 2014년 5월 2일 이사회 운영 관련 '한국교육방송공사법 개정안'이 국회 본회의에서 통과됨에 따라, 2014년 12월 23일 'EBS 이사회 회의 공개 등에 관한 시행 규칙'을 의결했다. EBS이사회는 2014년 12월 30일 이후 회의부터 '공개'로 논의된 사안에 대해서는 속기록을 요청하면 전자파일(이메일) 형태로 (신청자에 한해 선별적으로) 제공하기로 결정했다.

특별다수제 등 이사회 구성에 대한 논란도 뜨거운 이슈였다. 박홍근 의원 등 162명의 의원들은 2016년 7월 21일 '한국교육방송공사법 개정안'을 발의했다. 개정안의 골자는 "EBS 이사 수를 9명에서 13명으로 늘리고, 국회에서 여·야가 7대 6의 비율로 추천하자. 이 경우 대통령이 소속되거나 소속되었던 정당의 국회 교섭단체가 추천하는 이사에는 교육과학기술부장관이 추천하는 1명과 대통령령이 정하는 교육 관련 단체에서 추천하는 1명이 포함되어야 한다. 이사회의 사장 임면제청 시 재적이사 3분의 2 이상의 특별다수제를 도입하자"는 것 등이었다. 의원들은 개정안 발의 배경으로 "한국교육방송공사의 사장을 임명하는 방통위원회 위원 구성이 정치적 중립성을 담보하기 어려운 구조로 되어 있어(위원 5인 중 위원장을 포함한 2인은 대통령이 지명, 3인은 국회 추천. 국회 추천 시 대통령이 소속되거나 소속됐던 정당의 교섭단체가 1인 추천, 그 외 교섭단체가 2인 추천), 사교육비 경감과 공교육 육성·강화라는 한국교육방송공사의 설립 목적을 달성하지 못하고 있는 실정이다"고 주장했다(탁재택, 2017).

2. 문재인 정부

1) KBS

문재인 정부가 출범한 뒤 사내외에서 고대영 사장의 퇴진 요구가 일었다. 방송의 공정성과 공익성 하락, 수신료 현실화 노력 포기 등을 이유로 들었다 (≪한겨레≫, 2017.6.12.). KBS본부노조는 고 사장의 퇴진을 요구하면서 142일 간의 장기 파업을 벌였다. 문재인 정부 출범 후 공영방송 사장의 거취가 문제가 다시금 부각된 상황과 관련해 '민주사회를 위한 변호사모임'은 2017년 8월 30일 발표한 성명서에서 "공영방송 경영진의 임기 보장이 언제 어떤 상황에서건 무조건 지켜져야만 하는 고정불변의 절대적 가치라고 볼 수는 없다. 법률을 넘어 헌법에 임기가 규정된 국민 직선의 대통령도 법 위배로 국민의 신임을 배반한 경우 임기를 마치지 못하고 탄핵될 수밖에 없음이 바로 얼마 전 확인된 바 있다. …… KBS 사장에 대해 방송법상 해임 제한 등 신분보장 규정이 없는 점 등을 근거로 그 임명권자인 대통령에게 해임권도 있다고 본 판례(대법원 2011두5001 판결) 및 현행 법 해석상으로도, KBS 이사와 사장은 대통령(방송법 제46조 제3항, 제50조 제2항), 방문진 이사는 방송통신위원회(방문진법 제6조 제4항)가 각 임명권자로서 해임권한도 지니며, 주식회사인 MBC 사장은 선임권(MBC 정관 제27조 제1호)을 지닌 MBC 주주총회(방문진이 70% 지분의 최대주주이다)가 해임권을 갖는다고 볼 수 있다"라는 주장을 내놓았다. 고대영 사장은 노조 파업 142일째인 2018년 1월 22일 KBS이사회에서 해임되었다. 이사회의 해임 사유로는 'KBS 최초로 지상파 재허가 심사 합격 점수 미달', 'KBS 신뢰도·영향력 추락', '파업 사태 초래 및 수습 실패' 등이 지적되었다. 고 사장의 해임 이틀 뒤인 2018년 1월 24일 KBS본부노조는 파업을 접고 업무에 복귀했다.

문재인 정부 출범 후 첫 KBS 사장으로 양승동 피디가 2018년 4월 6일 취임했다. 시민자문단의 평가(40%)와 KBS이사회의 평가(60%)에 기초한 결과였다. 고대영 전임 사장의 8개월여의 잔여 임기를 마치고 양 사장은 연임에 성공해 3년 임기의 KBS 사장에 정식 취임했다. 2018년 12월 12일 취임사에서 양 사장은 "KBS가 신뢰도·영향력 면에서 독보적 존재가 되도록 만들겠다. 온라인·모바일에서도 충분한 도달률을 확보하겠다. 조직·인력·재원 운영의 효율성을 높여 콘텐츠 중심의 창의성 높은 조직을 만들겠다"는 의지를 밝혔다. 양 사장은 취임 초기 이명박·박근혜 정부 시절 KBS의 방송 독립성·공정성 훼손 사례를 조사하여 진상을 규명한다는 목적으로 2018년 6월 19일 KBS '진실과 미래위원회(진미위)'를 출범시켰다. 진미위는 KBS부사장이 위원장을 맡았고 KBS 내·외부 인사 7명으로 구성되었다. 진미위는 1년여 동안의 활동을 마치고 2019년 6월 해산했다(≪미디어오늘≫, 2019.6.24.). 진미위의 징계권고에 따라 이후 KBS에서는 10명의 직원에 대해 정직, 감봉 등의 징계 결정이 내려졌다. 한편, 서울남부지법은 2021년 4월 15일 진미위와 관련해 '진미위의 운영 규정을 제정하는 과정에서 근로조건 불이익 변경에 대해 근로자 과반의 동의를 받지 않았다는 이유(근로기준법 위반)'로 재판에 넘겨진 양승동 사장에 대해 1심에서 '벌금형'을 선고했다(연합뉴스, 2021.4.15.). 서울남부지법은 항소심에서도 1심과 같은 형량인 '벌금형'을 2022년 2월 14일 선고했다(≪미디어오늘≫, 2022.2.15.).

문재인 정부 5년 동안 KBS 지배구조 관련 논의는 늘 쟁점이었다. 국회에서도 수많은 법안 발의가 이어졌다. 강효상 의원은 2017년 11월 10일 방송법 개정안을 대표발의하고 "이사회를 방송통신위원회가 아닌 대한민국시도지사협의회와 방송언론 관련 단체나 학회, 법조계, 학계 등에서 추천받은 인사로 구성하여 공영방송의 공정성과 자율성을 최대한 보장하자"고 주장했다. 추혜선 의원은 2017년 11월 14일 방송법 개정안을 대표발의하고 '이사추천 국민위원회' 구성을 주장했다. 이재정 의원(2018년 4월 5일)과 정청래 의원(2020년 6월 11일), 전혜숙 의원(2021년 3월 2일)도 각각 방송법 개정안을 대표발의하고 '사장추천위원회 또는 사장후보시청자평가위원회 구성'을 제안했다. 정필모 의원은 2020년 11월 12일 자 방송법 개정안 대표발의에서 '이사후보추천국민위원회'와 '사장후보추천국민위원회' 제도를 함께 도입하자고 제안하기도 했다. 추혜선, 이재정, 정청래, 전혜숙, 정필모 의원 등의 방송법 개정안은 공영방송 사장 선임 과정에서 '정치권이 권한을 국민에게 되돌려 줘야 한다'는 의미로 해석될 수 있다. 즉 정치 영역이 공영방송을 이제 놓아주어야 한다는 의미가 될 수 있겠다. 하지만 이와 같은 '국민추천 방식'과 관련해 반론도 존재했다. 일각에서는 "국민(시민)이라는 이름을 빌려 특정한 세력이 과도하게 대표되는 부작용도 있을 수 있다"는 관점을 피력했다. 이 경우, 즉 "공영방송이 또 다른 정치적 투쟁의 장으로 변질될 수 있다"는 주장이었다. 2021년 12월 6일 열린 국회 언론·미디어 제도개선특위 '미디어 거버넌스 개선 관련 「방송법」 등에 대한 공청회'에서 천영식 펜앤드마이크 대표는 "민주당의 법안에는 국민참여라는 이름 아래 KBS경영에 국민을 참여시키자는 주장을 적지 않게 개진하고 있다. KBS는 국민의 방송인만큼 원론적으로는 옳다. 하지만 어떤 국민을 참여시키자는 건가. 국민이라는 이름아래 특정집단이 과도한 영향력을 행사한다면 배임이요 범죄이다. 시민단체나 노조의 과도한 영향력 확대는 공영방송 거버넌스 해결을 어렵게 하는 불치병이 될 수 있음을 이해해야 한다"고 주장했다. 한편, 오세정 의원은 2018년 5월 11일 KBS 사장의 자격기준 신설을 골자로 한 방송법 개정안을 대표발의했다. 개정안의 골자는 "KBS 사장을 임명하는 경우, 방송·언론·정보통신 분야에서의 경력과 전문성을 고려하자"는 것이었다. 사장의 자격기준과 관련하여, 박대출 의원도 2017년 6월 1일 자 방송법 개정안 대표발의에서 "KBS 이사 및 사장 결격사유에 국정기획자문위원회(인수위원회) 활동종료 3년 미만 자를 포함시키자"고 제안한 바 있다. 한편, 오영훈 의원은 2019년 9월 20일 자 방송법 개정안 대표발의에서 "이사를 임명할 때, 특정 성별이 10분의 6을 초과하지 않도록 하자"고 제안하기도 했다. 박성중 의원의 경우에는 2020년 8월 31일 자 방송법 개정안 대표발의에서 "이사회는 13명으로 구성하되, 대통령이 소속되거나 소속되었던 정당의 국회 교섭단체가 추천하는 사람 7명과 그 밖의 국회 교섭단체가 추천하는 사람 6명을 대통령이 임명하도록 하자"고 제안했다. 허은아 의원은 2021년 1월 27일 대표발의한 방송법 개정안에서 "이사회의 정원을 11명에서 15명으로 증원하고, 대통령이 소속되거나 소속되었던 정당의 국회 교섭단체가 6명, 그 외의 국회 교섭단체 중 의석수가 가장 많은 국회 교섭단체가 6명, 방송통신위원회가 3명을 각각 추천해 이를 대통령이 각각 임명하도록 하자"고 제안한 바 있다. 황보승희 의원은 2021년 7월 9일 자 방송법 개정안 대표발의에서 "이사들이 특정 지역에 편중되지 않도록 그 임명방식을 합리적으로 개선하자"고 제안하기도 했다.

한편, 여·야는 공영방송 지배구조 개선 문제와 관련해 상반된 입장을 견지했다. 야당 소속의 정용기 의원은 2018년 9월 11일 자 ≪파이낸셜뉴스≫ 인터뷰에서 "공영방송 지배구조 개편의 해법은 어렵지 않다. 정부 여당이 공영방송을 장악하겠다는 허황된 욕심을 버리고 초심으로 돌아가면 될 문제라고 생각한다. 더불어민주당은 지난 야당 시절 방송장악을 막기 위해 방송법 개정안을 제출했다. 불공정 편파방송을 막기 위해 공영방송의 이사회구성을 여·야 대등하게 요구했다. 자유한국당도 이를 수용해 민주당안대로 하자고 주장해왔다. 하지만 민주당은 정권을 잡고 난 이후 입장을 바꿔 본인들이 제출한 방송법 개정안에 반대했다. 정부 여당은 방송법을 제출했던 초심으로 돌아가 방송법 처리에 협조해줄 것을 촉구한다"라고 주장했다. 반면, 여당 소속의 김성수 의원은 2018년 9월 11일 자 ≪미디어오늘≫ 인터뷰에서 "더불어민주당이 야당 시절에는 박홍근 의원의 방송법 개정안(여·야 7 : 6 이사회 구성, 사장 선출 시 특별다수제 도입 등)의 국회 처리를 주장하다가 집권 후 입장이 바뀌었다고 자유한국당이 비판하는데, 이 대목에서 한국당은 할 말이 없다. 민주당이 야당 때 주장하다 여당 때 입장이 바뀌었냐는 지적은 표면적으로는 맞지만 제대로 살펴봐야 한다. 법안을 낼 때 우리도 최선이 아니라 통과를 위한, 타협하기 적절한 내용이라고 전제했다. 그런데 그때 자유한국당이 반대해서 안 됐다. 발로 찬 거다. 지금 여당이 관련 논의를 안 하겠다는 게 아니라 다시 논의하게 됐으니 좀 더 들여다보고자 한다"는 입장을 밝혔다.

한편, 방통위가 자문기구로 운영한 '방송미래발전위원회'는 2018년 9월 6일 공개한 '공영방송 지배구조 개선과 제작 자율성 제고를 위한 정책제안서'에서 "공영방송 이사는 방통위 또는 국회가 추천(또는 임명)하되, 정파성을 최소화한 (가칭) 중립지대 이사(1/3 이상)를 포함하여 구성하자. 중립지대 이사는 여·야 추천 방식이 아니라 독립성과 전문성을 갖춘 후보자가 개방형으로 추천되도록 하며, 행정부와 국회 간 상호 견제 원칙이 실현될 수 있도록 구성하자. 이외, 이사 임기교차제 및 연임제한, 이사회 회의록 공개 제도 등을 두자"는 안을 내놓기도 했다. 공영방송 지배구조 개선과 관련해 박홍근(2016) 의원 등이 대표발의한 '여·야 7 : 6 공영방송 이사회 구성' 이슈에 대해서는 다양한 입장과 주장들이 제기되었다. 우상호 더불어민주당 원내대표는 2017년 1월 12일 국회 공정언론실현특별위원회가 '박근혜-최순실 게이트와 방송 공공성의 확보 방안'을 주제로 개최한 토론회 인사말에서 "영국의 경우, 공영방송 지배구조 구성에 정치권이 관여는 하지만, 임명과 동시에 자율적으로 간다고 해외 출장에서 들었다. 7 : 4, 7 : 6, 어찌 보면 사실 다 무망하다고 본다. 여·야 구분 없이, 진보·보수 구분 없이 권력의 속성인 방송장악 유혹을 차단하는 방법이 핵심이라고 본다"고 말했다. 국회 미래창조과학방송통신위원회가 2017년 1월 18일 개최한 '방송법 개정안' 공청회에 참석한 진술인들의 견해도 갈렸다. 강상현 연세대학교 교수는 "공영방송 제도가 사회적 비난에 봉착한 상황이다. 공영방송의 시청점유율이 급격히 하락하고, 전문가 집단의 '질적' 평가도 부정적으로 바뀌는 상황에서 대통령의 공영방송 사장 인사권 등 지배구조 개선의 필요성이 대두된다"고 주장했다. 최진봉 성공회대학교 교수도 "공영방송 사장 선임 방식의 정치적 중립성 담보 장치가 필요하다"면서, "이사회 구성상 7 : 4나 6 : 3 구조[21]보다는 7 : 6 방식이 '균형성'을 제고한다는 차원에서 기여도가 높을 것"[22]이라고 말했다. 반면, 이창근 광운대학교 명예교수는 "법 개정을 성급하게 논의하기 보다는 통치제도 변화 등을 고려해 큰 틀에서 접근하는 것이 필요하다면서, 미시적 조정보다는 공영방송 지배구조에 개입하는 정치 제도 전반에 대한 성찰과 함께 포괄적으로 접근할 필요가 있다"고 주장했다. 또, "2000년 '통합방송법' 제정처럼, 전체적인 그림을 그리는 작업이 필요하고, 경영진과 종사자 외, 국민주권 등이 함께 고려되는 구조가 바람직하다"고 말했다. 또 "국회가 공영방송 이사 13명을 모두 추천하는 방식[23]과 관련해서는 견제와 균형이라는 측

---

21) 공영방송 이사회 구성과 관련해 현행 방송법과 방송문화진흥회법에는 KBS 이사 11명, MBC 이사 9명 등 인원만 명시돼 있을 뿐, 여·야 추천 비율과 관련해서는 어떤 규정도 없는 상황이다.

22) 이와 관련해 일각에서는 여·야 동수 이사회나 특별다수제의 효과에 대해서 의문을 제기하기도 한다. 반응성과 책임성의 부재로 이어질 수 있다는 것이다.

23) 2000년 김대중 정부 당시 통합방송법이 제정되고 방송위원회(방송통신위원회의 전신)를

면을 고려할 때, 재고될 필요가 있다"고 주장했다. 한편, 국회 미래창조과학방송통신위원회 신상진 위원장은 이날 "인적 규모가 상대적으로 큰 독일 공영방송의 지배구조에 관심이 간다"면서, "다수 인사가 참여하는 이사회가 운영될 경우, 관리의 어려움은 있겠지만 다양성을 많이 섞으면 지배구조의 정치성을 감소시키는 효과가 있지 않겠느냐"는 의견을 피력하기도 했다. 한편, KBS노동조합은 '여·야 7 : 6 공영방송 이사회 구성'을 골자로 한 박홍근 의원의 2016년 7월 21일 자 방송법 개정안과 관련해 발표한 2018년 4월 12일 자 성명서에서 "이번에 처리하지 않고 또 정권이 바뀌면 한국당이 또 입장을 바꿔 지금 민주당처럼 오리발을 내밀 수도 있다. 정권이 바뀐 뒤에도 정신 못 차리고 최근까지도 반대하던 자유한국당이 전향적으로 입장을 바꿔 박홍근 안을 원안 그대로 처리하자고 하는 지금이 우리에겐 천금 같은 기회다. 그러나 지금까지 모든 집권여당이 그랬듯 이젠 민주당이 우리의 앞을 가로막고 있다"고 주장했다. 조항제 부산대학교 교수도 2019년 5월 25일 열린 언론정보학회 춘계학술대회 '한국 공영방송의 정치적 후견주의 성격과 극복' 세션 발언에서 "한국 공영방송제도는 승자독식 엽관제로 보인다. 내부 분파주의 치유도 쉽지 않을 것 같다. 지배구조개선 등 새로운 형태의 사회적 합의가 필요했으나, 골든타임을 놓치고 있는 것 같다. 지배구조개선의 요체는 보복이 반복되는 구조를 없애는 것"이라는 관점을 피력했다. 한편, 김동민 한양대 겸임교수는 ≪한국일보≫ 2014년 6월 3일 자 'KBS 사태의 본질을 생각한다' 기고문에서 특별다수제 제도와 관련하여 공영방송의 독립성과 자율

합의제 행정기구로 독립시키면서, 국회가 관장하던 KBS·MBC 이사 선임권이 방송위원회가 추천권 등을 행사하는 형식으로 바뀌었다. 당시 방송위원회 위원은 대통령(3인)과 국회의장(교섭단체 협의 3인, 문화관광위원회 3인)이 추천해 대통령이 임명했다.

성은 "편협한 전문성을 앞세운 언론학의 논리로는 답이 나오지 않는다. 이 문제는 정치의 영역이다. 자잘한 제도의 형식적인 변화로 근본을 바로 잡는 것은 어불성설이다. 제도보다는 운영이 중요하다. 따라서 본질은 정부의 의지에 있지, 특별다수제 따위의 제도에 있지 않은 것이다"라고 주장하기도 했다. 현실적으로, 공영방송 지배구조 논란의 본질적 문제는 공영방송 사장 선임 방식으로 귀결된다는 관점이 다수다. 공영방송 제도에 "임명의 빚을 중심으로 한 후견주의(Clientelism)의 관례가 실질적 제도로 기능하고 있다"는 것이다(강형철, 2012a). 공영방송에 대한 정치권의 이해관계는 여·야 구분이 어려운 상황이다. 다시 말해 여권은 사장 선임제도 등을 통해서 공영방송 지배구조에 나름대로 영향력을 행사하고자 했던 것이 지금까지의 현실이었다. 야권 또한 국회 결산, 국정감사 등을 통해 공영방송의 문제점들을 정쟁화, 또는 사회적으로 이슈화하려 한 측면이 있어왔다. 보수와 진보를 표방하는 시민사회단체도 정치권과 비슷한 프레임을 보여준 측면이 있다. 수신료 문제가 대표적인 사례일 것이다. 이런 면에서 볼 때 정치권과 학계, 시민사회 등의 공영방송 제도에 대한 진정한 성찰 없이는 공영방송 제도 개선 작업은 요원할 수도 있다. 문재완 외국어대학교 교수는 "거의 모든 언론과 시민단체가 정파적 경향을 보이고 있는 현실을 고려하면, 외형상으로 정치적 중립성을 표방하는 인물을 선정하는 방식의 제도 개선은 한계가 있다. 이런 면에서 공영방송의 의사결정 구조를 숙의 및 투명성 제고로 전환하는 것이 중요하다"라는 의견을 폈다(문재완, 2012). 이창근 광운대학교 명예교수는 "각 국의 방송의 문화는 상당 부분 그 나라의 정치문화적 수준이나 시민사회의 민도와 맥을 같이 한다고 본다"면서, "그럼에도 시민들의 정치의식이 현저히 높아져가고 있는 작금의 한국 사회 현실에서 수십 년째 크게 나아가지 못하고 있는 공영방송의 지배구조와 운영구조의 법제적 개선에 대한 사회적 인식

수준과 구조 개선에 대한 정치권 등의 관철 의지는 중요한 요소다. 또한 공영방송 종사자들의 사회와 국민에 대한 책무(accountability)의식, 섬김의 자세도 중요한 요소다. 제도가 모든 문제의 해결책이 될 수는 없지만 법제를 마련해 준수하다 보면 행동이 변하고 정신도 변화하게 될 것이다. 미디어는 정당 서비스(party service)가 아니라 공공 서비스(public service)에 충실해야 한다"고 주장했다(이창근, 2015). '뉴스타파' 토크프로그램 〈뉴스포차〉(2017년 1월 25일 방송분)에 출연한 노종면 당시 YTN 해직기자는 '종편 부상 이후 공영방송 무용론'과 관련해, "JTBC가 잘하니까, 이미 여러 대안 매체가 있으니까, 공영방송이 필요 없다고 생각하는 건 잘못된 것"이라면서, "좋은 게 하나일 때보다 두 개일 때가 좋다. 두 개보다 서너 개가 더 좋다. JTBC보다 좋은 방송을할 언론사를 늘려가는 것이 바람직하다"는 견해를 피력했다. 또 "확률적으로 사주가 있는 언론사에 기대하는 것이 나을까, 아니면 시민이 주인인 언론사에 기대하는 게 나을까"라고 물으면서, "KBS와 MBC는 우리(시민)의 것인데 왜 망가져도 된다고 그럴까. 다시 되돌려서 제대로 써먹어야 한다"고 주장했다. '공영방송이 과연 예전으로 돌아갈 수 있을까'라는 질문에 노종면은 "그런 생각도 채찍질을 하는 방법 중 하나인 것 같다. '너희 없어도 돼' 이런 말은 정말 버리겠다는 게 아니라 '조금 더 힘을 내달라'는 뜻이라고 생각한다"고 답했다(≪미디어오늘≫, 2017.1.29.). 한편, 언론정보학회 언론정상화위원회가 2017년 7월 11일 '새 정부 언론개혁의 우선 과제'를 주제로 개최한 세미나에서 김언경 당시 민언련 사무처장은 토론자 발언에서 "지금 20·30대 젊은 운동가 그룹에선 공영방송 무용론이 확산되고 있다. 이들이 (성인이 된 후) 이명박·박근혜 정부 시기의 망가진 공영방송 모습만을 주로 경험했기 때문인 것으로 보인다"고 주장했다. 젊은 세대가 공영방송의 존재의 유용성·필요성을 재인식하게 하는 노력이 중요하다는 점을 강조한 발언이라 하겠다.

한국 사회에서 공영방송 제도에 대한 다양한 '애증'의 의견들이 있는 가운데, 공영방송의 가치 구현에 있어 결국 중요한 것은 공영방송 내부 종사자들의 자세와 의지라고 할 수 있다(탁재택, 2017).

한편, 문재인 정부에서는 강규형 KBS 이사에 대한 '표적 해임' 논란도 있었다. 서울행정법원 제7부는 2020년 6월 11일 강규형 전 KBS 이사가 문재인 대통령을 상대로 "졸속으로 절차가 이뤄진 KBS 이사직 해임 처분이 위법하니 취소해 달라"며 2018년 1월 제기한 소송에서 "문 대통령이 강규형 이사를 KBS 이사에서 해임한 것은 부당하니 취소돼야 한다"는 판결을 내렸다. 강 전 이사는 옛 자유한국당 추천으로 KBS 이사에 임명됐으나 이사 해임 과정이 '표적 해임'이었다는 주장을 폈다. 2017년 9월 언론노조 KBS본부는 이사진의 법인카드 부당 사용 의혹을 제기했고, KBS 이사진에 대해 감사를 벌인 감사원은 두 달 뒤 강 전 이사에 대해선 2015년 9월부터 24개월간 327만 원 상당 액수를 법인카드로 부당 사용했다는 조사 결과를 발표했다. 감사원이 이와 관련해 인사 조치 방안을 마련하라고 방통위에 통보한 뒤, 2017년 12월 27일 방통위 전체회의는 감사원 감사 결과를 근거로 강 전 이사 해임 건의안을 통과시켰고 다음 날 문 대통령은 이를 재가했다. 재판부는 판결문에서 "업무추진비 일부를 부당 집행했다는 사실만으로는 임기 만료 전 해임될 정도로 이사 적격을 상실했다고 보기 어렵다"고 주장했다. 이와 관련해 일각에서는 "문재인 정부가 강 전 이사만 자진 사퇴한다면 여당 추천 인사가 KBS 이사진의 과반을 차지하게 되고 고대영 당시 KBS 사장을 해임할 수 있는 상황이었는데, 강 전 이사가 버티자 감사원과 방통위가 나섰다"는 주장을 폈다(≪조선일보≫, 2020.6.12.). 이와 관련해 대법원 특별2부도 2021년 9월 9일 대통령의 강규형 이사 해임은 부당하다고 판단했다. 한편, 강규형 이사 해임 건과 유사한 사례는 이명박 정권하에서도 있었다. 당시 신태섭 KBS 이사가 이명박 정부 출범 직후인 2008년 7월 소속 대학의 허가 없이 KBS 이사를 겸직했다는 이유로 동의대로부터 해임을 통보받았다. 이에 대해 당시 방통위는 국가공무원법에 따른 결격사유 조항에 해당된다면서 신 이사의 KBS 이사자격을 박탈했고 그 후 당시 정연주 사장에 대한 해임건도 곧바로 추진했다. 해임된 신 이사는 동의대를 상대로 해임무효확인청구 소를 제기했고, 대법원은 2009년 11월에 동의대 측의 해임결정이 부당하다면서 신태섭 이사의 승소 결정을 내린 바 있다. 신태섭·강규형 사례와 같은 정권교체기 교수 출신 공영방송 이사 축출 프로세스가 시대를 떠나, 그리고 보수·진보 정권을 떠나 크게 다를 바 없다는 주장이 성립되는 배경이 된다고 할 수 있다. 한편, 조항제 부산대학교 교수는 2019년 5월 18일 열린 한국언론학회 춘계학술대회 '공영미디어로서 KBS의 새로운 법제도적 모색' 세션에서 "지배구조 논의가 난맥상에 빠진 것은 집권 여당의 책임이 크다. 향후 부메랑이 반복될 수 있고, 정치 냉소주의가 심화될 수 있다"고 주장했다. 이날 최영묵 성공회대학교 교수도 "작금의 상황에서 공영방송 제도 관련 논의가 공허한 느낌이다. 문재인 정부는 미디어정책과 비전이 없는 정부다"라는 주장을 폈다. 양성회 ≪중앙일보≫ 논설위원은 2019년 4월 27일 자 '공영방송의 자리' 칼럼에서 "정권이 바뀌면 이전 정부 때 임명된 사장·이사진이 물갈이된다. 보도의 지향점이 달라진다. 정치세력 간, 노사 간, 노노 간 갈등이 반복된다. 정권 따라 공·수만 바뀔 뿐 보수, 진보가 따로 없다. …… '탈정치화' 없이 지금 공영방송을 둘러싼 문제 해결은 요원해 보인다"고 주장했다.

문재인 정부 임기 동안 KBS 수신료 이슈도 주요 쟁점이었다. 국회 차원에서도 여러 유형의 법안 발의가 이어졌다. '수신료의 한국전력 위탁징수 방식'과 관련해 오신환 의원(2018년 10월 17일), 강효상 의원(2018년 12월 12일), 이종배 의원(2019년 1월 4일), 정경희 의원(2020년 7월 13일), 허은아 의원(2021년 1월

27일) 등이 방송법 개정안 대표발의를 통해 '수신료-전기료 병과고지 금지'를 주장했고, 윤한홍 의원의 경우 2019년 5월 17일 전기사업법 개정안 대표발의를 통해 역시 '수신료-전기료 병과고지 방식 금지'를 주장했다. 박대출 의원은 2018년 12월 28일 방송법 개정안 대표발의에서 "침해받고 있는 시청자의 '수신료 거부권'을 강화하고, 준조세처럼 받고 있는 수신료 납부방식을 개선하기 위해 시청자의 '납부방식 선택권'(① 계좌이체, ② 신용카드/직불카드, ③ 그밖에 대통령령으로 정하는 방법)을 신설하여 시청자 권리를 강화하자"고 주장했다. 김성태 의원의 경우는 2019년 8월 27일 방송법 개정안 대표발의에서 "한국방송공사가 재난방송의 의무를 소홀히 하고 경영부실, 정치적 편향성을 띤 편파방송, 지역 방송국을 폐쇄하는 등 수신료의 전제조건인 공영방송으로서의 책무를 저버리고 있다는 문제 제기가 계속되고 있다"면서, "수신료 납부제도를 폐지하고 한국방송공사에 필요한 경비는 방송광고 수입금 등으로 충당"하게 하자고 제안하기도 했다. 한편, 이철희 의원(2019년 2월 19일), 정청래 의원(2020년 6월 22일), 허은아 의원(2020년 9월 1일), 전혜숙 의원(2021년 5월 17일) 등은 방송법 개정안 대표발의에서 '수신료 회계 분리'를 주장하기도 했다. 이에 대해 KBS 경영협회는 이철희 의원의 개정안 발의가 나온 직후인 2019년 2월 20일 "수신료 회계 분리를 주장하는 개정안은 철회되어야 한다"는 내용을 골자로 한 성명서를 발표했다. 경영협회는 성명서에서 "공적재원의 투명성 강화라는 순수한 목적과 달리 실제에서는 공영방송의 독립성과 책임경영에 심각한 장애를 미칠 수 있는 제도다. KBS 예산은 수신료를 포함한 모든 수입이 통합되어, 방송프로그램 제작, 시설운영, 시청자서비스, 일반관리 비용 등으로 집행되고 있다. KBS의 모든 사업활동은 공영서비스 구조이다. 1TV 등은 공영서비스여서 수신료를 쓰고, 2TV 등은 상업서비스여서 수신료 이외의 수입으로 운영 관리되어야 한다는 전제 자체가 오류이다.

광고방송이 있더라도 예능이든, 드라마든 국민이 내주는 수신료로 제작되는 단일 조직체이다. 설령 백번 양보하여 수신료 용처별로 회계를 구분한다 치더라도, 인력, 장비, 예산 등의 양면성 때문에 활동서비스나 장르를 명확하고 객관적으로 구분할 수가 없고, 결국은 인위적으로 배분하는 형식적 행위가 되고 말 것이다. 외국사례를 들고 있으나, 최소한 수신료 수입이 절대적 비중을 차지하고, 상업서비스 부문은 필요에 따른 부수적일 때에 회계분리 적용은 타당하다. 현재 KBS에는 국회 결산심사·국정감사, 감사원 기관감사·결산검토, 경영평가 및 연차보고서 공표, 방송평가, 재허가, 자체 감사 및 ERP시스템까지 KBS 구성원들조차도 모르는 수많은 투명성 확보장치가 작동되고 있다. 빠른 의사결정과 독립적 자율경영이 절실해도, 공영방송이 짊어져야 할 책임이기에 이렇게 많은 감시통제를 묵묵히 받아들이고 있다. 회계분리는 공영방송의 독립성과 안정적 경영활동을 제약하는 족쇄에 지나지 않는다"라고 주장했다. '수신료산정위원회 제도 도입' 관련 법안 발의도 있었다. 전혜숙 의원은 2021년 5월 17일 방송법 개정안 대표발의에서 "KBS의 수신료 증액 또는 감액은 국회의장 소속의 공영방송수신료위원회가 결정하여 국회 본회의 승인으로 확정"하도록 하자고 제안했다. 한편, 수신료의 한전 위탁 징수료 문제와 관련해 김성태 의원은 "전체 공영방송 수신료 수입 중 한전 위탁 징수료(6.15%) 규모가 EBS 수신료 수입의 2.2배에 달한다"면서 "전기료 납부과정의 전산화·자동화 시점에서 한전에 막대한 수수료를 지급하는 것이 옳은지 의문이 든다"고 주장했다. 이와 함께 김 의원은 "가계통신비 절감을 추진하면서 모바일 기기에 수신료를 부과하는 건 모순이다"라는 입장을 보였다(≪한국일보≫, 2018.9.17.). 박선숙 의원도 2018년 10월 10일 '수신료 징수 위탁수수료 원가보고서' 자료를 발표하고, "한전 위탁수수료율(6.15%)에 대한 적정 규모를 다시 산정해야 한다. 한전과의 협상력이 떨어지는 KBS보다는 주무 부처인 방통위가 산자부, 한전 등과 4자 협의를 통해 위탁수수료 문제를 정리할 필요가 있다"고 주장했다. 한편, KBS 양승동 사장은 2021년 수신료 현실화 작업을 본격 추진했다. 2020년 10월 12일 열린 국정감사에서 양 사장은 "지난해 사업적자가 759억 원이고, 올해도 비슷한 적자가 예상된다. 40년째 KBS 수신료는 동결돼 있다. KBS가 공공성을 지키기 위해 전체 재원의 46%에 해당하는 수신료 비중을 70%로 늘려야 한다"고 말했다. 이날 양 사장은 또 2020년 추석 연휴에 방영된 〈나훈아 쇼〉를 언급하며 "제2, 제3의 〈나훈아 쇼〉를 만들고 고품질 한류 콘텐츠를 만들겠다"며 인상의 당위성을 주장했다. 이에 대해 조명희 국민의힘 의원은 "올 6월 여론조사에서 86%의 국민이 수신료를 반대했다. 국회와 국민이 납득할 만한 의견 수렴 과정과 자체 혁신안이 먼저 마련돼야 한다"고 주장했다. 박성중 국민의힘 의원은 "광고 수입 감소는 전임 고대영 사장 때도 있었지만 당시엔 흑자를 냈다"고 말했다. 우상호 더불어민주당 의원은 수신료 인상에 찬성하면서도 프로그램의 질적 개선이 필요하다고 지적했다. 그는 "〈나훈아 쇼〉가 좋은 반응을 얻었지만 다른 방송사의 트로트 프로그램 인기에 따라간 유사 편성이다. KBS가 창의성을 다시 찾고, 뼈를 깎는 자구 노력이 있어야 수신료 인상의 사회적 합의가 가능하다"는 주장을 폈다(《동아일보》 2020.10.16.). 한편, KBS이사회는 공론조사 방식의 숙의 토론회(《미디어오늘》, 2021.6.9.) 등을 거친 후 2021년 6월 30일 수신료 인상안을 현행보다 1,300원 높은 월 3,800원으로 의결해 2021년 7월 5일 방통위에 제출했다. 방통위는 2021년 12월 29일 전체회의에서 '텔레비전방송수신료 조정(안)에 대한 의견서'를 심의·의결해 2022년 1월 6일 국회에 제출했다. 방통위 의견서에는 "KBS의 과감한 경영혁신과 수신료 회계의 투명성을 제고하기 위한 노력, 수신료 조정안의 작성·제출·처리 등 절차 전반에 대한 제도개선 등이 필요하다"는 내용이 담겠다. KBS의 수신료 인상 재추진은 2007년, 2010년, 2013년에 이어 네 번째다. 한편, KBS이사회의 인상안 의결 다음 날인 2021년 7월 1일 KBS 내부에서는 수신료 인상 논의에 대해 "염치없다"는 비판적 목소리가 나오기도 했다. KBS의 한 기자는 사내게시판에 실명으로 올린 글에서 "양승동 사장의 수신료 인상 추진은 참으로 염치없는 일이다. 국민적 공감은커녕, KBS 구성원 상당수의 공감도 없이 폭주하고 있다. 돈을 낼 시청자들이 반대하는데 뭘 도대체 어떻게 하겠다는 거냐"는 주장을 하기도 했다(≪조선일보≫, 2021.7.2.).

수신료 현실화 논의에 있어 향후, '수신료산정위원회 제도 도입' 이슈 등이 주요 쟁점이 될 것으로 예상된다. KBS 수신료 인상에 원칙적인 찬성 입장을 여러 차례 밝혀온 한상혁 방통위원장도 2021년 1월 6일 '2021년 방통위 주요 정책과제'로 '수신료 산정 제도개선'을 꼽은 바 있다. 전국언론노조, 민주언론시민연합, 언론개혁시민연대, 한국언론정보학회, 한국PD연합회 등 31개 단체가 참여한 미디어개혁시민네트워크 역시 2020년 7월 16일 '시민의 커뮤니케이션 권리 강화를 위한 미디어정책' 발표회를 열고 공영방송 재원은 수신료 등 공적재원과 민간재원에 의한 혼합재원 방식으로 재설계하고 '수신료산정위원회'를 설치하자고 제안한 바 있다(≪미디어오늘≫, 2020.7.16.). '수신료산정위원회' 제도가 향후 공영방송 수신료 현실화 논의의 난맥을 풀수 있다면, 그동안 학계·시민단체 등에서 꾸준히 주장해온 '수신료산정위원회' 모델에 대해 KBS가 전향적 검토를 할 필요도 있어 보인다. 2021년 12월 6일 열린 국회 언론·미디어 제도개선특위 '미디어 거버넌스 개선 관련 「방송법」 등에 대한 공청회'에서 최영묵 성공회대학교 교수는 '수신료위원회'와 같은 별다른 보완 장치 없이 정치적 후견주의를 청산하고 공영방송이 완전한 '정치적 독립성'만을 확보(혹은 보장)하게 된다면 그것은 자칫 독립이 아니라 '고립'을 의미할 수도 있다는 관점을 피력하기도 했다. 제17·18·19대 국회에서의 수신료 인상 논의과정에서 쟁점이 되었던 KBS의 정권향배에 따른 편향성 논란과 경영 효율성·투명성 시비가 아직 충분히 해소되지 않았다는 점, 다플랫폼·다채널 산업지형 속에서 KBS콘텐츠에 대한 이용자 수요도가 낮아질 위험성이 존재한다는 점, 글로벌 OTT와의 경쟁 속에서 국내 지상파·공영방송의 위상 약화가 더욱 가시화될 수 있다는 점, '젊은 시청자 층'의 지상파 이탈 현상이 심화되고 있다는 점, 젊은 세대의 공영방송제도 효용성 및 중요성에 대한 지지 정도가 낮아지고 있다는 점 등을 종합적으로 고려할 때, 한국의 공영방송·수신료 제도의 정당성은 점차 유지되기가 더욱 어려워질 수도 있다. 최근 영국에서 일고 있는 '공영방송 BBC 수신료 폐지 검토' 논란(연합뉴스, 2022.1.17.)은 국내 공영미디어 제도에도 시사점을 주고 있다. 이와 함께, 모바일 동영상 광고 시장과 글로벌 플랫폼의 시장지배력도 급격하게 성장하고 있어, 지상파방송 광고시장의 미래도 불투명해지는 상황이다. 따라서 KBS를 둘러싼 외부 환경이 더 악화되기 전에 지난 40년 동안의 수신료동결구조의 실타래를 현실적 관점에서 풀어내는 것이 향후 관건일 수 있다. 시기적으로 더 늦기 전에 KBS가 자체적인 혁신방안과 함께 수신료 제도 개선책 마련에 선제적으로 나설 필요도 있어 보인다. 특히 현행 방송법이 수신료 현실화 논의 과정에서 수신료 결정의 근거 법률로서 한계를 보이고 있다는 데 사회 전반의 인식이 모아진다면, 수신료산정위원회 모델은 수신료 인상 논의에 있어 하나의 해법이 될 수도 있을 것이다. 수신료 현실화 논의에서 제일 중요한 것은 결국 국민의 마음, 국민의 신뢰를 얻는 일이 될 것이다. 한국의 공영방송 제도는 수신료 문제를 '공민권(公民權)적 관점'(조항제 부산대학교 교수)에서 더욱 겸허한 자세로 성찰해나갈 필요가 있다. 또한 한국 사회에서 공영방송제도가 존속할 필요가 있는 영역으로 인정된다면, 재원구조 관련 사회적 논의 프로세스가 현실적인 측면에서 좀 더 성숙하게 진행될 필요가 있다고 하겠다.

현재, 공영방송, 지상파상업방송, 종편PP, 일반PP의 재원구조가 거의 비슷한 양상으로 나타나고 있는 상황이다. 협찬, 기타 수익 증가 등으로 재원구조의 질이 점차 악화되고 있다고도 볼 수 있다. 바람직한 재원정책의 방향은 공적재원 비중 확대, 광고재원 재분배, 유료방송 이용료·프로그램 사용료 비중 확대 등으로 보인다. 공영방송은 수신료 중심으로, 지상파민영방송과 종편PP는 광고수입 등을 중심으로, 일반 유료PP는 가입료 등을 중심으로 가는 것이 바람직할 수 있다. 공영방송 수신료 인상 시 유료방송 이용료도 자연히 오를 것으로 예상된다. 강명현(2016)은 "공영방송 수신료 인상으로 공영방송의 광고 비율이 일정 부분 조정될 경우, 방송광고시장 내 신(新)수요를 창출하게 될 것"이라고 주장한다. 공영방송 수신료 인상 정책은 국내 방송시장 재원구조 정상화의 시발점이 될 수도 있다. 한편, 홍정민 의원은 2021년 1월 15일 방송법 개정안 대표발의에서 "KBS는 수신료가 장기간 동결되고 있는 반면에 방송광고 매출규모는 최근 크게 하락하고 있어 수준 높은 방송콘텐츠 제작·보급에 충분히 투자하기 어려운 상황이다. 한편 KBS는 전국에 여러 방송시설과 자산을 보유하고 있지만 보유자산을 활용하여 자체 사업을 수행할 수 있도록 하는 법적 근거가 없어, 보유자산 활용 수익을 통한 방송사업 재투자가 원활하게 진행되지 못하고 있다는 지적이 있다. 이에 KBS가 보유하고 있는 자산을 활용한 사업을 가능하도록 함으로써 공적책무 수행과 고품질 방송콘텐츠 개발에 재투자하도록 하고, 궁극적으로는 수신료를 납부하는 국민의 부담을 경감하도록" 하자고 주장했다.

한편, 문재인 정부에서는 (박근혜 정부에 이어서) KBS 결산과 관련해 방송법 재개정이 이뤄졌다. 방송법 개정안은 추혜선·김정재·김성태 의원의 법안이 통합된 대안 형식으로 2018년 2월 20일 국회 본회의에서 처리되었다. 이에 따라, 방통위가 매년 3월 31일까지 KBS의 전 회계연도 결산서등을 감사원에 제출하고, 감사원이 5월 20일까지 결산서 등을 검사하여 그 결과를 송부하면 방통위가 이를 5월 31일까지 국회에 제출하도록 했다. 법 개정의 배경은 "현행법에 따르면 방통위는 KBS의 전 회계연도 결산서등을 6월 30일까지 국회에 제출해야 하나, 이에 따라 국회에서 7월 이후에야 KBS의 결산 심사가 가능하고, 정기국회에서 처리되는 경우가 많아 결산의 시정요구사항을 다음 연도 예산에 반영하기 위한 시간적 여유가 부족한 실정이므로, 이를 앞당길 필요가 있다"는 것에 있었다.

양승동 사장 재임 중에도 KBS 공정성 논란은 지속되었다. 대표적인 사례가 〈저널리즘토크쇼J〉[24]다. 〈저널리즘토크쇼J〉는 '조국 감싸기' 방송으로 여론의 비판을 받았다. 2019년 9월 1일 방송된 〈저널리즘토크쇼J〉에서 한 패널이 "(장관 후보자의) 도덕성은 검증 대상이 아니다"라며 "책임 있는 언론이라면 이런 부분(조국 법무부장관 후보자 딸의 입시 논란)을 공개적으로 이야기하지 말아야 한다"고 발언했다. 이에 대해 KBS 시청자게시판에는 "특정 성향 패널들만 데리고 온 국민이 분개하는 상황에서 조국 감싸기식 방송을 한다"는 등 KBS의 '편향성'을 지적하는 비판이 잇따랐다(≪조선일보≫, 2019.9.10.). 2020년 5월 10일 자 〈저널리즘토크쇼J〉 방송에서는 최강욱 열린민주당 대

---

24) 〈저널리즘토크쇼J〉는 양승동 사장 체제의 대표적인 '미디어비평' 프로그램이다. 〈저널리즘토크쇼J〉는 KBS의 대표적인 미디어 비평 프로그램이었던 〈미디어 인사이드〉가 2016년 폐지된 후 2년 만인 2018년 6월 17일 '저널리즘 회복' 등을 기치로 신설되었다. KBS 미디어비평 프로그램 역사는 2003년으로 거슬러 올라간다. 노무현 정부에서 시작한 〈미디어포커스〉는 이명박 정부가 들어선 후 〈미디어 인사이드〉로 명칭이 바뀌어 명맥을 유지하다가, 박근혜 정부 시기인 2016년에 폐지되었다. 이후 문재인 정부 시기에 KBS 〈저널리즘토크쇼J〉가 다시 등장한 것이다.

표가 출연해 공정성 논란이 일기도 했다. 이날 최 대표는 '조국 사태' 당시 언론 보도를 '분풀이 저널리즘'으로 규정하고 "조국 전 장관의 경우에는 아주 적합한 케이스였다. 큰 틀에서 보면 결국 (언론은) 사양 산업이고 국민들에게 버림받고 잊힐 수 있는 존재이기 때문에 마지막 발버둥을 치는 거라고 생각해서 속상하고 안타깝다"고 주장했다. 이에 대해 KBS 시청자위원회에서는 비판적 의견이 나왔다. 민주언론시민연합 정책위원인 정민영 시청자위원은 "최강욱 (당시) 당선인이 오랜 기간 언론 문제와 관련한 활동을 이어왔기 때문에 (섭외 이유에) 별다른 의문은 없지만 조국 전 법무부장관을 둘러싼 사건 관련해 검찰에 기소돼 재판을 받고 있고, 채널A의 이른바 '검언 유착' 사건에서도 명예훼손으로 형사 고발된 상태이기 때문에 사건의 '당사자'"라며 이번 출연이 적절치 않다고 비판했다. 또, 정 위원은 "최 당선인의 조국 전 장관과 관계, 현재 진행 중인 본인 사건 내용 등을 종합할 때 최 당선인은 조국 전 장관 사건 전반에 있어 관련 인물이라고 볼 수밖에 없다"는 입장을 견지했다(≪미디어오늘≫, 2020.6.3.; ≪동아일보≫, 2020.8.4.). 참고로, KBS 방송제작가이드라인은 "재판에 계류 중인 사안에 대해 영향을 미치거나 그 사안에 관련된 사람은 출연할 수 없다"고 명시하고 있다. ≪한겨레≫ 출신의 손석춘 건국대학교 교수도 2020년 6월 10일 열린 '80년 제작거부 언론투쟁 40년 기획세미나' 발제에서 "조선·중앙·동아일보와 이들 신문이 소유한 종합편성채널 등 '조중동 신방복합체'의 독과점도 여론 시장을 왜곡하고 있지만, 공영방송도 친정부 편향으로 기울고 있다. 한국 저널리즘 위기에 공영방송 정파성도 자유로울 수 없다. 일례로 저널리즘을 바로잡겠다는 KBS의 〈저널리즘토크쇼 J〉가 보여주듯 KBS, MBC, TBS 등의 시사프로그램들이 친정부 편향 세력의 영향권 아래 있다"고 비판했다(≪미디어오늘≫, 2020.6.10.). 김동률 서강대학교 교수도 2020년 7월 6일 자 ≪세계일보≫ 칼럼에서 "미디어 비평 프로그램인

〈저널리즘토크쇼J〉를 보노라면 허탈함만 밀려온다. 어디에도 공영방송의 품위를 찾아보기 어렵다. 어려운 군사독재 시절을 벗어나 우리가 그토록 갈구하던 민주화 시대에 이런 유의 편파방송을 보는 마음은 착잡하다. …… 지금의 언론자유는 우리가 군사독재 시절 염원했던 진정한 언론자유와는 거리가 멀다. MB 때도 그랬고 박근혜 정권 때도 그랬다. 기대를 모았던 문재인 정권에서는 상대적으로 좌절감이 더 크다. 지금의 KBS에 진정한 공영방송을 기대하는 것은 불가능해 보인다. 희망과 기쁨보다는 건강한 다수 국민에게 오히려 엄청난 상처를 주고 있다. KBS는 누가 뭐래도 국민의 방송이지 일개 친정권 매체가 아니다. 그래서 오늘날 비틀거리는 KBS를 애처롭고 안타깝게 지켜보고 있다"라고 주장했다. 〈저널리즘토크쇼J〉는 야권과 보수언론 등으로부터의 프로그램 편향성 비판과 기자 집단을 '희화화'한다는 등의 내부 비판(≪미디어오늘≫, 2020.11.26.) 속에서 2020년 12월 13일 종영했다. 이후 새로운 형식의 미디어 비평 프로그램 〈질문하는 기자들 Q〉가 2021년 4월 18일 자로 새롭게 편성되었다.

이명박 정부 시절부터 KBS의 주요 정책 사안 중 하나였던 지상파 다채널 서비스(MMS)는 박근혜 정부에서 EBS2TV에만 허용되었고, 이후 논의가 정체된 양상이었으나, 문재인 정부 말기에 논의가 급물살을 탔다. 방통위는 2021년 8월 31일 '재난방송 강화 종합계획' 관련 국무회의 보고에서 재난방송 사각지대를 최소화하여 모든 국민이 언제 어디서나 24시간 재난정보를 전달받을 수 있도록 재난방송 주관방송사인 KBS에 지상파다채널방송(MMS) 성격의 '재난전문채널'을 신설하기로 했다고 밝혔다. MMS 이슈와 관련해 언론연대 등 26개 언론시민사회단체가 문재인 정부 출범 직후인 2017년 8월 10일 주최한 '방통위 9년 평가' 토론회에서 한국여성민우회, 매체비평우리스스로 등의 관계자들은 "MMS 정책이 더 적극적으로 추진되어야 하고, 향후 수용자 복지 측면을 고려해 획기적으로 전환되어야 한다"는 주장을 편 바 있다. 한편, 문재인 정부 말기인 2021년 10월 7일 정필모 의원은 방송법 개정안을 대표발의하고, "EBS 2TV 경우 2015년부터 지상파와 유료방송을 통해 전국에 초·중학 학습 프로그램 등을 시험서비스 하고 있으나, 현행 법령에 관련 규정이 없어 여전히 시험서비스만 계속하고 있다"면서, "KBS·EBS 등 지상파방송사업자가 시청자에 대한 신속한 정보제공과 재난 발생 시 긴급대응을 위한 방송 실시, 교육격차 해소 등 사회적·문화적 필요가 있는 경우 이미 허가된 1개의 채널(주 채널) 이외 부가채널을 운용할 수 있도록 승인제도를 도입하고, 동시에 부가채널 운용에 대한 정부의 승인절차, 방송프로그램 편성 기준, 법령 위반 시 제재조항 등을 규정"하자고 제안했다. 한편, KBS는 700만 해외동포를 대상으로 하는 채널 〈KBS KOREA〉를 2021년 7월 1일 론칭했다.

양승동 사장 시절 KBS는 2008년도에 방통위의 방송평가제도가 도입된 이후 처음으로 방송평가에서 MBC에 1위 자리를 내주는 일이 발생하기도 했다. 2020년 12월 2일 방통위가 발표한 '2019년도 방송평가' 결과에서 '내용, 편성, 운영' 등의 점수를 종합한 평가에서 MBC가 KBS를 제치고 1위를 차지한 것이다. 이 같은 결과에 대해 전국언론노조 KBS본부는 12월 3일 성명을 통해 "KBS에 충격적 성적표가 날아들었다. 줄곧 방송평가 1위 자리를 지켜왔던 KBS가 2위로 내려선 것은 이번이 처음이다. 전례 없는 위기의 신호다. 이런 상황에서 국민에게 외치겠다는 '수신료 현실화'라는 말이 공허하다"라고 강하게 비판했다(《미디어오늘》, 2020.12.4.). KBS는 '2020년도 방송평가'에서는 MBC를 제치고 다시 1위 자리로 올라섰다. 2018년 4월 양승동 사장 취임 이후 KBS 내부에서는 나름 많은 변화와 혁신을 시도했지만, 시청자들의 체감 정도가 크지 않았다는 지적도 나왔다(《기자협회보》, 2019.6.19.). KBS 경영환경 전반이 악화되는 것과 관련해 일각에서는 경영진을 비판하기도 했다. 또, 이명박·박근혜 정부에 대한 투쟁의 목적이 '언론자유'와 '방송의 독립성' 등 방송민주화였음에도, 문재인 정부가 들어선 이후 KBS가 새롭게 달라진 것이 없고, 정파적 이익 추구, 보직과 자리싸움 형국이 지속되었다는 일각의 주장까지 제기되기도 했다(≪월간조선≫, 2019.7.5.; 황근, 2019; 윤석민, 2020.).

한편, 양승동 사장 후임으로 2021년 12월 10일 KBS 사장에 취임한 김의철 신임 사장은 취임사에서 "(KBS의 길은) 상업 미디어들과 차별화되는 길, KBS만의 품격을 잃지 않고 어떠한 외압에도 흔들리지 않으며, 누구도 따라올 수 없는 신뢰를 드리는 것이 우리가 나아갈 길입니다. 바로 독립성, 신뢰성, 공공성을 지키는 것입니다. …… 오늘 취임식에 국민들에게 공영미디어 KBS의 독립을 선언하겠습니다"라고 말했다. 또, 2022년 신년사에서 김의철 사장은 "KBS의 독보적인 콘텐츠 경쟁력은 공영성, 신뢰성, 독립성에 바탕을 두고 있습니다. 이는 그 어떤 경쟁자도 넘볼 수 없는 우리만의 자산이자 기회입니다. …… 그 어떤 호기로운 구호에도 불구하고 국민이 신뢰하지 않고, 국민이 외면하는 KBS는 무의미합니다. 오늘 우리들의 눈과 귀가 국민을 향해야 하는 까닭입니다"라고 주장했다.

지상파 경영환경이 전반적으로 어려워지는 상황에서 국가기간방송이자 한국의 대표 공영방송으로 기능하는 KBS는 긍정적으로 기능하는 경우 사회적 자산으로의 의미가 크다고 볼 수 있다. 따라서 KBS의 미래 담보 방안은 중요한 과제다. KBS의 미래 담보를 위해서는 무엇보다 지배구조와 재원구조의 안정성이 필수적이다. 지배구조의 안정성을 위해서는 여권이 기득권을 내려놓는 전향적 자세가 중요하고, 공영성 담보의 핵심 전제라 할 수 있는 재원구조의 안정성을 위해서는 KBS가 무엇보다 정파성과 효율성 시비 등을 불식시키는 것이 급선무로 보인다. "많은 사람들이 이 방송에 수신료를 내고, 정치적 독립을 응원하는 까닭은 힘센 정부나 시장이 국민을 괴롭히지는 않나 감시하라는 것이다. …… 국민의 어려운 삶이나 민주주의 위기를 나 몰라라 하는 방송은 결코 '국민의 방송'이 아니며, 공영방송일 수가 없다. 국민을 위해, 시청자를 위해 정권이나 광고주와 불편한 관계가 되는 것은 공영방송의 숙명이다"라는 김승수 전북대학교 교수의 주장(≪한겨레≫, 2009.6.30.)은 시사하는 바가 크다. 세계 공영방송의 모범으로 평가받는 영국 BBC의 역사를 돌아보면, 보수당 세력의 지원을 받아 사장에 선임된 밀느는 대처 정부와의 갈등으로 퇴진했고, 노동당 세력의 지원을 받아 사장에 선임된 다이크는 블레어 정부와의 갈등으로 사퇴한 바가 있다. 다이크 전 BBC 사장은 당시 "집권당은 언제든 자신들 노선을 지지해주도록 압력을 넣었지만 이를 거부해온 게 BBC의 역사"라고 말한 바 있다(≪경향신문≫, 2020.2.17.). 2009년 8월 21일, 당시 방통위원장이던 최시중은 존 스미스(John Smith) BBC 월드와이드 사장과의 면담 자리에서 한국에도 BBC와 같은 공영방송사가 있었으면 하고 소망해왔다면서, BBC가 어떻게 세계적으로 귀감이 되는 방송사로 자리매김한 것인지 질문했다. 이에 대해 스미스 사장은 "BBC가 성공할 수 있었던 요인은 공정성과 진실성의 지속적인 추구, 독립적인 지배구조, 수신료 기반의 안정적인 재정구조, 사업자 간 경쟁체제, 우수한 경영진 등의 뒷받침이 있었기에 가능했다"고 답한 바 있다(≪아주경제≫, 2009.8.21.). 한국 공영방송 제도의 이상과 현실을 생각할 때, 한 번쯤 되새겨볼 대목이다. 공영방송 KBS의 사회적 가치와 관련해 박권상 전 KBS 사장[25]의 2003년 3월 10일 퇴임사는

---

25) 박권상 사장과 관련해 이준웅 서울대학교 교수는 다음과 같은 주장을 한다. "지난 KBS 사장 중에서 상대적으로 정치적 독립을 유지했던 경영자가 당시 대통령과 친분을 유지했던

지금도 회자된다. "영국의 권위지 ≪가디언≫의 창시자 스카트는 이렇게 말했습니다. '팩트(Fact)는 신성하고, 의견은 자유, 따라서 제 일차적 언론의 역할은 뉴스를 때 묻지 않고 순결하게 전달하고, 논평을 소신대로 밝히는 것'이라고 말했습니다. KBS는 어느 편에 서서, 어느 당파에 봉사하기 위해 뉴스 보도에 편파, 왜곡, 과장, 그리고 거짓말을 하지 않습니다. 자기 의견을 뉴스로 포장해서 내보내서는 안 됩니다. 저널리스트는 특히 방송의 경우 중립적이고 독립적이고 자기감정을 드러내서는 안 됩니다. 소위, '편파적 멘트'는 안 됩니다. 월터 크롱카이트 말대로 '있는 그대로 전하는 것(Tell it the way as it is)'입니다. 요즘, 당파적, 독선적이거나 선전 선동적 동기에서 세상사를 보도하고 인신공격과 허위사실 유포 등 대자보식 언론이 홍수를 이루고 있습니다. 국민 모두를 주주로 모시는 KBS는 그럴 수 없습니다. …… 아무리 세상이 바뀌고 시끄럽고 흔들리더라도 KBS만은 흔들림 없이 의연한 자세로 국민 여론을 주도하는 제4부[26]여야 합니다."

박권상 사장이었다는 관찰이 있다(조항제, 2014). 이런 관찰은 우연한 것이 아니다. 경영능력이 있는 것으로 알려졌던 일부 사장의 경우, 오히려 정치적으로 청와대 등의 눈치를 보다가 능력 발휘를 못했던 것으로 평가받기도 했다. 따라서 무조건 정치권과 거리가 있는 인물을 경영진으로 선임하는 것이 능사가 아니다. 독립적으로 결정하고 책임질 수 있는 인물이 최고 경영자로 선임될 수 있도록 하는 것이 필요할 수도 있다"(이준웅, 2017c). 공영방송의 인물론과 관련해 양성희 ≪중앙일보≫ 기자는 2008년 2월 16일 자 칼럼을 통해 공영방송의 사장은 "정치논리에서 벗어나 미디어환경 변화를 견인할 수 있는 사회적 명망가, 어른의 자리"여야 한다는 주장을 펴기도 했다.

26) 입법부, 사법부, 행정부에 이어 언론의 사회적 기능과 역할이 중차대하다는 의미.

2) MBC

문재인 정부에서는 최승호 사장과 박성제 사장이 MBC의 경영을 맡았다. 문재인 정부 출범 초기인 2017년 6월 8일 여당인 더불어민주당 홍익표 정책위 수석부의장은 당 정책조정회의에서 MBC 대주주인 방문진의 고영주 이사장과 MBC 김장겸 사장의 자진사퇴를 촉구했다. 이날 홍 수석부의장은 "적폐청산과 방송개혁이 문재인 정부의 중요한 과제"라면서 "MBC 구성원들을 위해 거취를 결정해줄 것을 요청한다"고 말했다. 이와 관련해 김연국 MBC본부노조 위원장은 2017년 8월 1일 CBS라디오 〈열린세상〉 인터뷰에서 "공영방송 사장의 임기는 보장돼 있고, 임기를 보장해야 될 이유도 있지만, 이는 사장으로 임무를 제대로 하기 위한 장치다. 권력의 부역자가 돼서 방송 종사자의 제작자율성을 침해하고 탄압해왔던 김장겸 사장의 임기를 보장하는 것은 공영방송 정신에 맞지 않다"고 주장했다. 반면, 당시 야당의 홍준표 자유한국당 대표는 2017년 8월 14일 최고위원회의 발언에서 "지금 남아 있는 게, 어떻게 보면 유일하게 MBC밖에 없다"(《한겨레》, 2017.8.14.)라고 말했다. 공영방송 MBC를 바라보는 여·야 정치권의 정파적 시각이 극명하게 나타나는 지점이다. MBC노조가 2017년 7월 10일 발표한 '김장겸 사장 퇴진 관련 설문조사' 결과에 따르면, 응답자의 95.4%가 '김장겸 사장이 사퇴해야 한다'고 답했다. 사퇴 이유로는 '뉴스·시사 등 방송의 독립성과 공정성 훼손' 등이 우선적으로 지적되었다. 방송문화진흥회 9인 이사 중 5명은 2017년 11월 1일 '김장겸 MBC 사장 해임결의안'을 방문진 사무처에 제출했다. 이들은 해임결의안에서 "김장겸 사장은 방송법과 MBC방송강령을 위반하면서 헌법에 보장된 사상과 언론의 자유를 짓밟고 방송의 공정성과 공익성을 훼손해왔다. MBC를 정권의 나팔수로 만듦으로써 공영방송의 공적 책임은

뒷전으로 밀려났고 MBC의 신뢰도와 영향력은 나락으로 떨어졌다. 부당 전보, 부당 징계 등 노동법을 수시로 어기면서 수많은 부당노동행위를 저질렀다. 일신의 영달을 위해 반민주적이고 분열주의적 리더십으로 MBC의 경쟁력을 소진해 MBC를 쇠락의 벼랑 끝에 서게 했다. 파업이 장기화하고 있는 상황에서 '대책이 없는 것이 대책'이라는 황당한 주장을 펴고 있는 김 사장이 하루속히 사장직에서 내려와야 공영방송 MBC가 산다"고 주장했다. 김장겸 사장의 임기는 2020년 3월까지였으나, 2017년 11월 13일 열린 방문진 임시 이사회에서 '김장겸 사장 해임결의안'은 가결되었다. 한편 노동조합 및 노동관계 조정법 위반 혐의로 재판에 넘겨진 김장겸·안광한 전 MBC 사장은 징역형의 집행유예를 선고받았다. 서울서부지법은 2019년 2월 19일 노동조합 활동에 부당하게 개입한 혐의로 기소된 김장겸 전 사장에게 징역 8개월에 집행유예 2년을, 안광한 전 사장에게 징역 1년에 집행유예 2년을 선고했다. 이들은 2012년 전국언론노동조합 MBC본부 소속 구성원들을 부당하게 현업에서 제외하거나 승진에서 배제하고, 노동조합 탈퇴를 종용하는 등 부당노동행위를 저지른 혐의로 불구속 기소되었었다(≪피디저널≫, 2019.2.19.). 김장겸 사장 후임으로 해직 피디 최승호가 2017년 12월 8일 취임했다. 최 사장은 앞으로 사장으로서 "보도의 자율성을 최대한 보장하고 외압을 막는 방패로서의 역할을 하겠다. 이렇게 보도해라, 이거 보도해라 저거 보도해라 이런 얘기 절대로 안 하겠다. 내부 구성원들이 받을 수도 있는 압력을 막아주는 역할을 하겠다"라고 말했다(≪경향신문≫, 2017.12.7.). 2017년 12월 11일 자로 지난 2012년에 '파업 주도' 이유로 해고됐던 MBC 해직언론인 5명이 해직 5년여 만에 다시 업무에 복귀했다.

한편, 방문진 이완기 이사장은 취임 5개월여 만인 2018년 3월 15일에 이사장직을 중도 사퇴한다면서, 「방송문화진흥회의 온전한 독립을 위한 제언」을 발표했다. 이 이사장은 제언에서 "(방문진 이사 선임 방식 관련해) 아직도 법과 규정이 아닌 과거 관행에 의존하고 있다. 이사의 인선은 실질적으로 청와대와 여·야 정치권이 주도해왔고 정작 임명권자인 방통위는 임명에 필요한 요식 행위에 머물러 있다. 방문진법에 방문진 이사장은 이사회에서 호선하게 되어 있지만 실제로는 대통령을 앞세워 청와대가 낙점해왔고 이사회는 그 요식 절차를 수행해왔다. 법과 규정을 넘어선 관행들이 MBC와 방문진의 정치적 독립을 저해하고 있다. 방문진 이사는 정파와 이념이 아닌 법과 상식과 개인의 사회적 양심에 따라 생각하고 판단하고 결정하고 책임질 수 있어야 한다. 그동안 편의적으로 사용해왔던 여권이사, 야권이사 등의 호칭도 자제되어야 한다. (MBC 문제 관련해) 책임 있는 자리에서 개인의 영달과 이익만을 추구했던 적폐인사들은 확실하게 청산되어야 하지만, 파업현장에 함께 하지는 못했어도 진정으로 MBC 재건에 동참하고자 하는 사람에게는 기회가 부여되어야 한다. 개혁의 과정에서 무고한 개인에게 상처를 주는 일은 없었는지 세심한 배려도 필요하다"는 입장을 밝혔다(≪피디저널≫, 2018.3.15.). 2017년 12월 7일 MBC주주총회에서 사장으로 공식 선임된 최승호 사장은 전임 김장겸 사장의 잔여 임기를 채우고 2020년 2월 23일 퇴임했다. MBC 최승호 체제에 대해서는 '적폐청산'을 위해 노력을 기울였으나, 경영수지는 개선되지 않았다는 평가다. 최승호 사장 후임으로 보도국장 출신의 박성제 사장이 2020년 2월 24일 취임했다. 신임 박 사장은 취임 일성으로 "신뢰도 1위 자신 있다"라고 포부를 밝혔다. 한편, MBC본부노조는 박 사장의 취임 다음 날인 2월 25일 자성명에서 "공영방송 뉴스가 특정 정치 집단을 옹호하는 방향으로 흘러가서는 안 된다. 조국 사태로 많은 언론사가 격렬한 내홍과 외부 비판에 흔들렸던 상황에 비하면 MBC가 위기 속에서 기회를 잡은 것만은 분명해 보인다. 조국 사태 국면에서 우호적으로 조성된 여건과 성공의 경험이 역설적으로 우리 혁신을 더디게 하는 요인으로도 작용한다. 조국 국면이 우리 뉴스에 드리운 또하나의 그늘은 편향성 논란이다. 기자 개개인이, 보도국 전체가 공유하는 정서가 특정 입장과 가치를 추구하더라도 공영방송 뉴스가 특정 정치 집단을 옹호하는 방향으로 흘러가서는 안 된다. 우리만의 정의, 우리만의 공정성에 사로잡히면 어떤 사안은 누락해도 되고, 어떤 사안은 이 정도로만 해도 된다는 잘못된 신호가 퍼진다"라고 비판했다. 박성제 신임 사장이 "조국 사태 국면에서 MBC 뉴스 신뢰도가 크게 상승했다. MBC 보도가 편향적이라는 지적은 일종의 비판을 위한 프레임이다"라는 입장을 보인 것에 대한 우려의 시각이 표출된 것으로 해석된다(≪미디어오늘≫, 2020.2.25.). 한편, 박성제 사장은 2020년 5월 7일 열린 방송학회 '공영방송의 철학, 제도 그리고 실천' 웹 콜로키움 발제에서 "MBC 대주주는 공적 기관인 방송문화진흥회다. MBC는 공공재인 전파를 활용하는 기관으로 KBS·EBS와 운영구조가 동일하다. 이런 면에서 방송법개정 등을 통해 MBC 위상을 방송법상 공영방송으로 명문화함과 동시에 그에 걸맞은 공적 책무 부여가 필요하고, 재정적 지원제도가 모색되어야 한다. MBC가 수신료 재원을 지원받을 자격이 있는 것으로 판단된다면, 수신료 혜택을 지원받는 구조가 마련되어야 한다"고 주장했다. 이 같은 박 사장의 주장에 대해 ≪동아일보≫는 2020년 5월 11일 자 '광고·협찬 다 받으면서 난데없이 수신료까지 달라는 MBC' 사설에서 "광고와 협찬을 다 받으며 시청률을 목표로 상업적 콘텐츠에 집중하는 방송을 공영방송으로 인정해 국민세금을 지원하는 나라는 거의 없다. …… MBC는 정권이 바뀔 때마다 사장, 보도국장 등 주요 간부진이 친정권 인사들로 채워지고 편파·왜곡 방송 논란도 끊이지 않고 있다. …… 운영 구조도, 방송 내용도, 내부 경영도 공영성과는 거리가 먼 MBC가 수신료 운운하는 것은 어불성설이다"라고 비판했다. 김상균 방문진 이사장은 박성제 사장의 "MBC도 수신료 재원을 받아야 한다"

발언과 관련해 2020년 10월 19일 열린 방문진 국정감사에서 "MBC의 재정난 속에서 나온 발언으로 문제제기 차원이지 꼭 수신료를 달라는 취지는 아닐 것이다"라는 반응을 보였다. 한편, 박성제 사장은 2021년 12월 1일 MBC 창사 60주년 기념사에서 "지상파다채널서비스(MMS) 기술을 활용해 MBC도 상업성이 배제된 'MBC2' 채널을 신설하겠다"고 밝혔다. 이는 광고 없는 채널을 신설해 MBC에 공적 재원(수신료) 배분의 정당성을 담보해나겠다는 뜻이 될 수 있다. 박성제 사장은 임기 중 'MBC 광역화' 정책을 추진했다. 사내 정책설명회 등에서 공개된 'MBC 광역화' 정책은 'ONE MBC' 전략으로, 그 기본 골격은 일차적으로 지역권역별 광역화를 추진하고, 이후 일부 지역MBC를 본사와 통합하며, 최종적으로는 모든 지역사를 본사와 합병해 KBS와 같은 전국 단일 조직을 만드는 것이었다. 당시 회자된 16개 지역 MBC 권역화 범주는 강원권(춘천·강원영동·원주), 호남권(여수·목포·광주·전주), 영남권/경남(부산·울산·경남), 영남권/경북(대구·안동·포항), 세종권(대전·충북) 등이었다. 박사장은 "16개 군함이 아닌 강력한 항공모함 MBC를 만드는 게 ONE MBC 전략"이라면서, "메가MBC는 공영방송 MBC 그룹을 위해 지역과 본사가 상생하는 전략"이라는 입장이었다고 한다. 박성제 체제의 'ONE MBC' 정책에 대한 지역 MBC의 정서는 대체적으로 '공감한다'는 분위기였던 것으로 보인다. 하지만 일각에서는 박 사장의 임기 만료 시 'ONE MBC' 정책이 유야무야될 가능성이 있다는 전망도 나왔다. MBC본부노조는 2021년 7월 15일 자 'ONE-MBC는 어디로 가고 있는가!' 성명에서 "지역의 시계가 멈췄다. 퇴직자가 발생했지만 채용을 할 수 없다. 당장 회사의 모습이 어떻게 변할지 아무도 알 수 없기 때문이다. …… 박성제 사장의 두 달여에 걸친 지역사 순회 설명회와 서울 정책설명회는 더 크고 강한 하나의 MBC에 대한 기대와 희망이 아닌 그래서 내일 우리는 어디에서 무얼 하고 있을 것인가에 대한 의문과 불안감을 키워 놓았다. …… 모든 것이 잘 될 것이고 중단 없이 진행될 것이라는 박성제 사장의 호언장담을 뒷받침해줄 그 무언가가 지금은 아무것도 없기 때문이다. …… 신뢰가 무너진다면 ONE-MBC는 한 발도 앞으로 나갈 수 없다"라고 주장했다.

문재인 정부 임기 동안에도 MBC 지배구조 관련 논의는 지속되었다. 박성중 의원은 2020년 8월 31일 방문진법 개정안을 대표발의하고 "진흥회에 이사 1명을 포함한 이사 13명을 두도록 하고, 이사는 대통령이 소속되거나 소속되었던 정당의 국회 교섭단체가 추천하는 사람 7명과 그 밖의 국회 교섭단체가 추천하는 사람 6명을 대통령이 각각 임명하도록 하자"고 제안했다. 한편 박대출 의원은 2017년 6월 1일 방문진법 개정안 대표발의에서 "방문진 임원 및 MBC 사장의 결격사유에 국정기획자문위원회(인수위원회) 활동 종료 3년 미만자를 포함시키자"고 주장했고, 김도읍 의원은 2019년 2월 20일 방문진법 개정안 대표발의에서 "정당의 당원, 선거에 의하여 취임하는 공직자, 대통령선거의 후보자의 자문이나 고문, 대통령직인수위원회의 위원 등과 같은 직으로부터 5년이 경과하지 않은 자는 임원이나 사장으로 추천받을 수 없도록 하자"고 주장했다. 고용진 의원은 2017년 11월 30일 방문진법 개정안 대표발의에서 "방문진 임원이 한 차례만 연임할 수 있도록 규정하자"고 했고, 오세정 의원은 2018년 5월 11일 방문진법 개정안 대표발의에서 "MBC 사장을 임명하는 경우 방송·언론·정보통신 분야에서의 전문성을 고려하자"고 주장했다. 오영훈 의원의 경우는 2019년 9월 20일 방문진법 개정안 대표발의에서 "방송문화진흥회의 이사를 임명할 때, 특정성별이 10분의 6을 초과하지 않도록 하자"고 제안했다. 한편, 추혜선 의원은 2017년 11월 14일 방문진법 개정안 대표발의에서 '이사추천국민위원회' 도입을, 이재정 의원(2018년 4월 5일)과 전혜숙 의원(2021년 3월 2일)은 각각의 방문진법 개정안 대표발의에서 '사장추천위원회 도입'과 '사장후보시청자평가위원회 도입'을 주장하기도 했다. 정필모 의원의 경우는 2020년 11월 12일 방문진법 개정안 대표발의에서 '이사후보추천국민위원회'와 '사장후보추천국민위원회'의 동시 도입을 주장했다. 박성중 의원은 2020년 7월 30일 방문진법 개정안 대표발의에서 "MBC로 하여금 감사원의 회계검사를 받도록 하고, 이에 따라 감사원의 감사대상기관이 되는 MBC에 대한 국정감사를 실시하자"고 제안한 바 있다. 한편, MBC 정체성과 관련해 이효성 방통위원장은 2018년 10월 11일 열린 방통위 국정감사에서 "개인적으로 한국 공영방송 제도는 KBS와 EBS, 둘로 충분하다고 생각한다"면서, "MBC는 방송문화진흥회가 공익재단의 성격을 띠고 있어 일부에서 MBC를 공영방송으로 부르고 있는 실정이지만 MBC까지를 공영방송 범주화하는 것은 한국 사회가 감당하기에는 너무 많다"는 생각이 든다고 발언한 바 있다. 반면, 박성제 MBC 사장은 2022년 신년사에서 "MBC는 방송문화진흥회법에 의해 공적 관리감독을 받고 있고, 소유와 경영이 공적 제도에 기반하고 있다"면서, MBC의 정체성과 관련해 '공영방송' 위상을 강조하기도 했다.

현재, MBC는 지상파방송 광고시장 상황이 전반적으로 어려워지고 있는 가운데 수신료 지원 부재, 독자 미디어렙 부재 등으로 경영 비전 및 지속가능성 등에 대한 고민이 큰 것으로 보인다.

3) SBS

SBS노조는 문재인 정부 출범 직후인 2017년 9월 7일 '리셋 SBS 투쟁 결의문'을 발표했다. 결의문에서 SBS노조는 "윤세영 회장이 방송사유화, 보도개입 등을 했다"는 이유로, "SBS 대주주 자격의 윤세영·윤석민 부자가 경영일선에서 완전 퇴진해야 한다"고 주장했다. 이로부터 나흘 후인 9월 11일 윤세영 회장은 '사임' 담화문을 발표하고, SBS 회장직과 지주회사인 SBS 미디어홀딩스 의장직에서 사퇴한다고 말했다. 담화문에서 윤 회장은 "최근의 방송환경은 정말 한 치 앞을 내다볼 수 없을 정도로 빠르게 변하고 있습니다. 불과 지난 5년 사이에 많은 경쟁 채널과 인터넷, 모바일 등 뉴미디어가 아무런 규제를 받지 않고 탄탄대로를 달리며 미디어 시장을 장악해왔습니다. 하지만 지상파는 각종 규제에 묶여 경쟁의 대열에서 점점 뒤처졌습니다. 지상파라는 무료 보편서비스의 위상이 뿌리 채 흔들리며 차별규제가 개선되지 않는 안타까운 현실을 저는 그저 바라볼 수만은 없었습니다. 우리가 안고 있는 이런 어려움을 개선하기 위한 과정에서 부득이 절대 권한을 갖고 있던 당시 정권의 눈치를 일부 봤던 것도 사실입니다. 그러나 언론사로서 SBS가 넘지 말아야 할 선을 넘은 적은 없습니다. 하지만 과거 이런 저의 충정이 지금 와서 돌이켜보면 공정방송에 흠집을 낼 수 있었다고 생각합니다. 이점에 대해서는 분명히 사과드립니다. …… SBS의 제2의 도약을 염원하며, SBS 회장과 SBS 미디어 홀딩스 의장직을 사임하고 소유와 경영의 완전분리를 선언하고자 합니다. 윤석민 의장도 SBS 이사와 이사회 의장직을 사임하겠습니다. 또한 SBS 미디어 홀딩스 대표이사, SBS 콘텐츠 허브와 SBS 플러스의 이사직과 이사회 의장직도 모두 사임하고, 대주주로서 지주회사인 SBS 미디어 홀딩스 비상무 이사 직위만 유지하겠습니다. 이런 조치는 대주주가 향후 SBS 방송, 경영과 관련하여 일체의 관여를 하지 않겠다는 강한 의지의 표현이자 명실상부하게 소유와 경영을 완전히 분리하는 제도적인 완결입니다. 이로써 SBS 대주주는 상법에 따른 이사 임면권만 행사하고 경영은 SBS 이사회에 위임하여 독립적인 책임경영을 수행하도록 할 것입니다"라고 밝혔다. 이와 관련해 일각에서는 노무현 정부 시절인 2004년에 지상파 재허가 과정에서 어려움을 겪은 경험이 있는 SBS가 신정부 출범 이후 정부 측의 지상파방송사들에 대한 압박이 가중되는 상황에서 2017년 말로 예정된 '재허가 심사'에 부담을 느끼고 윤 회장의 일선 퇴진을 발표했을 것이라는 해석을 내놓기도 했다. 한편, SBS노조는 이날(9월 11일) 성명을 통해 "윤세영 회장의 사임 선언은 지난 2005년, 2008년, 2011년 필요할 때마다 반복해왔던 소유·경영 분리 선언에서 단 한 발짝도 나아가지 못한 재탕, 삼탕일 뿐"이라고 비판했다. 이후 SBS 노사는 2017년 10월 13일 국내방송사 중 최초로 '사장 임명동의제 도입'에 합의하기도 했다. 세부적으로는 "SBS 사장은 SBS 재적 인원의 60%, 편성·시사교양 최고책임자는 각 부문 인원의 60%, 보도 최고책임자는 부문 인원의 50% 이상이 반대하면 임명할 수 없다"는 것이었다. 박정훈 사장은 2017년 11월 28일부터 30일까지 3일간 진행된 구성원들의 재신임 투표에서 '임명 동의'를 받아 연임을 확정지었다. 국내 방송 사상 처음으로 사장 후보자에 대한 구성원 임명 동의였다.[27] 2017년 9월 '소유 경영 분리'를 선언하며 경영 일선에서 물러난 윤세영 창업주는 2018년 11월 1일 자 노사 합의로 퇴진 1년 만에 SBS미디어그룹 명예회장으로 재추대되었다. 당시 노조는 "그동안 노사 간 (구조개혁 등) 합의의 완결적 이행을 전제로 창업주와 대주주에 대한 신뢰 회복 조치를 하겠다는 입장을 밝혀왔다. 오랜 고민 끝에 대승적 차원에서 창업주인 윤세영 전 회장을 명예회장으로 예우하는 조치를 선제적으로 취하기로 결정했다"는 입장을 보였다. 윤석민 태영건설 대표이사는 2019년 3월 25일 태영그룹 회장에 취임했다. 한편 SBS노조는 2019년 11월 7일 '조직 혁신 10대 과제'를 제안했다. 골자는 '주니어 CP제도 도입', '콘텐츠 스

---

[27] SBS 노사는 2021년 12월 17일 임명동의제 대상에서 사장을 제외하기로 합의했다. 임명동의 대상은 보도본부 최고책임자 및 시사교양, 편성국장 등으로 축소되었다.

타트업으로 조직구조 전환', '지상파에서 디지털플랫폼으로 전환', '리더십 쇄신' 등이었다.

SBS 대주주 태영그룹은 2020년 1월 23일 '지주회사 체제 전환'을 발표했다. 골자는 태영건설을 투자사업부문의 'TY홀딩스'와 건설전문회사 '태영건설'로 분할하는 것이었다. 이후 2020년 6월 1일 열린 방통위의 전체회의에서는 SBS미디어홀딩스의 최다액출자자 변경에 대한 사전승인 건을 의결했다. 핵심은 태영건설의 "SBS에 대한 최다액출자자를 SBS미디어홀딩스에서 TY홀딩스(신설)로 변경해달라"는 요구를 방통위가 수용한 것이다. 방통위는 승인 조건으로 방송의 소유 경영 분리 원칙 준수, SBS의 재무건전성 담보 방안 마련, 법인 신설에 따른 방송의 공적책임·공정성·공익성 제고 방안 마련 등을 부여했다. 하지만 SBS노조는 "TY홀딩스는 윤세영 체제에서 아들 윤석민 체제로 태영그룹 경영승계의 마지막 단계다. 방송의 공적 책임이나 공공성 가치에 대한 고민이 없는 대주주의 그룹지배력 강화 차원이다"라는 비판적 입장을 견지했다. 방통위의 사전승인에 기초해 태영건설은 자사를 투자사업부문의 'TY홀딩스'와 건설전문회사 '태영건설'로 분할했다. 태영건설은 2020년 6월 11일 자 증권신고서 공시에서 "태영기업집단의 자산 총계가 10조를 넘을 가능성이 있다. 자산 총계가 10조를 넘을 경우 방송법에서 규정하고 있는 자산총계 10조 이상 기업의 방송사업자 주식 및 지분의 100분의 10 초과 보유 금지 사항에 위반하게 되며, 이를 치유하기 위해 보유하고 있는 SBS 지분을 처분할 필요가 발생한다. 현재 이에 대한 향후 진행사항에 대해 결정된 바가 없으나 투자자들은 태영기업집단의 자산 증가로 인해 방송사업부문에 대한 지분 매각이 이뤄질 수도 있을 가능성에 대해 유의하길 바란다"는 안내를 하기도 했다. 태영그룹의 자산 총액은 2020년 5월 기준으로 9조 7,000억 원을 넘어 '10조 원 돌파'를 눈앞에 둔 상황이었다. 태영건설은 2020년 7월

15일 주주총회 승인을 거쳐 9월 1일 자로 지주회사 TY홀딩스와 사업회사 태영건설로 분할되었다. 2008년 설립된 SBS미디어홀딩스는 2021년 4월 30일 태영그룹의 지주사인 TY홀딩스(2020년 9월 1일 설립)가 SBS미디어홀딩스를 흡수합병하는 '회사합병결정안'을 공시했다. 한편, 방통위는 2021년 9월 23일 TY홀딩스가 신청한 SBS 최다액출자자 변경신청 건을 승인했다. 승인조건으로 방통위는 SBS가 미래발전을 위한 세부실행 계획을 종사자 대표와 협의해 마련할 것과 SBS의 공적책임·공정성·공익성 실현을 위한 지원방안을 6개월 내로 제출하라고 했다. 또 권고사항으로는 SBS이사회 구성 시 방송분야 전문 인사를 선임하라고 했다. 방통위의 승인 결정으로 (태영그룹이 내부 지배구조를 개편하면서 신설한 지주회사인) TY홀딩스가 2021년 12월 28일 SBS의 지주사인 SBS미디어홀딩스를 흡수 합병하고, (SBS미디어홀딩스가 수행해오던) 방송지주회사의 기능과 역할을 새롭게 맡게 되었다. 일각에서는 태영그룹이 공정거래법(손자회사 소유구조, 지주회사 행위제한 규정 등)상 SBS 관리구조를 용이하게 하기 위해 TY홀딩스의 미디어홀딩스 흡수합병 작업을 추진했다고 주장했다. 한편, SBS노조는 "방통위가 SBS 최다액출자자 변경 심사 과정에서 (임명동의제 제도 등) 소유·경영 분리 원칙, 방송 독립성 담보, 재무 건전성 강화 등 강력한 이행조건을 부여해야 한다"는 입장을 지속적으로 견지했다. 한편, 한편, 양정숙 의원은 2021년 12월 20일 '자산 10조 이상 대기업의 지상파 소유제한 완화'를 골자로 한 방송법 개정안을 대표발의했다. 개정안에서 양 의원은 "현행법은 공정거래법상 상호출자제한기업집단으로 지정된 자산총액 10조 원 이상 기업집단이 지상파방송사업자의 주식 100분의 10을 초과하여 소유할 수 없도록 규제하고 있다. 자산총액 10조 원 이상 기업집단의 소유제한 규정이 마련된 2008년 국내총생산이 1,154조 원, 2020년 국내총생산이 1,924조 원이고, 자산총액 10조 이상 기업집단 수는 2008년 17개에서 2021

년 40개로 늘어나 국내 경제규모 자체가 성장한 점을 보면 현행 민영지상파 방송사에 대한 소유규제는 당초 도입취지와는 달리 시장축소형 규제로 작용하고 있어 개정의 필요성이 지적되고 있다. 자산총액 기준을 특정금액으로 하는 경우 국내경제규모의 변화에 유연하게 대응하지 못할 수 있으므로 국내총생산에 연동되는 비율을 특정하여 규율함으로써 국내경제 규모에 따라 규제수준의 적절성이 확보되도록 할 필요가 있다. 이에 소유제한 기준이 되는 기업집단 자산총액을 국내총생산액의 1,000분의 15 이하의 범위에서 대통령령으로 그 비율을 정하도록 완화"하자고 제안했다. 이에 대해 언론현업 단체은 2021년 12월 29일 발표한 '미디어를 대기업에 상납할 법개정, 적폐의 연장을 멈추라' 공동성명에서 "(양정숙 의원) 개정안은 방송사업자에 대한 소유지분 제한을 받은 대기업의 기준을 현행 자산총액 10조 원에서 국내총생산액(GDP)의 0.5% 이상, 1.5% 이하로 완화하자는 내용을 담고 있다. 2020년 국내총생산액 1,933조 원을 기준으로 하면 자산총액 약 29조 원 이하 기업집단에게 지상파, 종편, 보도전문채널에 대한 진입 규제가 풀리는 셈이다. …… 지금의 대기업 기준인 10조 원은 이명박 정부가 출범한 첫해인 2008년 12월, 방통위가 3조 원에서 10조 원으로 완화한 결과다. 그 배경에는 통신 3사 IPTV의 출범이 있었다. …… 결국, 소유지분 규제 완화는 유무선통신시장의 과점사업자였던 통신 3사, 신문시장의 상위 사업자인 조·중·동, 그리고 민방 사주를 위한 배려였던 셈이다. …… 역설적으로 2008년과 2009년, 대기업 방송사 소유규제 완화에 반대했던 정당은 바로 민주당이었다. 미디어 공공성을 외치며 반대 목소리를 높였던 정당이 집권 여당이 되니 한나라당의 전철을 다시 밟고 있다. …… 전국언론노동조합은 제20대 대선 6대 정책과제 '2022 대전환, 미디어 체제의 근간을 바꾸자'에서 미디어 자본과 산업 자본을 분리해야 한다는 요구를 내걸었다. …… 국회와 방통위는 언론노조의 제안에 머리를 맞대고 고민하길 바란다"고 주장했다.

4) EBS

문재인 정부 출범 후 박근혜 정부에서 임명된 우종범 EBS 사장이 임기 만료 1년 3개월여를 앞두고 2017년 8월 4일 "일신상의 사유로" 사의를 표명했다. 후임 사장(잔여 임기)으로는 장해랑 전 KBS 피디가 2017년 9월 8일 취임했다. 장 사장은 9월 11일 취임사에서 "학교교육, 평생교육 보완과 함께 민주시민교육 실현을 위한 콘텐츠 개발이 중요하다"면서, "EBS1TV는 유아·어린이와 함께 지식채널과 민주시민교육 채널로, 2TV는 창의융합인재교육을 위한 창의채널로서 정체성을 강화하겠다"고 했다. 취임 직후 장 사장은 경영혁신팀과 디지털혁신팀을 신설하고 EBS의 콘텐츠기반 확충에 역량을 기울였다. 2018년 1월 29일 EBS는 모바일 서비스 강화 차원에서 'MOMOe'를 론칭하고 페이스북, 유튜브 등에 자사 콘텐츠를 제공하기 시작했다. 젊은 연령층의 탈지상파 추이를 고려해, '모바일 콘텐츠' 제공서비스를 강화하기 위한 목적이었다. 한편 2018년 6월에는 EBS의 일산 신사옥 시대가 열렸다. 2019년 3월 장 사장은 우종범 전임 사장의 잔여 임기를 마치고 퇴임했다.

장해랑 사장 후임으로는 학자 출신의 김명중 사장이 취임했다. 김명중 신임 사장은 2019년 3월 11일 취임사에서 "방통위의 여·야 추천 상임위원 다섯 분 전원합의로 사장에 선출되었다. EBS가 당면하고 있는 재정적자의 고리를 끊어내겠다. 콘텐츠 품질 관리를 위해 콘텐츠기획, 유통 및 시청자 반응까지를 아우르는 프로그램 평가 모델을 개발·도입하겠다"고 말했다. EBS는 2019년 봄개편에서 어린이 프로그램 〈자이언트 펭TV〉를 신설했다. 이후 '펭수'는 높은 화제성을 얻었고, '펭' 캐릭터는 EBS 사장 '김명중' 이름을 반말로 편하게 부르는 등 기존의 권위와 경계를 허물면서, "소셜미디어 문법을 기성 방송에 결합시켰다"는 평가를 받기도 했다. 김명중 EBS 사장은 2019년 취임 당시 200억 원 규모의 적자 상황이던 회사 경영을 2020년에는 64억 원 흑자로 전환시키기도 했다.[28] 한편 EBS는 2020년 이후 '코로나19'라는 전례 없는 교육 재난 상황에서 초중고 전 학년을 위한 온라인 생방송 특강을 편성함으로써 '국가 재난 교육방송사'로서의 역할을 원만하게 수행했다는 평가를 받는다.

박근혜 정부에 이어 문재인 정부에서도 KBS의 EBS 송신지원 문제가 주요 정책이슈로 지속되었다. 이와 관련해 정부는 2020년 7월 10일 방송법 개정안을 발의했다. 개정안에서 방통위는 "한국방송공사의 한국교육방송공사에 대한 지원 업무의 범위를 명확히 하기 위하여 한국방송공사에서 한국교육방송공사가 행하는 방송에 대한 송신 지원 업무의 구체적인 범위를 대통령령으로 정하도록 위임규정을 신설"하자고 주장했다.

문재인 정부 들어서도 EBS 지배구조에 대한 논란은 지속되었다. 문재인 정부 초기인 2017년 6월 1일 박대출 의원은 한국교육공사법 개정안을 대표 발의했다. 법안의 골자는 "EBS이사회 이사 및 임원의 결격사유에 국정기획자문위원회(인수위원회) 활동종료 3년 미만자를 포함시키자"는 것이었다. 추혜선 의원과 전혜숙 의원은 2017년 11월 14일과 2021년 3월 2일 각각 대표 발의한 한국교육방송공사법 개정안에서 이사추천국민위원회 구성과 사장후보시청자평가위원회의 구성을 제안했다. 정필모 의원은 2020년 11월 12일 대표발의한 한국교육방송공사법 개정안에서 사장후보추천국민위원회와 이

---

28) EBS는 2021년에 방송사업비 증가, 신규 사업 론칭 등으로 당기 순손실을 기록한 것으로 보인다(미디어스, 2022.2.21).

사후보추천국민위원회를 모두 구성할 것을 제안하기도 했다. 오영훈 의원은 2019년 9월 20일 대표발의한 한국교육방송공사법 개정안에서 "이사를 임명할 때, 특정성별이 10분의 6을 초과하지 않도록" 하자고 했다. 한편 오세정 의원은 2018년 5월 11일 EBS 사장의 자격기준 신설을 골자로 한 한국교육방송공사법 개정안 대표발의했다. 개정안의 골자는 "방송학·언론학·교육학·전자공학·통신공학·법학·경제학·경영학·행정학 또는 그 밖에 방송·언론·정보통신 및 교육 관련분야를 전공한 자로서 대학이나 공인된 연구기관에서 부교수 이상의 직에 있거나 있었던 사람 또는 이에 상당하는 직에 15년 이상 있거나 있었던 사람"이었다. 박성중 의원은 2020년 8월 31일 대표발의한 한국교육방송공사법 개정안에서 "공사의 사장은 재적이사 3분의 2 이상의 제청으로 이사장이 임면(任免)하도록" 하자고 제안했다.

한편, EBS의 재원정책과 관련해 김명중 사장은 2019년 3월 11일 노동조합 행사 '신임 사장과의 공청회'에서 "단기적으로는 기업 등의 협찬을 끌어오는 데 주력할 예정이다. 한국전력이 수신료 징수 대행수수료로 170원을 받는 몫에 대해서도 재배분을 요구할 계획이다. TV수신료 2,500원에서 EBS가 70원(3%)을 배분받고 있는데, 수신료 인상을 전제로 최소한 500원 수준은 되어야 한다. 수신료 인상을 위해선 시청자들로부터 인정받는 것이 중요하다"는 의견을 피력했다. 또 2020년 7월 8일 한국방송학회·한국언론학회·한국언론정보학회가 공동 주최한 심포지엄('변화하는 미디어 지형에서의 공영방송 가치 확립')에서도 김 사장은 "코로나19로 인한 재난 상황에서 EBS가 공교육을 보완해왔다. 수신료·국고기금 재원비중이 30%에 불과한 기형적인 재원 구조의 변화가 필요하고, 공적 재원의 비중이 높아져야 한다"고 주장했다. 이후 EBS는 2021년 1월 28일 발표한 'KBS의 텔레비전방송수신료 조정(안)에 대한 EBS 입장문'에서 "한국전력공사의 위탁 수수료 168원(6.7%)보다도 적은 70원(2.8%)을 배분받고 있고, 과거 대형 대하드라마 시리즈 한 개 정도밖에 제작하지 못하는 수준의 연간 총 제작비로 전체 채널을 운영해야 하는 등의 어려움이 뒤따르고 있다. KBS는 이번 조정(안)에서 수신료 3,840원의 5%(약 190원)를 EBS에 배분하겠다고 밝혔다. 이는 포스트코로나 시대의 급격한 환경 변화에 대응하고 원활한 EBS의 공적책무를 수행하기 위해서는 턱없이 부족한 금액이다. EBS는 국민들을 위해 어느 방송사도 제공할 수 없는 공적 가치와 편익을 제공하고자 '공교육 보완 및 사교육비 절감', '생애주기별 맞춤형 평생교육 확대' 등 5대 공적책무 방향을 설정하고, 12가지 약속과 30개 사업을 수행할 계획이다. 이와 같은 새로운 시대에 걸맞은 EBS의 공적책무를 수행하기 위해 재정수요계획을 산정한 결과, 700원의 수신료가 필요한 것으로 나왔다. 이는 KBS가 발표한 3,840원의 18.2%에 해당하는 금액이다. 해외 공영방송사의 경우 수신료 비중이 영국 BBC 75.4%, 일본 NHK 98.1% 등 전체 예산에서 70%이상을 차지하고 있다. 하지만 EBS의 경우 전체 재원에서 수신료가 차지하는 비율은 불과 6.2%밖에 되지 않는다. 700원의 수신료를 받게 된다면, EBS 전체 예산에서 수신료의 비율이 40.5%까지 증가하고, 공적 재원의 비중이 약 64.3%에 달해 국민들을 위한 적극적인 공적책무를 수행할 수 있게 된다. 포스트 코로나 시대를 맞아 미래교육의 중요성이 강조되는 상황에서, EBS 수신료 배분율은 철저하게 다시 고민되어야 한다. 그리고 공적 책무에 따른 합리적인 수신료 산정을 위해, 공정하고 투명하게 수신료를 산정하는 수신료 위원회(가칭)가 빠른 시일 내에 꾸려져야 한다"는 주장을 폈다. EBS 이사회 또한 2021년 7월 21일 발표한 '2021 텔레비전방송 수신료 조정에 관한 EBS이사회 의견서'에서 "수신료 가운데 월 700원이 EBS에 할당되어야 하고, EBS와 KBS 두 공영방송사의 재원에서 수신료가 차지하는 비중이 동일하도록 배분되어야 한다(현재 EBS 재원 중 수신료 비중은 6.2%,

KBS는 47.4%). EBS의 주된 수입원은 출판사업 매출이다. 수신료가 가장 비중 높은 재원으로 자리 잡을 수 있다면 EBS는 국민이 기대하는 교육공영방송 으로서 많은 책무를 수행할 수 있을 것이다. 그간 여러 차례 수신료와 관련 한 논의가 있었지만, EBS는 수신료 논의 과정에 참여하지 못했다. 방송법 제65조는 수신료를 인상할 때 KBS 이사회, 방송통신위원회, 국회의 역할만 을 명시하고 있을 뿐, EBS 이사회가 개입할 여지를 두지 않고 있다. KBS 이 사회가 2021년 6월 30일 현행 월 2,500원 수신료를 3,800원으로 인상하는 안을 의결했다. 제도적인 틀이 그러하더라도 2021년 수신료 인상안을 확정 하는 데 있어 EBS 이사회가 수신료 인상 폭 결정 과정, 배분의 조정 과정에 일절 참여하지 못한 점은 매우 아쉽다. 수신료 현실화는 KBS만의 공적책무 확대, 재원 구조 개선에 한정되어서는 안 된다. 수신료 월 2,500원 중 70원 을 배분받는 EBS의 비정상적인 재원 구조와 경영상황, EBS의 공적책무 확 대 등도 함께 고민되고 논의되어 반영되어야 한다. 현 수신료에서 월 700원 수준만큼은 EBS에 할당될 필요가 있다. 수신료는 공영방송을 위한 공적 부 담금인 만큼 독립적인 수신료 관리기구 (가칭) '수신료위원회'를 설립해야 한 다. 이를 통해 수신료의 성격을 명확하게 하고 객관적인 관리시스템을 도입 하자"는 입장이 피력되었다(≪미디어오늘≫, 2021.8.9.).

한편, 김성태 의원은 수신료의 한전 위탁 징수 방식과 관련해 전체 공영 방송 수신료 수입 중 한전 위탁 징수료(6.15%) 규모가 EBS 수신료 수입의 2 배 이상이라면서, 이는 원래의 징수 목적과 취지에 어긋나는 관계로 현행 수 신료 징수 과정, 수신료 산정 범위 등을 투명하게 할 필요가 있다는 주장을 펼쳤다(≪이뉴스투데이≫·≪한국일보≫, 2018.9.17.). 이철희 의원은 2019년 2월 19일 대표발의한 한국교육방송공사법 개정안에서 "한국교육방송공사로 하 여금 수신료를 다른 재원과 구분하여 회계처리하도록" 하자고 주장했다. 또

김영식 의원은 2020년 7월 31일 대표발의한 방송법 개정안에서 "수신료 징수업무 위탁수수료의 비중은 축소(상한, 3%)하고, 한국교육방송공사 지원 금액은 대폭 확대(하한, 30%)하는 것으로 규정"하자고 제안했다. 한편, 김정재 의원(2017년 1월 18일)과 박홍근 의원(2017년 7월 10일)이 대표발의한 한국교육방송공사법 개정안이 통합·조정된 과학기술정보방송통신위원회 대안 형식으로 2018년 1월 30일 국회 본회의에서 통과되었다. 이로써, 방통위가 매년 3월 31일까지 한국교육방송공사의 전 회계연도 결산서등을 감사원에 제출하고, 감사원이 5월 20일까지 결산서 등을 검사하여 그 결과를 송부하면 이를 5월 31일까지 국회에 제출하도록 하는 제도가 마련되었다. 그전까지는 방통위가 한국교육방송공사의 전 회계연도 결산서 등을 6월 30일까지 국회에 제출해왔으나, 이 제도는 국회에서 7월 이후에야 한국교육방송공사의 결산 심사가 가능하고, 정기국회에서 처리되는 경우가 많아 결산의 시정 요구 사항을 다음 연도 예산에 반영하기 위한 시간적 여유가 부족한 구조였다는 이유에서 등장했다.

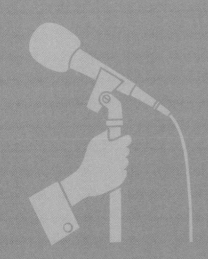

제5장

종편PP 정책

1. 이명박·박근혜 정부

미디어 법 논쟁으로 일컬어지는 신문·방송 겸영 허용 이슈는 지난 이명박·박근혜 정부의 방송미디어정책에서 가장 뜨겁고도 핵심적인 사안이었다. 수많은 사회적 논란과 갈등 끝에 이명박 정부는 종국에 종합편성채널PP(종편PP) 4사와 보도전문PP 1사를 선정·승인했다.

1) 종편PP 사업자 선정과정

먼저, 종편PP 허용 찬반 논쟁과 사업자 선정 과정을 살펴보자. 신문·방송 겸영 규제 완화 정책의 핵심은 신문사가 방송 분야로 진출해 보도나 종편PP가 될 수 있다는 데 있었다. 2002년을 기점으로 매출액이 계속 감소하는 추이를 보였던 주요 신문사들은 '사상의 자유시장론' 등에 기초해 의견의 다양성, 사업자의 다양성, 언론자유 등을 논리적 기반으로 삼아 신문·방송 겸영 허용을 지속적으로 요구했다. 당시 신문업계는 신문사업의 수익성 문제도 있었지만, 독자들의 매체 이용 패턴이 바뀌는 것을 고려해야 하는 상황에서 종이신문의 한계를 뛰어넘을 수 있는 '업종 전환'의 불가피성이 컸던 것으로 보인다. 신문·방송 겸영 허용에 대한 반론은 컸다. 반대론자들의 논지는 무엇보다 미디어의 공공성, 공익성 측면에서 제기되었다. 사기업인 신문자본이 미디어 시장에 과도하게 진출할 경우 미디어가 갖는 사회적 공공성, 공익성 가치가 훼손될 수밖에 없다는 것이다. 여론 지배력 전이, 미디어 집중과 여론 독과점, 방송의 상업화에 대한 문제점도 제기되었다.

2008년 12월 3일, 당시 여당이던 한나라당은 나경원 의원의 대표발의를 통해 「방송법」, 「신문법」, 「IPTV사업법」 등을 중심으로 한 '미디어관련 법안'을 국회에 제출했다. 이로써 신문·방송 겸영 허용 관련 논의가 본격화되었다. 논의의 핵심은 신문사·대기업의 방송사 소유 규제를 완화하는 '방송법 개정안'과 신문·방송 겸영 금지를 폐지하는 내용의 '신문법 개정안'이었다. 당시 법안을 대표발의한 나경원 의원은 2009년 1월 8일 ≪파이낸셜뉴스≫와의 인터뷰에서 "한나라당 미디어정책의 핵심은 규제 완화와 경쟁 활성화다. 국내 미디어 시장은 1980년 언론 통폐합으로 형성된 기형적 구조에서 완전히 벗어나지 못하고 있다. 이제는 산업적·미디어적 관점에서 시장을 활성화하는 데 주력할 필요가 있다. 공공성을 이유로 국가가 과도하게 시장에 개입하고 규제하고 왜곡했던 측면을 재검토해야 할 시점이다. 교차소유 허용은 국제적 기준에 부합하는 것이다. 갈수록 어려워지고 있는 신문사의 방송 진출을 막을 명분은 희박하다"라고 법안 발의 배경을 설명했다. 이는 당시 정부·여당의 상황 인식을 압축적이면서 포괄적으로 설명해주는 대목이라 하겠다.

신문업계는 2008년 말과 2009년 초 신문·방송 겸영에 대한 사업 의지를 적극적으로 표출하기 시작했다. 조선일보 방상훈 사장은 2008년 12월 17일 열린 조우회(朝友會) 행사에서 "신문과 방송, 통신 등으로 분리된 미디어 업계 장벽이 무너지고 있다"라고 하면서 방송사업 진출 의지를 밝혔다. 중앙일보 홍석현 회장도 2009년 신년사에서 "올해가 새로운 종류의 미디어에 진출하기 위한 기회"라고 언급했다. 당시 국내 주요 신문사들은 신문산업이 방송 등 새로운 분야로 진출하지 못할 경우 자신들의 매체 위상과 경쟁력을 더 이상 유지하기 어려울 것으로 판단했던 것으로 보인다. 신문업계의 방송사업 의지가 확고히 드러나는 상황에서 방통위는 2008년 12월 26일 청와대 신년 업무보고를 했다. 이날 방통위는 방송통신 분야 10대 추진과제에 '신문·방송 겸영 허용'을 포함시켰고, 이에 대해 이명박 대통령은 "방송·통신 분야는 정치논리가 아닌 경제논리로 풀어가야 한다"라고 했다. 이 같은 움직임에 대해 당시 야당인 민주당은 업무보고 다음 날인 2008년 12월 27일 반대 성명을 발표했다. 성명의 요지는 종합편성채널 도입 시 "콘텐츠의 정파성 야기, 사업자 간 광고수익의 편중 현상 발생, 미디어의 공공성 훼손 및 상업주의의 확대, 지역매체의 경영 악화" 등이 우려된다는 것이었다. 학계의 입장도 나오기 시작했다. 2009년 1월 21일 언론정보학회 주최 '미디어 법' 관련 토론회에서 조항제 부산대학교 교수는 "2008년 12월 3일 나경원 의원에 의해 발의된 '방송법 개정안'은 신문과 자본의 결합을 통해 현재의 지상파방송 구도를 바꾸겠다는 의도"라면서, "메이저 신문들과 재벌(대자본)의 방송 소유는 편향된 여론을 조성하게 될 것"이라고 주장했다.

이 같은 논의 과정 속에 한나라당 소속의 고흥길 문방위원장은 2009년 2월 25일, 야당의 반대를 무릅쓰고 신문·방송 겸영 허용을 골자로 한 '미디어 법'을 직권 상정했다. 이후 여·야는 2009년 3월 5일, '미디어 법' 관련 사회적 논의기구인 '미디어발전국민위원회(미발위)' 신설에 합의했다. 여·야 추천으로 김우룡·황근·최선규·이병혜·문재완·강상현·이창현·최영묵 교수 등이 참여한 미발위는 3월 13일 자로 활동을 개시했다. 미발위는 2009년 6월 25일, 100일간의 활동을 공식 종료했다. 하지만 여·야 추천 위원들은 합의된 공동 보고서 제출에는 이르지 못했다. 이러한 상황 속에 여당 측은 독자적으로 최종 보고서를 제출했다. 여당 추천 위원들은 다양성·자율성·경쟁을 기조로 신문의 방송 지분 인수는 즉각 허용하고, 신문·방송 겸영은 2013년 이후 허용하는 것을 주 내용으로 보고서를 성안했다. 반면 야당인 민주당은 여당 추천 위원들의 단독 보고서를 충분한 국민 여론 수렴 과정 없이 만들어진 정통성 없는 것이라면서 전면 부정했다.

이처럼 여·야가 입장 차이를 좁히지 못한 가운데, 결국 '미디어 법'은 2009년 7월 22일 열린 국회 본회의에 이윤성 국회부의장에 의해 직권상정되어 여당인 한나라당에 의해 일방으로 단독 처리되었다. 처리된 법안명은 '방송법 일부 개정 법률안', '신문 등의 자유와 기능 보장에 관한 법률 전부 개정 법률안', '인터넷멀티미디어방송사업법(IPTV사업법) 일부 개정 법률안' 등이었다. '방송법 개정안'(허원제 의원, 2008년 12월 24일 수정 발의)에서는 누구든지 지상파방송사업자 및 종합편성 또는 보도에 관한 전문편성을 행하는 방송채널사용사업자의 주식 또는 지분 총수의 49/100를 초과하여 소유할 수 없도록 했다. 대기업 또는 신문이나 뉴스통신을 경영하는 자는 지상파방송사업자의 주식 또는 지분 총수의 20/100을 초과하여 소유할 수 없도록 하고, 종합편성을 하는 방송채널사용사업자의 주식 또는 지분 총수의 30/100을 초과하여 소유할 수 없도록 했다. 지상파방송사업자와 종합유선방송사업자는 상호 겸영하거나 그 주식 또는 지분을 소유할 수 없도록 한 규정을 삭제했다. 신문이나 뉴스통신을 경영하는 자는 종합유선방송사업자 및 위성방송사업자의 주식 또는 지분 총수의 49/100를 초과하여 소유할 수 없도록 하고, 대기업의 위성방송사업자에 대한 소유 제한 규정을 삭제했다. 종합편성 또는 보도전문편성을 하는 방송채널사용사업 또는 중계유선방송사업에 대한 외국자본의 출자 또는 출연을 해당 법인의 주식 또는 지분 총수의 20/100을 초과할 수 없도록 했다. 위성방송사업에 대한 외국자본의 출자 또는 출연을 해당 법인의 주식 또는 지분 총수의 49/100를 초과할 수 없도록 했다. '신문법 개정안'(한선교 의원, 2008년 12월 26일 수정 발의)에서는 일간신문과 뉴스통신의 상호 겸영 금지를 폐지하고, 일간신문·뉴스통신 또는 방송사업 법인의 주식·지분 소유자의 일간신문 법인의 주식 및 지분 취득 제한을 폐지하며, 대기업은 일반 일간신문에 한하여 지분의 1/2을 초과하여 취득 또는 소유할 수 없도록 종전과 같이 유지하도록 했다. 원안대로 통과된 'IPTV사업법 개정안'(구본철 의원, 2008년 12월 3일 대표발의)에서는 대기업, 신문 또는 뉴스통신은 종합편성 또는 보도에 관한 전문편성을 행하는 인터넷 멀티미디어 방송 콘텐츠사업자의 주식 또는 지분 총수의 49/100를 초과하여 소유할 수 없도록 했다. 이와 함께 종합편성 또는 보도에 관한 전문편성을 행하는 인터넷 멀티미디어 방송 콘텐츠사업에 대한 외국자본의 출자 또는 출연을 해당 법인의 주식 또는 지분 총수의 20/100을 초과할 수 없도록 했다.

종합하자면, '미디어 법'의 핵심은 대기업과 조선일보·중앙일보·동아일보 등 메이저 신문사들의 방송사업 진출을 허용하는 것이었으며, 이는 국내 방송미디어 지형 전반을 다원적 구조로 전환시키는 중요한 계기였다. 이명박 정부에서의 '미디어 법'은 한국 방송사에서 1980년 신군부에 의한 언론 통폐합 조치 이후 30여 년 만의 '대변혁'이었다고 볼 수 있다. 여권은 '미디어 법' 처리 후 곧바로 시행령 개정 작업과 종편PP 도입방안 검토에 들어갔다. 반면 민주당·진보신당·창조한국당·민주노동당 소속 국회의원들은 김형오 국회의장과 이윤성 국회부의장을 상대로 권한쟁의 심판을 청구하기도 했으나, 헌법재판소는 2009년 10월 29일 "절차적 위법성(권한 침해)은 인정되지만, 법안은 유효하다"며 '기각' 결정을 내렸다. 2009년 '미디어 법' 강행처리 당시 국회 문방위원장을 역임한 고흥길 의원은 2012년 2월 14일 국회 운영위원회에서 열린 자신의 특임장관 후보자 인사청문회에서 야당 의원들이 '미디어

법' 단독 처리 관련해 사과를 요구하자, "미디어 법 강행 처리는 안타깝지만 불법이나 탈법은 아니었다. 정상적인 상정 절차를 밟지 못한 것은 안타깝지만, 당시 여·야 간 대립이 첨예한 상황에서 여·야 간 합의에 따른 정상적인 수순이 어려웠고, 시기적으로도 무한정 늦출 수 없어서 단독으로 상정하게 되었다"라고 답변했다. 방통위는 '미디어 법' 후속 조치로 2009년 11월 2일 전체회의에서 '방송법시행령 개정안'을 의결했다. 주요 내용은 통계·언론·행정·법률·경제 분야에서 5년 이상의 경력이 있는 7~9명의 전문가로 미디어다양성위원회를 구성하는 것이었다. 또한 지상파방송과 SO 간 교차소유와 관련해서는 상호 지분을 현행 '금지'에서 33%까지 소유할 수 있도록 허용했다. 방통위는 또 2010년 6월 11일 자 '방송법시행령 개정안' 의결을 통해 신문구독률을 시청점유율로 환산 시 세부 환산 기준을 고시로 위임하고, 신문과 방송의 매체 특성, 이용 현황, 시장 규모 등을 고려 요소로 규정했다. 시청점유율 30%를 초과하는 사업자에 대해서는 사후 규제 형식으로, 방송사업 소유 제한, 방송광고시간 제한, 방송시간 양도 등을 통해 규제하기로 했다. 방송사업 소유제한 차원에서는 30% 규정 초과 시 초과분의 주식, 지분, 자산을 매각하도록 했다. 방송광고시간 제한 차원에서는 점유율이 31%일 경우 1/30의 광고시간을 제한하도록 했다. 방송시간 양도 차원에서는 점유율이 31%일 경우 다른 채널사업자에게 주 시청시간의 1/30을 양도하도록 했다. 이러한 정부안에 대해 일각에서는 비판적인 의견을 제시했다. 주된 비판점은 진입 규제 고시 제정에서 방통위의 자의적인 기준 마련이 가능하다는 것 등이었다. 한편 방통위는 2010년 9월 17일 전체회의에서 종합편성채널 승인 기본계획안을 의결했다. 방통위는 계획안에서 '절대평가'를 도입하기로 하고, 초기 자본금 규모는 종편PP 3,000억, 보도PP 400억으로 정했다. 또한 종편PP와 보도PP를 동시 선정하기로 했다.

이와 관련해 국회 입법조사처는 2010년 10월 5일 자 ≪이슈와 논점≫에 실린 「종합편성 및 보도전문채널 선정의 쟁점과 향후 과제」 리포트에서 "절대평가로 다수 사업자를 선정할 경우 공멸 또는 전체 방송시장 상황의 악화 가능성"을 경고하고, "테스트베드 개념으로 1개 사업자 선정, 또는 일정 기간 시장 상황을 점검한 후 추가 사업자를 선정하는 것도 대안"이라고 주장했다. 방통위는 2010년 11월 10일 종편PP 및 보도PP 승인심사 세부계획안을 야당 측 방통위원들의 불참 속에 단독 의결했다. 세부계획안에서는 '공적 책임, 법인 적정성, 조직과 인력, 자본금, 콘텐츠산업 육성, 프로그램 기획·편성 계획' 등을 주요 심사 기준으로 정했다. 정부는 11월 30일과 12월 1일 양일에 걸쳐 사업 신청서를 접수했다. 총 6개 사업자가 종합편성채널 사업 신청서를 제출했다. 방통위는 12월 말 심사위원단의 심사를 거쳐, 2010년 12월 31일 6개 신청 사업자 중 4개 사업자를 승인 대상 법인으로 선정, 발표했다. 조선일보, 중앙일보, 동아일보, 매일경제 등 4개 신문사가 종편PP 승인 대상 법인으로 선정되었다. 보도PP 분야에서는 5개 신청 사업자 중 연합뉴스가 승인 대상 법인으로 선정되었다. 이로써 2000년 개정 '방송법'에 개념이 도입된 후, 2009년을 전후로 한국 사회를 뜨겁게 달궜던 '종편PP' 이슈는 큰 획을 긋게 되었다. 선정된 사업자들은 자본금(3,000억) 납입 후, 법인등기부등본 및 승인조건 이행각서를 제출하고 정부로부터 승인장을 교부받았다.

이와 관련해 ≪국민일보≫는 2011년 11월 8일 자 사설 '최시중 방통위원장 훗날 자신 있나'를 통해 종편PP 선정을 강하게 비판했다. ≪국민일보≫는 "신규 종합편성채널 PP 여유가 1개 정도밖에 안 되는 상황에서 4개 거대 언론사를 사업자로 선정해주고 채널도 황금번호대에 나란히 배치해주는 것은 우리나라 방송 사상 최대의 특혜이자 스캔들이라 할 만하다"라고 비판했다. 이러한 논란 속에서 종편PP 4사는 2011년 12월 1일 세종문화회관 등에서 공동 개국식 행사를 가졌다. 종편PP는 보도·시사교양·연예오락 등 모든 장르를 망라하여 종합적인 편성을 하는 채널이라는 점에서 사실상 제2의 지상파방송이라 할 수 있다. 2011년은 지상파방송의 영향력에 버금가는 채널이 국내에 동시에 4개나 등장한 해가 되었다. 이로써 지상파방송에 준하는 종편PP를 일시에 4개를 선정한 것은 1991년 민영방송 SBS의 개국 이래 국내 방송미디어 산업지형에 구도에 가장 큰 변화를 가져온 요인이었다(탁재택, 2013).

2) 종편PP 시장안착 과정

종편PP들에게는 사업 초기부터 여러 특혜들이 주어졌다. 우선, 편성이 지상파보다 상대적으로 자율적이다. 지상파방송의 경우 분기별로 전체 방송시간의 60~80%를 국내제작 프로그램으로 편성을 해야 하지만, 종편PP의 경우 국내제작 프로그램 편성비율이 20~50%에 불과한 수준이다. 외주 프로그램 편성비율도 지상파는 4~40%지만 종편PP에는 관련규정이 초기에는 없었다. 종편PP는 방송통신발전기금도 초기에는 징수를 유예 받았고,[1] 광고도 직접 영업을 하고 있다. 광고금지 품목에서도 완화된 규정들을 적용받고 있고, 의무재전송채널, 중간광고허용 등 제도적 특혜들도 받았다.[2] 이러한 특혜조항들은 신생매체가 시장에 안착하는 데 어느 정도 도움이 되는 구조이지만, 종편PP들을 제외한 타 매체들은 형평성에 어긋나는 비대칭규제라면서 반발했다. 종편PP는 이와 함께 방심위로부터는 지상파방송보다 완화된 심의기준

---

1)   종편PP는 2015년까지 방송통신발전기금 징수를 유예 받았다.
2)   종편PP의 대표적 특혜사항으로 지적되어온 '외주편성의무 면제'와 '종편PP 의무송출제도'가 문재인 정부에서 공식 폐지되었다.

을 적용받았다. 종편PP의 프로그램 심의와 관련해 박만 방심위원장은 2012년 2월 3일 기자간담회 발언에서 "종편PP에 대해 완화된 심의를 당분간 계속 유지할 것이다. 종편PP가 개국 초기 상황으로, 아직 자체 심의 체계가 잡혀 있지 않은 상태이고 심의 규정 숙지도 미숙해 우선 완화된 기준을 적용하고 있다. 향후 위반 사항이 반복될 경우 점진적으로 지상파방송 심의에 준하는 단계로 높여나가겠다"라고 말하기도 했다.

종편PP의 출범으로, 국내 방송미디어 산업지형은 다수의 사업자들이 제한된 규모의 시장에서 생존경쟁을 벌이는 다플랫폼·다채널 시장 구조가 되었다. 하지만 문제는 광고 시장의 '파이'가 사업자들의 수요만큼 쉽게 커지지 않는다는 것이다. 이는 결국 사업자 간 치열한 제로섬(Zero-Sum) 게임의 전개가 불가피하다는 의미다. 2012년도 국정감사에서는 종편PP에 반대했던 야당의원들뿐 아니라 2009년 종편PP 관련 법안을 단독으로 처리한 여당의원들로부터도 종편PP 정책에 대한 비판이 제기되었다. 10월 24일 열린 방통위 국정감사에서 당시 여당의원들은 "4개의 종편PP 허용은 과도했다. 재방 비율이 너무 높다. 콘텐츠 제작 역량과 제작 의지가 부족하다. 제대로 된 기능을 못하고 있다"라면서 방통위의 책임 있는 정책의지를 주문하기도 했다.

사업 초기 종편PP에 대한 시청자들의 시청 행태는 기존 지상파방송과 상당히 유사한 양상을 보였다. 즉, 주 시청층이 50대 이상 시청자들이라는 것이다. 지상파방송과 종편PP의 주 시청자 층이 공히 50대 이상 연령층인 상황에서 김창조(2012)는 종편PP의 생존 전략을 크게 두 가지 관점에서 설명했다. 첫째는, 자체 제작을 줄이면서 투자비용을 절감하고, 국내외 드라마 등 저렴하면서도 경쟁력 있는 프로그램들을 편성해, 현재 정도의 성과를 거두면서 종편PP의 숫자가 축소되기를 기다리는 생존 전략이다. 둘째는, 장기적인 적자를 무릅쓰더라도 지상파방송만큼의 제작비 투자로 채널선호도를 높여나가 지상파방송에 대응하는 채널 브랜드 파워를 확보해나가는 것이다. 종편PP는 사업 초기 드라마·예능 장르보다는 제작비가 상대적으로 적게 드는 시사보도 장르에 집중하는 양상을 보였다. 뉴스 장르는 신문업계 주력 분야이기도 하여 상당한 경쟁력이 있다고 내부적으로 판단한 듯하다.

박근혜 정부 들어 종편PP들은 여러 논란3)에도 불구하고 상당 부분 시장 안착에 성공했다. 종편PP 4사는 개국 3년을 맞으면서 사회적 위상을 인정받기 시작했다. 새정치민주연합 민주정책연구원과 최민희 의원실이 2014년 12월 1일 공동 주최한 '종편 개국 3주년 현황 및 평가' 토론회에서 민병두 의원은 "출범 3년이 지난 지금 종편은 상당한 정도의 정치 현실이 됐다"고 주장했다. 김재홍 방통위 상임위원도 "종편이 단기간에 영향력을 확보할 수 있었던 요인 중 하나가 바로 의무편성 특혜이고, 이에 더해 20번대 안에서 고정채널을 받아 상대적으로 높은 비율의 고정 시청층을 확보해 영향력을 높일 수 있었다"고 진단했다. 특히 '최순실 게이트'를 전후로 종편의 위상이 이전보다 많이 제고되었다고 볼 수 있다.

종편PP 4사의 경영 상황도 지속적으로 호전되었다. 방통위가 2016년 6월 28일 발표한 '2015년도 방송사업자 재산 상황' 자료에 따르면, 종편PP 4사의 2015년 방송매출액(광고, 협찬, 프로그램 판매 등)은 전년 대비 32.5% 증가한 5,321억 원을 기록했다. 종편PP 4사의 방송매출액 규모가 2011년 846억 원, 2012년 2,264억 원, 2013년 3,062억 원, 2014년 4,016억 원이었던 점에 비하면, 2015년의 5,321억 원 달성은 빠른 증가세를 보여주는 것이었다. 종편PP

---

3) 2013년 5월 19일 KBS 〈일요진단〉에 출연한 박근혜 정부 초대 방통위원장인 이경재 위원장은 "정치적인 고려에 의해서 4개의 종편 채널이 일시에 출범했는데, 4사 공히 힘든 상황이다. 종편은 출발할 때부터 지금까지 정치 지향성 요소 등으로 인해 계속 쟁점인 상태다. 개인적으로 종편은 한두 개 정도로 해야 된다고 생각했다"고 주장했다.

4사의 방송매출액 증가에는 대체적으로 협찬매출이 크게 기여했다고 볼 수 있다. 2015년 지상파의 협찬매출(7,748억 원)이 광고매출(3조 4,736억 원)의 4분의 1 수준이었던 것에 반해, 종편PP 4사의 2015년 협찬매출은 1,345억 원으로 광고매출(2,863억 원) 대비 절반 수준에 육박했다. 종편PP 4사 가운데 TV조선의 경우 2014년 122억 영업 손실에서 2015년 45억 원으로 흑자 전환을 했다. MBN, JTBC, 채널A는 모두 영업 손실을 기록했으나 적자폭이 줄어들었다. 이런 가운데 방통위가 2016년 8월 9일 의결한 '2016 방발기금 분담금 징수율 (고시)개정안'에서 종편과 보도PP는 출범 후 처음으로 '분담금 징수'가 결정되었고, 징수율은 방송광고 매출액의 0.5%로 결정되었다.[4]

박근혜 정부에서는 일부 종편PP가 '재허가' 과정에서 어려움을 겪기도 했다. 종편PP 4사는 2014년 재허가 과정에서는 비교적 무난하게 통과했다. 하지만 2017년 심사 과정에서는 일부 어려움이 있었다. 방통위는 2017년 3월 24일 전체회의에서 TV조선, JTBC, 채널A 등 3개사에 대해 '조건부 재승인'을 의결했다. "법정 제재 건수를 연 4건 이내로 유지하라"는 등의 조건이 부여되었다. 한편, 심사 총점 1000점 중 625.13점을 획득, 650점에 미달하는 결과를 얻은 TV조선에 대해서는 재승인 조건을 준수하지 않은 경우 시정명령을 하고, 주요 재승인 조건에 대한 이행 여부를 6개월 단위로 점검하기로 결정했다. 또 시정명령을 이행하지 않고 재승인 조건을 반복 위반한 때에는 업무정지, 청문의 절차를 거쳐 승인을 취소하기로 했다. 관련해서 ≪한국일

---

4) 지상파의 경우, 2015년도 최종징수율과 동일하게 적용되어 KBS는 전년도 방송광고 매출액의 2.87%, MBC와 SBS는 4.3%, EBS는 1.54% 수준으로 결정되었다. 한편, 미래부의 2016년 7월 7일 자 '2016년도 유료방송 방발기금 분담금 산정' 고시에 따르면, IPTV의 기금 징수율은 지난해 매출의 0.5%에서 1%로 상향조정되었다. 케이블의 경우, 매출에 따라 1.0~2.8%였던 징수율을 1.0~2.3%로 하향조정되었다. 위성의 경우, 1.33% 유지로 결정되었다.

보≫는 2017년 3월 24일 자 'TV조선 재승인으로 스스로 존재이유 부정한 방통위'라는 제목의 사설에서 "방통위 스스로 기준점수를 적용하지 않았으니, 봐주기이자 특혜라 할 수밖에 없다. 이러려면 무엇 하러 기준점수를 두었는지 묻고 싶다. …… 누구보다 엄격하게 방송 통신 정책을 추진해야 할 방통위가 이처럼 공정성을 의심케 하는 태도를 보이는 것은 스스로의 위상을 깎아 내리고 존재 필요성을 부정하는 것밖에 되지 않는다"고 주장했다. 한편 TV조선은 2017년 3월 20일 개편안을 발표했다. 골자는 "보도·교양·예능 프로그램을 1 : 1 : 1 비중으로 균형 편성하겠다. 예능·교양 등 상반기에만 10개 넘는 프로그램을 제작하겠다. 출연자 심의 제재 1회 시 퇴출시키겠다"는 내용 등이었다. 이후 그동안 심의제재 등 비판의 대상이 되어온 일부 프로그램들이 폐지되기도 했다.

박근혜 정부에서는 종편PP사들에게 미디어렙이 허가되었다. 방통위는 2014년 2월 28일 전체회의에서 제이미디어렙, 미디어렙에이, 조선미디어렙 등 3개 법인 신설을 허가했다. 허가 조건으로는 방송광고판매의 공정거래질서 이행을 위한 실행계획 마련, 방송사의 미디어렙 경영 등에 대한 부당한 간섭을 방지하기 위한 개선계획 마련, 광고판매의 효율성 제고 및 거래투명성 확보를 위한 방송광고 판매 전산시스템 구축·운영 등이 부여되었다. MBN미디어렙 법인은 2014년 11월 4일 허가되었다. 한편, 'MBN 재승인' 건은 문재인 정부 출범 후인 2017년 11월 27일 자 방통위 전체회의에서 '조건부 재승인' 의결(총점 1000점 중 651.01점 획득)되었다. 심사사항 중 '방송발전을 위한 지원계획의 이행 및 방송법령 등 준수여부' 항목에서 과락을 받아 '조건부'로 처리되었다. 이날 MBN미디어렙에 대한 재허가(5년) 건도 의결 처리되었다.

≪시사IN≫·미디어리서치가 2016년 9월 8일 발표한 '대한민국 신뢰도 조사' 결과에 따르면, '가장 신뢰하는 매체' 항목에서 KBS(15.5%), 네이버

(11.7%), JTBC(11.6%), ≪한겨레≫(5.4%), ≪조선일보≫(4.8%) 등의 순으로 나타났다. '중복응답' 기준에서는 KBS가 23.8%로 가장 높았고, 이어 종편PP인 JTBC(18.4%)가 2위를 차지했다. 가장 신뢰하는 '방송' 매체 항목에서도 JTBC(26.3%)가 KBS(29.7%)에 이어 2위를 기록했다. 또 '가장 신뢰하는 언론인'에서는 응답자의 38.8%가 손석희 JTBC 보도 담당 사장을 꼽았다. 가장 신뢰하는 방송프로그램에는 JTBC 〈뉴스룸〉(17.5%), KBS1 〈뉴스9〉(13.4%), JTBC 〈썰전〉(5.3%), SBS 〈그것이 알고 싶다〉(3.6%), MBC 〈뉴스데스크〉 (3.0%) 등의 순으로 나타났다. 이렇듯 JTBC를 필두로 한 종편PP의 위상이 한국 사회에서 조명 받고 있음을 확인할 수 있다. JTBC 〈뉴스룸〉의 경우, 2016년 10월 24일 방송에서 최순실 컴퓨터 속 박근혜 대통령 연설문 파일을 단독 공개하면서 종편 시청률 추이에 있어 대변화를 일으키기도 했다. JTBC 의 부상과 관련해 뉴스타파 토크프로그램 〈뉴스포차〉(2017년 1월 25일 방송분)에 출연한 최승호 MBC 해직 PD는 "손석희 사장이 JTBC로 자리를 옮긴 후 대중들이 'JTBC는 뭔가 다르다'고 인식하기 시작했고 실제로 뉴스가 달라졌다. 세월호 같은 경우 JTBC는 끈질기게 보도했고, 이번에는 '최순실 태블릿 PC'도 터뜨렸다"면서, (그럼에도) "JTBC의 훌륭한 보도가 내부 자율성이 확보된 공간에서 나온, 앞으로도 유지될 수 있는 보도인가라는 측면은 조금 더 지켜볼 여지가 있다"라는 주장을 폈다. 또 "만약 JTBC 사주인 홍석현 씨 생각이 '더 이상 상업적으로 도움이 안 된다'거나 '개인적 이해 등의 문제로 다른 방향으로 가야겠다'는 식으로 바뀐다면, 뉴스 조직이 지금과 같은 패턴을 유지하면서 나아갈 수 있을까라는 부분은 지켜봐야 할 대목"이라는 견해를 밝히기도 했다(≪미디어오늘≫, 2017.1.29.).

홍석현 JTBC 회장은 손석희 JTBC 사장의 영입 전말을 다음과 같이 밝힌 바 있다(홍석현, 2016). "JTBC를 개국할 때 방송의 색깔을 고민하지 않은 것이 아니다. 열린 보수를 지향하며 진보적 성향의 글들이 많이 실리기도 하지만 ≪중앙일보≫의 색깔은 보수에 더 가까운 게 사실이다. 같은 그룹에 있다고 해서 방송도 같은 노선을 취해야 한다고 생각하지 않기로 했다. 진보냐 보수냐가 중요한 게 아니라, '최고의 인재와 함께 가는 방송이 되자'를 먼저 생각했다. '최고의 인재'는 '어떤 어려움이 닥쳐도 바른 생각과 바른 행동을 할 수 있는 사람'이라고 생각한다. 손석희 사장에 대한 영입도 그런 차원에서 이루어졌다. 손 사장이라면 어느 쪽에도 치우치지 않는 공정한 보도에 가장 적합한 인물이라는 판단이 들었다. 고사를 하던 손 사장은 '그럼 모든 걸 믿고 맡겨 달라'고 했다. 그렇게 우리는 손을 잡았다. 손 사장과 JTBC 뉴스의 힘은 어느 쪽에도 치우치지 않는 진실보도, 그 자체에 있다. JTBC를 시작하면서 줄곧 생각한 것은 기왕 할 거면 제대로 해보자는 것이었다. 사회 발전에 일조하는 방송, 사회 구성원과 호흡하며 약자의 편에 서서 함께 가는 방송은 처음 동양방송(TBC)를 만드셨던 고(故) 이병철 (삼성그룹) 회장과 선친(홍진기 중앙일보 회장)의 뜻이기도 했다"(≪미디어오늘≫, 2017.1.17.). 한편, 홍석현 JTBC 회장은 대선 50여 일 앞둔 시점인 2017년 3월 18일 돌연 사임을 발표했다. 중앙미디어네트워크 사내 이메일을 통해 그는 "오랜 고민 끝에 저는 국민의 한 사람으로서 대한민국의 미래를 위해 작은 힘이라도 보태기로 결심했다"며 사임하겠다는 뜻을 밝혔다. 홍 회장의 사임 발표 이틀 뒤인 2017년 3월 20일 손석희 JTBC 사장은 〈뉴스룸〉 '앵커브리핑'에서 "지난 주말부터, JTBC는 본의 아니게 여러 사람의 입길에 오르내렸습니다. 가장 가슴 아픈 건 저희가 그동안 견지하기 위해 최선을 다해왔던 저희의 진심이 오해 또는 폄훼되기도 한다는 것입니다. 저희가 말씀드릴 수 있는 것은 명확합니다. 저희는 특정인이나 특정 집단을 위해 존재하지 않습니다"라고 말했다. 홍석현 전 중앙일보·JTBC 회장은 2017년 4월 16일 유튜브를 통해 "JTBC에 대한 청와대의 외압이 있었다. 구체적인 외압이 5~6번 됐다. 그중 대통령으로부터 두 번 있었다. 그때 저는 언론을 경영하는 입장에서, 개인적으로 정치적 사건에 연루돼 고초를 치렀던 입장에서 위협을 느낀 건 사실이었다. 그러나 외압을 받아 앵커를 교체한다는 건 자존심이 용서하지 않았다. 시대착오적인 일이었다. 21세기에 있을 수 없는 일이라고 믿었기 때문에 외압을 견뎌냈다"고 주장했다. 이와 관련해 중앙미디어네트워크 측도 "2016년 2월 박근혜 대통령과 이재용 삼성전자 부회장이 독대했고 이날 대화의 절반은 손석희를 갈아치우라는 압력이었다"고 주장했다(≪미디어오늘≫, 2017.4.18).

박근혜 정부 들어 JTBC를 필두로 한 종편에 대한 사회적 인식은 새롭게 부각되었다. 이 과정에서 손석희 앵커의 〈뉴스룸〉이 일정 부분 기여를 했다는 사실을 부인하기 어렵다. 실제적으로 방송에 대한 시청자의 이미지는 메인뉴스에 기반하는 측면이 강하고, 방송뉴스 장르에 대한 인식은 '신뢰성' 요소에 크게 영향을 받는다고 볼 수 있다. JTBC 등 종편의 사회적 영향력 확대는 우리 사회 미디어 지형 전반에 자극제이면서, 특히 보도 장르의 '신뢰성', '겸손', '품격' 등의 요소를 되새기는 계기가 되었다. 종편 출범 당시 '산파' 역할을 했던 최시중 전 방통위원장도 2014년 11월 15일 정보통신기술 분야 역대 장관 초청 간담회 자리에서 "앞으로 3~4년 후면 종편들이 제구실 할 수 있을 것으로 본다. 4사 중 2곳 정도는 더 잘나갈 것으로 본다. 재정난으로 종편들이 보도 비중을 높이는 것은 문제다. 방통위가 잘 관리, 감독해야 한다"고 말했다.

종편에 대한 특혜를 폐지해야 한다는 주장이 박근혜 정부 기간 동안 야권과 시민단체 등을 중심으로 지속적으로 제기되었다. PD연합회는 2014년 12월 1일 '종편 출범 3주년' 관련 논평에서 '지상파와 인접한 15~20번의 이른바 황금채널을 배정받은 점', '중간광고가 허용된 점', '광고 직접 판매를 허용한 점', '종편을 의무전송 채널로 지정한 점' 등을 대표적인 특혜사항으로 지적했고, 배재정 의원은 이와 관련해 2013년 4월 22일 '방송법 개정안'과 '방송광고판매대행 등에 관한 법률 개정안'을 대표발의했다. '방송법 개정안'의 골자는 "종편을 케이블 및 위성방송의 의무 재전송 채널에서 제외키시고, 국내 제작·외주제작비율·방송광고 규제를 지상파와 동일한 수준으로 해야 한다"는 것이었고, '방송광고판매대행 등에 관한 법률 개정안'의 골자는 "종편의 직접 광고영업을 금지시키자"는 것이었다. 이석기 의원도 2013년 6월 20일 '방송법 개정안'과, 2013년 6월 24일 '방송광고판매대행 등에 관한 법률 개정안'을 대표발의했다. '방송법 개정안'의 골자는 "의무전송, 국내 방송프로그램 및 외주제작프로그램의 편성 비율, 광고 규제, 대기업·신문통신·외국자본의 출자 등에서 (지상파방송사업자와 달리 규율된) 종편PP의 특혜를 폐지하자"는 것이었고, '방송광고판매대행 등에 관한 법률 개정안'의 골자는 "종편PP의 방송광고 직접 영업을 허가하는 규정을 삭제해 지상파와 같이 광고를 미디어렙에 의무 의탁하도록 하자"는 것이었다(탁재택, 2017).

2. 문재인 정부

1) 종편PP 특혜 폐지 정책

문재인 정부에서는 '종편PP 특혜 폐지' 이슈가 종편PP 정책과 관련해 주요 쟁점이었다. 방통위는 2017년 12월 6일 발표한 '제4기 방통위 10대 정책과제'에서 "종편PP의 매출 및 시청률 성장 등을 고려하여 그간의 비대칭 규제를 개선하고 지상파와 동일한 수준의 외주제작 편성의무 부과, 종편의 의무송출제도 개선방안 마련" 등의 정책을 추진하겠다고 밝혔다. 이후 2018년

11월 14일 열린 방통위 전체회의에서는 지상파사업자와 종편사업자의 규제 비대칭 문제를 해소하는 차원에서 '종편PP에도 지상파 수준의 순수외주제 작 방송프로그램 편성의무 부과'를 골자로 한 '방송법시행령 개정안'이 의결 되었다. 2018년 12월 24일 방송법시행령 개정안이 공포되었고, 2019년 3월 20일 열린 방통위 전체회의에서는 '방송프로그램 등의 편성에 관한 고시 개 정안'이 처리되었다. 고시 개정안의 골자는 종편PP의 순수외주제작물 의무 편성 비율을 30% 이상으로 설정하고, 종편PP의 주시청시간대(평일: 19~23시, 주말·공휴일: 18~23시)에서는 순수외주제작물 의무편성 비율을 10% 이상으로 설정하는 것 등이었다. '30% 이상' 룰은 지상파와 같은 수준으로 '동일서비 스·동일규제' 원칙하에 결정된 것이었다. 현행법상 지상파 외주 의무편성 비율은 KBS1TV 19%, KBS2TV 35%, MBC·SBS 32%, EBS 16% 등 35% 이내 로 규정되어 있다. 이로써 종편PP의 대표적 특혜사항으로 지적되어온 '외주 편성의무 면제'가 공식 폐지되었다. 이에 대해 당시 종편PP 4사의 반발은 표 면상 나타나지 않았다. 종편PP 4사의 당시 외주비율이 이미 30%대를 상회 하는 43~53% 선이었기 때문이다. 그럼에도 종편PP에 대한 외주프로 편성 의무제도 관련 시행령 개정 행위는 '법적 토대 마련'이라는 의미가 있었다. 종편PP 외주프로그램 편성의무제도는 2019년 6월 25일 자로 시행되었다.

다음으로 종편PP 의무송출제도를 살펴보자. 의무송출제도는 종편PP의 또 다른 특혜 사례로 지적되어온 뜨거운 주제였다. 그동안 종편PP사들은 의 무송신 채널로 인정을 받아 전국적인 커버리지를 확보할 수 있었고, 송출 대 가까지 지급받아왔다. 방통위는 2018년 12월 26일 지상파와 종편PP 간 규 제체계의 차별을 해소한다는 차원에서 '종편PP 의무송출제도 개선안'을 발 표했다. 이날 방통위는 "방송법(70조 제1항)의 의무송출제도는 상업적 논리로 채널구성에 포함되기 어려운 공익적 채널 등을 배려하기 위한 제도로 종편

PP는 제도 취지에 부합하지 않아, 종편PP 채널 의무송출 규정 폐지가 타당하다. 종편PP 채널 의무송출제도 개선안을 유료방송 플랫폼 사업자에 대한 규제를 담당하는 과기정통부에 통보하고, (시행령 개정, 입법예고 등) 후속 작업에 착수한다"고 밝혔다. 이후 2019년 상반기에 과기정통부의 유료방송 종편 의무송출 제도개선 관련 의견수렴 절차를 거쳐 방송법시행령개정안이 마련되었다. 개정안의 골자는 "유료방송사업자가 종편PP의 채널을 포함해 채널 정책을 운용하도록 한 의무조항을 폐지하는 것"이었다. 방송법 제70조·동법 시행령 제53조에 따른 당시의 종편의무송출 제도하에서는 유료방송사의 의무송출 채널이 최소 17개인 상황이었다. 방송법 제78조에 의거한 의무재송신채널 KBS1·EBS를 포함할 경우에는 총 19개 채널 이상인 상황이었다. 정부는 개정안 마련의 배경 설명에서 "의무송출채널 수가 너무 많다. 종편PP 4개 채널은 이제 시청점유율, 방송사업 매출 및 광고 매출 등 여러 지표에서 경쟁력을 충분히 확보한 관계로 의무송출대상에서 제외해도 무리가 없다"라는 주장을 폈다.

당시 종편 의무전송 폐지와 관련해 반론도 나왔다. 원인성 소비자주주협동조합 대표는 2019년 2월 18일 자 ≪한겨레≫ 칼럼 '종편 의무전송 폐지가 초래할 의도치 않은 부작용'에서 "종편 여론시장의 균형을 추구하는 방향으로 정책을 펴주길 기대한다. 혹시라도 보수 종편을 적대시하여 나온 발상이 아니길 바란다. 민주주의에선 그들도 있어야 할 존재다. 오히려 진보 종편이 전무하다는 게 근본적 문제다. …… 진보 종편들도 보수 종편들처럼 정책적 배려 속에서 건강하게 성장하도록 돕는 정책의 전환이 필요하다"고 주장했다.[5] 결국, '종편PP 의무송출 특혜 폐지'를 골자로 한 방송법시행령 개정안은

---

5)   관련해서 ≪한겨레≫ 김현대 사장은 2020년 5월 13일 자 ≪미디어오늘≫ 인터뷰에서 "한

2019년 12월 3일 국무회의에서 의결되었다. 이후 ≪동아일보≫는 2019년 12월 5일 자 사설 '종편 의무송출 제외하며 규제는 그대로 둔 기울어진 행정'에서 "케이블TV, 인터넷TV, 위성방송 등 유료방송 사업자가 의무적으로 편성해야 할 채널에서 종합편성채널을 제외하는 방송법시행령 개정안이 그제 국무회의에서 의결됐다. …… 방송 산업을 시장 원리에 맡기겠다는 것인데 그렇다면 종편에만 유독 까다로운 규제부터 철폐해야 앞뒤가 맞는다. 의무송출 채널에서 제외되면 민영방송인 종편을 대상으로 3년마다 재승인 심사를 하거나 엄격한 심의, 제재를 할 명분이 약해진다. 현 정부의 방송정책은 기울어진 운동장을 방치해 공정한 경쟁을 방해하고 있다"는 주장을 펴기도 했다. 일각에서는 이에 대해 ≪동아일보≫가 종편 의무송출 특혜 폐지 시 일부 종편PP의 경우 유료방송과의 프로그램 사용료 협상과정에서 TV조선·JTBC에 비해 협상력이 떨어질 수 있음을 우려한 것이라는 관점을 피력한다. 종편PP 의무송출 특혜 폐지 관련 방송법시행령 개정안은 관보 게재 후 2020년 3월 10일 자로 시행되었다. 의무송출 특혜 폐지 후 유료방송시장에서 퇴출된 종편PP는 현재까지 없는 상황이다. 오히려 경쟁력을 인정받는 종편PP의 경우, 유료방송과의 '프로그램 사용료' 협상력이 더 높아질 것으로 예상된다.

2) 종편PP 산업 현황

문재인 정부 출범 이후 종편PP사들의 성장세는 지속되었다. 2017년 8월

거레신문이 장기적으로 종합편성채널에 도전한다. 방송은 선택이 아닌 필수다. 신문과 디지털 방송의 연합 체제로 나아가야 한다. 한겨레가 생산한 보도 자산을 널리 전파할 수 있게 시사교양PP, 보도PP 또는 종합편성PP로 모든 선택지를 열어 놓고 나아가야 한다. 꼭 해야겠다는 의지가 있다"라고 말했다.

10일 열린 방통위 전체회의에서는 '2017년도 방송통신발전기금 분담금 징수 및 부과 등에 관한 고시 개정안'이 보고되었다. 보고 골자는 "종편PP 사업자에 대해 개선된 경영상황 등을 고려해 방송통신발전기금 징수율을 현행 0.5%에서 1%로 상향조정하자"는 것 등이었다. 이후 2017년 8월 18일 열린 기획재정부의 '부담금운용심의위원회'에서 '사업자 간 형평성 담보' 차원에서 '방송통신발전기금 분담금 징수율 조정안'이 의결되었고, 종편PP의 징수율이 2017년 9월부터 (0.5%에서) 1%로 상향 조정되었다.

종편PP는 문재인 정부 들어서 '신뢰도' 면에서도 괄목할 만한 평가를 받았다. ≪시사IN≫이 2017년 10월 7일 발표한 '2017년 대한민국 신뢰도 조사' 결과에 따르면, 가장 신뢰하는 방송매체로 응답자의 43.4%가 JTBC를 꼽았다. 이어 KBS 21%, MBC 7.8%, SBS·YTN 4.8% 순으로 조사되었다. '2016년 대한민국 신뢰도 조사'에서는 KBS가 29.7%로 1위, JTBC가 26.3%로 2위였다는 점을 고려하면, 대변화가 나타난 것이었다. 한국언론인협회가 2017년 11월 7일 개최한 '개국 6주년 맞는 종편채널의 공과' 세미나에서 발제자로 참석한 장경수 동아방송예술대학교 교수는 "지상파 뉴스의 공공성 훼손이 종편에게 기회를 주었다. JTBC가 종편의 설립 취지를 살리고 있다. 종편 재승인 심사 과정에서 심사기준에 미달되는 방송사는 과감히 퇴출시키는 것이 향후 종편의 위상 제고에 도움이 될 것이다"라는 주장을 폈다. 당시 재승인 논란과 관련해 일부 종편PP에서는 "편성이 시사보도에 편중되었다. 보도·교양·오락 장르 간 편성의 조화가 필요하다"는 등의 지적들이 잇따르자 예능 장르를 강화하는 추세를 보였다. 이 과정에서 지상파에서 경력을 쌓은 피디들이 종편으로 스카우트되어 이직하는 현상도 있었다. 한편, 방통위는 2020년 4월 20일 자 종편PP 재승인 과정에서 TV조선과 채널A에 대해 '조건부' 재승인 결정을 내렸다. TV조선에 대해서는 3년 '조건부 재승인' 결정을 내렸는데, 골자는 공적책임·공정성 관련 주요 조건들을 이행하지 않을 경우 재승인 처분을 취소할 수 있다는 것이었다. 또 채널A에 대해서는 '철회권 유보'를 조건으로 4년 '재승인' 결정을 내렸다. '철회권 유보'는 승인기간 만료일(4.21.) 등을 고려하여 재승인은 의결하되, 소속기자의 취재윤리 위반 문제(MBC의 윤석열 측근 검사장 관련 보도) 등과 관련해서는 의견청취 시 진술한 내용이 사실과 다르거나 향후 조사·검증 결과와 수사결과 등을 통해 공적책임·공정성에 영향을 미칠 수 있는 중대한 문제가 있었던 것으로 확인될 경우, 이번 재승인 처분을 취소할 수 있도록 한다는 내용이었다.

한편, 종편 재허가 제도와 관련해 박성중 의원은 2020년 8월 18일 방송법 개정안을 대표발의하고, "방송사업의 허가 또는 승인, 재허가 또는 재승인의 심사계획과 심사위원회가 투명하게 공개되지 않는 문제가 있다"면서, "이러한 문제로 인하여 방송사업의 허가 또는 승인을 담당하는 과학기술정보통신부와 방통통신위원회가 자의적으로 심사계획을 작성하고 그 심사계획에 따라 심사위원회를 편향적인 인사로 구성·운영함에 따라 심사의 공정성과 객관성이 훼손되고 있는 실정이라면서 방송사업의 허가 또는 승인, 재허가 또는 는 재승인에 관한 심사계획을 심사일 1개월 전까지 국회 소관 상임위원회에 보고하도록 함으로써, 방송사업 경영의 안정성을 확보하는 한편 공정한 심사를 도모하자"고 주장하기도 했다. 한편, 이언주 의원은 2019년 1월 30일 대표발의한 방송법 개정안에서 "현행법에 따라 종합편성이나 보도에 관한 전문편성을 행하는 방송채널사용사업의 승인의 유효기간은 5년이며 2년의 범위 내에서 유효기간을 단축할 수 있어 대부분 종합편성이나 보도에 관한 전문편성을 행하는 방송채널사용사업의 승인의 유효기간은 3년으로 운영하고 있어, 그 유효기간이 지나치게 짧다는 주장이 있다면서, 종합편성이나 보도에 관한 전문편성을 행하는 방송채널사용사업의 승인의 유효기간을 7년으로 하고, 그 기간이 끝나면 재승인의 경우도 같게 함으로써 그 방송채널사용사업자의 부담을 완화하자"고 제안했다.

한편, 문재인 정부에서는 MBN의 차명대출 의혹 건이 논란이 되기도 했다. 2019년 10월 31일 방통위는 "MBN이 2011년 종편PP로 최초 승인을 받을 당시 자본금을 편법으로 충당하고, 방통위에 허위 자료를 제출한 것으로 볼 수 있는 정황을 일부 확인했다"며 "검찰에 수사를 의뢰한다"고 발표했다. 이 건의 핵심 의혹은 "MBN이 2011년 종편 출범 당시 자본금 납입을 위해 은행에서 임직원 명의로 일부 금액을 차명 대출받아 회사 주식을 사게 하고, 이를 은폐하기 위해 허위 자료를 제출했다"는 것이다.[6] 이후 장대환 MBN 회장은 2019년 11월 12일 "검찰 수사 결과(MBN 경영진 기소)를 무겁게 받아들인다"고 밝힌 후 사퇴했다. 방통위는 2020년 10월 30일 열린 전체회의에서 MBN에 대해 '6개월 정지 처분'을 내렸다. 이는 국내 방송 사상 초유의 일이었다. 방통위는 전체회의 뒤 발표한 입장문에서 "MBN이 거짓이나 그 밖의 부정한 방법으로 2011년 최초승인 및 2014년, 2017년 각각의 재승인을 받은 행위에 대하여 방송법 제18조 및 동법 시행령 제17조에 따라 방송 전부에 대하여 6개월간 업무정지 처분을 하기로 결정하였다. …… 2011년 종편PP 승인 대상법인으로 선정될 당시 납입자본금(3,950억 원) 중 일부를 임직원 차명 주주를 활용하여 회사자금으로 납입하고, 2011년 최초승인 시 허위 자료를

---

6) 한편, 종편PP 출범 당시 방통위원장이었던 최시중 씨는 '종편을 일단 등장시키는 게 이명박 정부의 목표였다. 또 아기가 걸음마를 할 때까지는 보살펴 줘야 한다고 판단했다. (일단 종편이 생기면) 몇 년은 지탱할 수 있지 않겠나 생각했다. 그리고 한 5~6년 지나면 한두 곳은 사그라지지 않을까 생각했다. 그런데 언론매체라는 게 한 번 낳아 놓으면 사그라지지는 않는다. 현재 종편 상황은 당시 정부의 의도대로 잘 됐다. 종편 승인을 한 것에 후회되는 선택은 없다'는 의견을 피력했다(≪피디저널≫, 2019.10.29.).

제출하는 등 정부를 기망하고 위계 기타 사회통념상 부정이라고 인정되는 행위를 통해 종편PP로 승인을 받았다. 또한, 2014년, 2017년 각각의 재승인 시에도 허위 주주명부, 재무제표 등을 제출하고 종편PP로 재승인을 받았다. …… 이러한 위법행위가 방송법 제18조에 따른 거짓이나 그 밖의 부정한 방법으로 승인 및 재승인을 받은 것에 해당한다고 판단, MBN의 방송 전부에 대하여 6개월간의 정지 처분을 하기로 결정하였다. 다만, 업무정지로 인한 시청자와 외주제작사 등 협력업체의 피해를 최소화하기 위해 6개월간의 처분 유예기간을 부여하기로 하였다"고 밝혔다. 한편, 서울행정법원은 2021년 2월 24일 MBN이 방통위를 상대로 낸 업무정지 처분 효력 집행정지 신청을 수용한다고 밝혔다. 이에 따라 MBN이 제기한 본안 소송의 1심 판결이 나온 뒤 30일이 지날 때까지 업무정지 처분은 효력을 상실하게 되었다. 서울행정법원 재판부는 "업무정지 처분으로 신청인(MBN)에 회복하기 어려운 손해가 발생할 우려가 있고, 그 손해를 예방하기 위해 긴급한 필요가 있다고 인정된다"고 결정 이유를 설명했다.

한편, JTBC에도 변화가 있었다. 손석희 JTBC 사장이 2020년 1월, 6년여 동안의 〈뉴스룸〉 앵커 직에서 물러난 것이다. JTBC의 상징적 인물이었던 손 사장은 2014년 세월호 보도와 2016년 최순실 사태 보도 등을 통해 JTBC의 위상을 굳건히 한 인물이었다. 하지만 손석희 사장 중심의 JTBC 〈뉴스룸〉은 2019년 조국 전 법무부 장관 이슈가 불거졌을 당시 조 전 장관 지지자들로부터 '편파방송'이라는 원성을 샀고, 시청률이 일정 부분 하락세를 보이기도 했다. 손석희 JTBC 사장은 6년여 동안의 〈뉴스룸〉 메인앵커 직을 떠나면서, "자신은 레거시 미디어의 유산일 수 있다면서 카메라 앞에서 이제 물러날 때가 되었다"는 말을 남겼다. 하차 직후 손석희 사장은 "조국 정국에서 인본주의와 민주주의 등 저널리즘의 기본 목적에서 벗어나지 않으려 했는데 평가는 엇갈리게 마련이다"라고 자신의 심경을 피력했다(연합뉴스, 2020.1.11.). 손석희 사장은 MBC가 최승호 신임 사장을 선출한 2017년 12월 7일, 직원들에게 보낸 사내 이메일에서 "원하든 원하지 않든 앞으로의 2년 내지 3년은 회사 안팎에서 많은 변화의 요구들이 있을 것이고, 각자의 방향을 정하면서 동시에 경쟁력을 갖추는 것은 개인과 조직 모두에게 매우 중요한 문제가 될 것이다"라고 말했다. 결국 손석희 사장의 예측은 정확했다. 조국 사태 국면에서 최소한 지표상으로는 JTBC가 '실패'를 경험한 것이다. 2019년 10월 27~30일 실시한 ≪미디어오늘≫·리서치뷰 공동 여론조사 결과, 조국 사태를 가장 공정하게 보도했다는 방송사는 MBC 19%, TV조선 17%, JTBC 14% 순이었다. 방송사 메인뉴스 시청자 수 분석결과에서도 MBC와 TV조선은 눈에 띄게 상승한 반면, JTBC는 KBS와 함께 하락세를 보였다. 이는 시청자들의 분화를 의미하는 것으로, 조국 사태를 거치면서 일부는 TV조선·채널A로, 일부는 MBC·tbs교통방송으로, 그리고 일부는 TV를 떠났다는 해석을 가능하게 한다(≪미디어오늘≫, 2019.11.16.). 한편, 언론학회가 2021년 9월 29일 주최한 'JTBC 10년의 성과' 세미나에서 이규연 JTBC 대표이사는 "JTBC의 보도가 종편 같지 않은 종편이라는 데 동의한다. JTBC는 보도국 규모에 비해서 좋은 언론상을 많이 받았다. 하지만 조국 사태를 거치면서 메인뉴스 시청률이 하락했다. 이는 불신·분노 조장과 정파성 요소에 의존하는 미디어가 많아졌기 때문이라고 본다. 젊은 세대·전문직·고연봉 시청자 층의 TV이탈 현상이 심화되고 있다. 향후 JTBC만의 차별성을 유지하면서 의제 설정 기능을 더욱 강화해나가겠다. 진보·보수 정권 상관없이 권력의 감시자로서 강한 야성을 보여나가겠다"고 말했다. 이날 김위근 퍼블리시 연구책임자는 「종합편성채널 도입 이후 한국 저널리즘의 변화: JTBC를 중심으로」 발제에서 "종편 개국 10년인 현재 시점에서 그동안 JTBC 저널리즘 및 뉴스에 대한 평가는 다른 종편과 사뭇 다르다. 평가와 관련된 다양한 시각이 있을 수 있지만, JTBC 저널리즘 및 뉴스가 다른 종편뿐만 아니라 우리나라 방송 전반에 적지 않은 영향을 미쳤다는 것에 대체로 동의하고 있다. JTBC 저널리즘 및 뉴스를 설명하는 주요 핵심어는 '혁신성'과 '민주성'으로 정리할 수 있다. JTBC는 상대적으로 젊은층, 고학력층, 진보층 시민이 가장 영향력 있는 언론사·매체사로 선택한 경향이 있다. 내부 구성원 대상 설문조사 결과, 미래 JTBC뉴스 경쟁력 담보 요소는 '시민이 필요로 하는 뉴스 생산', '최신 테크놀로지를 활용한 뉴스콘텐츠 생산·유통·소비', '저널리스트의 전문성 확보: 압도하는 지식' 등으로 나타났다"고 주장했다.

문재인 정부 들어서 종편PP의 위상은 날로 강화되는 양상이다. 방통위가 2020년 9월 9일 발표한 '2019년도 통합시청점유율(현 시청점유율 조사 결과와 스마트폰·PC·VOD 등 N스크린 시청기록을 합산한 것) 시범 산정'[7] 결과를 보면, "한국방송공사 22.488%, ㈜문화방송 11.733%, ㈜에스비에스 8.666%, ㈜조선방송 9.636%, 제이티비씨㈜ 9.164%, ㈜채널에이 6.142%, ㈜매일방송 5.070%, ㈜와이티엔 2.480%, ㈜연합뉴스티브이 2.270%, ㈜씨제이이앤엠 14.570%" 등으로 조사되었다.

통계상으로, TV조선(9.636)과 JTBC(9.164)는 SBS(8.666)를 추월했고, MBC(11.733)를 바짝 뒤쫓는 모양새로 나타났다. 또한, TV조선의 〈미스·미스터 트롯〉 프로그램의 경우, 2020년에 시청률이 40%에 근접하는 경쟁력을 보이기도 했다. 한편, 종편PP사들은 2022년 1월 11일 국회 본회의에서 공직선거

---

7)   산정 기본원칙은 시청유형에 따른 가중치를 부여하지 않고, N스크린 시청기록은 본방송 다음날부터 1주일간의 시청기록으로 한정하되, 해당 프로그램이 최초로 편성·방송된 채널에 귀속하는 것 등이다.

표 1_ 2019년도 통합시청점유율 시범 산정 결과

(단위 : %)

구분	방송사업자	본인	특수 관계자	지분 소유	구독률 환산	통합 시청점유율	현행 시청점유율
지상파	한국방송공사	19.161	3.326	0.001	-	22.488	24.966
	㈜문화방송	3.752	7.981	0.000	-	11.733	10.982
	㈜에스비에스	5.150	3.516	-	-	8.666	8.026
	한국교육방송공사	1.832	0.063	-	-	1.895	2.027
종편PP	㈜조선방송	3.769	-	-	5.867	9.636	9.683
	제이티비씨㈜	4.631	1.316	-	3.217	9.164	8.478
	㈜채널에이	2.788	-	-	3.354	6.142	6.058
	㈜매일방송	3.711	0.042	0.000	1.317	5.070	5.185
보도PP	㈜와이티엔	2.454	-	-	0.026	2.480	2.530
	㈜연합뉴스티브이	2.270	-	-	-	2.270	2.407
전문PP	㈜씨제이이앤엠	13.519	-	1.048	0.003	14.570	12.590

법 개정안이 처리됨으로써 현행법상 금지되고 있는 선거 후보자 방송연설 등을 중계방송할 수 있게 되었다.

'채널 선택권 확대' 차원에서 JTBC, TV조선 등 종편PP사들의 출현은 긍정적 요인으로 볼 수 있다. 반면, 국내의 과포화된 방송시장 상황을 고려할 때는 종편PP 4사를 동시 허가한 것은 정책적으로 과했다는 지적도 있다. 출범 초기 '애국가 시청률'이라는 비판을 받기도 했지만, 종편PP는 이제 국내 미디어산업 질서에서 '공고한 위상'을 확보해가고 있다. 종편PP는 미래 발전 담보 차원에서 출범 당시 자신들이 사업 명분으로 제시했던 콘텐츠의 '다양성' 확보에 향후 더 많은 노력을 기울이고, '편향성' 논란, 시청자 층의 고령화, 방송광고 시장의 위축 등에 효과적으로 대응해나가는 것이 중요한 과제로 보인다.

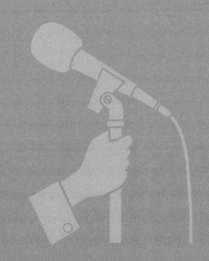

제6장

케이블TV와 위성TV 정책

1. 이명박·박근혜 정부

김영삼 정부의 임기 중반부인 1995년 3월 상용서비스를 시작, 본격적인 뉴미디어 시대를 개막한 케이블TV는 지상파방송 난시청 지역에서 지상파방송을 케이블로 보내주는 유선방송사업자로 출발했다. 사업 개시 초기 가입자 확보에 어려움을 겪기도 했으나 점차 안정적인 성장 기반을 구축해나갔다. 이 과정에서 2000년에는 중계유선방송과의 통합을 이뤄냈다. 2005년부터는 디지털 케이블TV 서비스를 시작해 HD 고화질 방송, VOD, 데이터방송 등의 서비스를 개시했다. 케이블TV는 2003년 1,000만 가구의 가입자를 확보했지만, 현재는 약 1,300여만 가구의 가입자 규모에 머물고 있다. IPTV 출범과 OTT 선전 등으로 가입자 수 정체·감소가 나타나고 있기 때문이다. 케이블TV는 IPTV 서비스 출범 이후 인터넷망을 활용한 서비스를 강화했지만, 가입자 규모 면에서 시간이 갈수록 IPTV에 밀리는 형국이다(탁재택, 2017).

1) 지상파 재송신 정책

이명박·박근혜 정부의 케이블TV 정책에서 최대 이슈는 지상파방송 재송신 문제였다. 재송신 논의는 '보편적 접근권', '매체 간 공정경쟁', '콘텐츠저작권 보호', '사업자 간 자율계약', '방통위의 (직권)중재' 등 다양한 관점에서 진행되었다. 재송신 논쟁에서 지상파방송의 기본 입장은 지상파방송 콘텐츠 이용에 대한 케이블방송업계의 대가 지급이 우선이며, 의무 재전송 채널 확대에 반대한다는 것이었다. 이에 반해 케이블방송업계의 입장은 케이블방송이 지상파방송 난시청 해소와 지상파방송의 광고효과 제고에 기여한 점 등을 인정받아야 한다는 것이었다. 지상파방송 3사(KBS·MBC·SBS)와 케이블방송사 간 분쟁은 2011년 '재송신 중단' 사태를 촉발했다. 2011년 11월 28일 오후 2시, 전국적으로 지상파 HD방송(KBS2·MBC·SBS)[1]의 재송신이 중단된 것이다. 케이블방송 측은 지상파 HD 신호인 8VSB를 차단하는 대신 아날로그와 SD 신호를 송출했으므로 지상파방송의 시청 자체는 가능하다는 입장을 보였다. 당시 방통위는 지상파 HD방송 재송신 중단으로 아날로그 케이블방송 가입자(1,100만) 중 디지털TV를 통해 지상파 HD방송을 시청하는 약 500만 가입자와 HD케이블방송 가입자 약 270만 등 총 770만 가입자가 화질 저하에 따른 불편을 겪은 것으로 추정했다. 재송신 중단 사태는 지상파방송사와 케이블방송사 간의 해묵은 갈등이 법적 소송이 이어지면서 결국 폭발한 것이었다. 이후 케이블방송 측은 지상파방송사들과의 협상 재개 입장을 밝히면서 2011년 12월 5일 오후 6시부터 '대승적 차원'을 명분으로 8일 만에 지상파방송 HD 신호 송출을 재개했다. 이후 2012년 2월 17일 CJ헬로비전을 필두로, 2013년 4월 9일 티브로드·현대HCN을 마지막으로 지상파방송과의 재송신 협상이 모두 타결되었다. 이로써 당시 5대 MSO와 지상파방송 간 재송신 협상은 2013년 상반기에 종료되었다. 지상파방송사와 케이블방송사

---

1)   KBS1과 EBS는 방송법상 의무 재전송 채널이다.

간 재송신 갈등은 이명박 정부에 이어 박근혜 정부에서도 계속되었다. 박근혜 정부에서는 재송신 가이드라인이 나오긴 했으나, 정책의 실효성 부족으로 양자 간 갈등과 협상은 반복되었다. 한편, 박근혜 정부에서는 재송신 갈등으로 서비스 중단 사태가 발생할 경우 방통위가 사업자들에게 방송유지·재개명령권을 행사할 수 있도록 방송법 개정이 이뤄졌다. 방통위는 2014년 11월 18일 전체회의를 열어 방송분쟁해결 제도 마련을 목적으로 '방송법 개정안'을 의결했다. 개정안의 골자는 방송유지·재개명령권, 직권조정제도, 재정제도 등을 도입한다는 것이었다. '방송유지·재개명령권'은 방송사업자 간 분쟁으로 인해 방송중단 등 시청권 침해가 예상되는 경우 방통위가 30일 내의 기간을 정해 방송 프로그램 공급·송출의 유지·재개를 명할 수 있는 제도를 의미한다. '직권조정제도'는 (재송신료 등) 방송사업자 간 분쟁으로 인해 방송중단 등의 사태가 발생할 경우, 당사자의 신청이 없더라도 방송분쟁조정위원회에서 직권으로 조정절차를 개시할 수 있는 제도를 뜻한다. '재정제도'는 방통위가 (언론의 자유를 고려) 올림픽·월드컵 등 국민적 관심사에 한해 조사, 심문 등 준사법적 절차를 거쳐 해결 방안을 제시함으로써 (소송을 대신해) 분쟁을 마무리할 수 있는 제도다. 2015년 4월 21일 국무회의는 방송유지·재개명령권, 직권조정제도, 재정제도 등을 골자로 한 '방송법 개정안'을 의결하고, 4월 29일 입법 발의했다. 이 같은 정책방향에 대해 방송학회가 2015년 7월 23일 주최한 세미나에서 홍원식 동덕여자대학교 교수는 "최근 국내 방송정책의 모습을 보면, 필요 이상의 유료 매체 도입을 위해 시장에 대한 인위적 개입과 불균형적인 시장 획정이 이뤄지고 있다. 시장의 역동성이 저하되면, 이를 다시 새로운 시장 개입의 장치를 통해서 해결하려는 모습을 보이고 있다. 경쟁과 선택에 기반한 시장의 역동성을 제고하려는 노력보다는 인위적인 시장 개입을 통해서 이용자들의 선택을 오히려 제한하는 양상으로 나타나고 있다. 결과적으로, 시청자들이 선택할 수 있는 양질의 콘텐츠는 여전히 제한되거나 오히려 줄어드는 모습이다. 유통업자들의 수익성은 상대적으로 보장받고 있는 가운데 이용자들의 선택은 비탄력적인 모습을 보이고 있다. 이는 방송 이념과 정책을 흔들고 있는 모습이다. 지상파 재전송 문제도 동일한 구조다. 유료방송의 저가구조 속에서 콘텐츠 제공 사업자의 희생을 강제하는 규제기관의 시장 개입은 시청자의 권익보호라는 정책 목표와는 거리가 있어 보인다. 양질의 콘텐츠 제작을 위해 힘써야 할 콘텐츠 제작자들의 수익이 제한되는 것은 결국 시청자들의 콘텐츠 선택권을 제한하는 것이라고 볼 수 있다. 시장에 대한 올바른 규제는 직접적 개입보다는 시장 내 사업자들의 거래가 공정하게 이뤄질 수 있도록 하는 시장 감시와 감독이라고 하겠다. 미국의 FCC의 경우, 시장에 대한 개입을 최소화하면서도 적절한 시장획정과 일반적인 시장경쟁 원칙에 기반한 공정거래 개념으로 접근하고 있다"고 주장했다(홍원식, 2015). 한편, 언론학회가 2015년 9월 4일 '방송 생태계 선순환을 위한 콘텐츠-플랫폼의 합리적 거래 방안'을 주제로 주최한 토론회에서 주정민 전남대학교 교수는 "유럽은 재송신 문제를 공적 서비스 차원에서 보는 반면, 미국은 사업자 간의 문제로 본다. 한국은 사업자 간의 문제로 방치하고 있는 것 같다. 블랙아웃은 막아야 한다. 재송신 문제는 시청자 복지와 콘텐츠산업 경쟁력 제고 차원에서 풀어야 한다. 정책 결정자가 시장에 개입해야 해결이 가능한 상황이다. 자꾸 법원으로 가지고 가는데, 그럼 규제기구는 왜 존재하는가"라고 주장했다. 또 이날 홍대식 서강대학교 교수도 "정책은 법의 판단을 넘어서는 문제다. 철학과 상황인식, 결단의 문제이기 때문이다"라고 주장했다. 한편, 방송협회는 국회 처리를 앞두고 있는 '방송법 개정안'에 대해 2015년 11월 16일 '반대' 성명을 발표했다. 성명서에서 협회는 "'방송법 개정안'은 방송사업자 간 분쟁을 효율적으로 해결해 안정적인 시청권을 보장하겠다는 점에서는 일리가 있으나 방통위가 자의적인 해석이나 판단에 따라 재송신 문제에 개입하겠다는 것이다. 이 법안이 통과되면 방통위가 방송사의 저작권 협상과 소송을 모두 담당하는 법원이자 협의체 기능을 가져가게 된다. 모든 콘텐츠 거래가 정부 규제에 의해 결정된다면 한국 콘텐츠의 경쟁력은 글로벌 시장에서 뒤처지고 콘텐츠의 질 또한 떨어질 것이다"라고 주장했다. 반면, 케이블협회는 다음 날인 11월 17일 발표한 성명서에서 "지상파와 케이블업계 간 (재송신) 협상이 원활하지 않을 경우 시청권 보호를 위해 정부가 개입해야 한다는 필요성에 대해 공감한다. 그러나 재송신을 둘러싼 근원적, 실질적 갈등을 방치한 채 분쟁 발생 시 조정하는 역할에 머물러서는 안 된다. 근본적 문제해결을 위해서는, 첫째, 재송신 대가 산정 방안(기준) 마련을 위해 상설협의체 운영 및 제도화가 필요하다. 둘째, 직권으로 방송이 재개되는 경우, 재송신료 지급을 면제해야 한다. 셋째, 재송신료 협상에 VOD 등 부가서비스까지 영향을 미쳐서는 안 된다. 마지막으로 보편적 시청이 필요한 채널에 대한 의무재송신을 확대해야 한다"고 주장했다. 이러한 상황에서 정부가 제출한 재송신 분쟁 관련 '방송법 개정안'이 2015년 11월 18일 국회 미방위 법안소위에서 통과되었다. 하지만 통과된 개정안에는 당초 개정안 내용에 들어 있던 '직권조정 및 재정제도'는 삭제되고 '방송유지·재개명령권'만 포함되었다. 이 개정안은 11월 30일 국회 본회의를 통과했다. 개정안 최종 내용은 "국민관심행사에 관한 실시간 방송프로그램 또는 일부 지상파방송 채널의 공급 또는 송출이 중단되거나 중단될 것으로 사업자 또는 시청자에게 통보된 경우, 방통위가 방송사업자 등에게 30일 이내의 범위에서 방송프로그램(채널)의 공급 또는 송출을 유지 또는 재개할 것을 명령할 수 있으며 한 차례에 한하여 연장이 가능하다"는 것이었다. 이후 2016년 6월 14일 열린 국무회의에서는 '방송법시행령 개정안'

이 의결되었다. 골자는 방송유지·재개명령에 대한 세부 기준으로 "방송법에 방송유지·재개명령권을 도입함에 따라 동 명령 불이행 시 방통위는 방송사업자와 IPTV사업자 등에게 업무정지 3개월 또는 허가유효기간 단축 3개월, 업무정지 처분에 갈음한 과징금 5천만 원 등 부과 처분"이 가능하다는 것 등이었다. 한편, 방통위와 미래부는 2016년 10월 20일 '지상파방송 재송신 협상 가이드라인'을 발표했다. 가이드라인에는 대가 산출 근거 자료로 광고수익, 가시청범위, 시청률 및 시청점유율, 투자보수율, 방송제작비, 영업비용, 유료방송사업자의 수신료, 전송설비 등 송출비용, 홈쇼핑 채널의 송출수수료 등이 적시되었고, 사업자가 재송신료 요구의 적정성 여부에 대한 판단을 요청하면 이를 자문할 전문가협의체를 구성할 수 있도록 했다. 또 사업자 간 협상 시, 3회 이상 협상을 요청했는데도 거부하는 경우, 협상대표자를 지명하지 않는 경우, 합리적인 사유 없이 협상을 지연시키는 경우, 단일안만 강요하는 경우 등을 금지행위로 규정했다. 가이드라인 위반 시에는 「방송법」과 「인터넷멀티미디어방송사업법」을 적용해 시정명령을 내리고, 이를 이행하지 않으면 과징금을 부과하기로 했다. 하지만 갈등의 핵심인 재송신료 산정 공식 등은 포함되지 않았다. 법적 효력이 크지 않은 '법령해석 지침' 수준이었다는 의미다. 지난 2007년부터 본격화된 지상파방송사와 케이블사업자 간 재송신 대가 산정 관련 분쟁은 이명박 정부를 거쳐 박근혜 정부에서도 결국 구체적인 해결책을 찾지 못했다.

2) 홈쇼핑채널 정책

다음은 홈쇼핑채널 정책을 살펴보자. 이명박 정부는 여섯 번째 홈쇼핑채널의 사업을 허가했다. 기존 TV홈쇼핑채널사업자들의 '시장 과열' 등에 대한 우려에도 불구하고 방통위는 2011년 6월 22일 전체회의에서 중소기업 전용 홈쇼핑방송채널(전체 방송 내용의 80%를 중소기업 제품으로 편성) 사용 사업을 최종 승인했다. 중소기업 전용 TV홈쇼핑 '홈&쇼핑'은 2012년 1월 7일 개국했다. 이로써 TV홈쇼핑채널은 GS홈쇼핑, CJ오쇼핑, 현대홈쇼핑, 우리홈쇼핑, 농수산홈쇼핑을 포함해 모두 6개가 되었다. 한편, 박근혜 정부에서는 기술혁신 신제품의 판로를 지원한다는 취지에서 제7의 TV홈쇼핑채널이 설립되었다. 당시 중소기업계 일각에서는 중소기업 제품의 판로 지원 차원에서 설립된 '홈&쇼핑'이 충분히 제 역할을 다하지 못하고 있다는 의견을 제기하는 상황이었다. 미래부는 2015년 1월 21일 공영TV홈쇼핑 방송채널 사용 사업 승인 대상 법인으로 '㈜공영홈쇼핑' 컨소시엄을 선정, 발표했다. '시장 과포화'라는 사회적 비판 속에 제7홈쇼핑PP가 선정되었고, 미래부는 2015년 4월 15일 '㈜공영홈쇼핑'에 승인장을 교부했고, '㈜공영홈쇼핑'은 2015년 7월 14일 농수축산물과 중소기업 제품을 전문적으로 판매하는 홈쇼핑채널로 개국했다.

3) 신기술서비스 정책

박근혜 정부에서는 케이블TV의 신기술을 활용한 서비스에 대한 정부 차원의 지원도 있었다. 대표적인 것이 8VSB 허용 정책이다. 8VSB(8-level vestigial side band)는 디지털 지상파방송에 이용되는 전송 방식으로, 기존 아날로그 케이블 상품 가입자가 8VSB로 변경 시 별도 셋톱박스 없이 고화질의 디지털방송 시청이 가능한 방식이다. 당시 미래부는 2014년 3월 11일 아날로그 케이블 가입자들의 디지털방송복지 제고 차원에 케이블에 대해 8VSB 변조방식 도입을 허용했다. 이에 대해 지상파와 타 유료방송사업자들은 "케이블에 단방향 실시간방송만 가능한 8VSB 전송 방식을 허용하는 것은 정부가 견지해온 양방향 디지털 전환 정책에 역행하는 기조이고 케이블SO와 종편 사업자 등에 대한 과도한 특혜다"라며 반발하기도 했다.

한편, 2015년 11월 30일에는 '방송법 개정안'이 국회 본회의에서 의결·처리되었다. '방송법 개정안'의 골자는 "방송사업자 등이 (지상파방송사업·종합유선방송사업 및 위성방송사업 상호 간 또는 이들 방송사업과 인터넷 멀티미디어 방송 제공사업 간의 전송 방식을 혼합 사용하는) 기술결합서비스를 제공할 경우에는 미래부장관 또는 방통위의 승인을 받도록 하고 심사기준 및 절차 등은 대통령령으로 정하도록 한다"는 것이다. 이후 미래부는 2016년 12월 26일 케이블TV의 CCS(Cable Convergence Solution) 서비스를 승인했다. CCS는 기존 케이블TV의 방송신호를 케이블방식(RF)으로 송신하는 대신, IPTV처럼 자사의 인터넷망을 통해 인터넷프로토콜(IP) 전송 방식으로 송신하는 새로운 융합형 전송 방식으로, 케이블TV와 IPTV의 전송 방식을 결합한 '케이블 융합 솔루션'이다. CCS는 2016년 10월 승인된 KT스카이라이프의 '접시 없는 위성방송'(위성 + IPTV) 서비스에 이어 두 번째로 승인된 기술결합서비스이자, 케이블TV가 IPTV 전송 방식을 접목하는 첫 번째 사례이고, 케이블업계가 준비해온 'All-IP 전환사업'의 일환이다. 한편, 모바일 서비스 부재로 결합할인 경쟁에서 어려움을 겪어왔다고 주장해온 케이블업계는 2017년 2월 28일 이동통신사 SKT와의 결합상품도 출시했다. 케이블TV협회 소속 5개 SO(CJ헬로비전, 티브로드, 딜라이브, 현대HCN, JCN울산중앙방송)는 SKT와의 제휴를 통해 케이블 초고속인터넷과 SK텔레콤 모바일이 결합한 동등결합 상품 '온가족케이블플랜'을 출시했다(탁재택, 2017).

4) 위성TV 정책

다음으로 이명박·박근혜 정부의 위성TV 정책을 살펴보자. 김대중 정부 시절인 2002년 출범한 위성방송은 이명박 정부 5년 동안 꾸준한 성장세를 보였다. 2009년에는 IPTV와의 연계 서비스인 '올레TV스카이라이프(OTS)' 서비스를, 2012년에는 위성방송을 제공할 때 수신 접시안테나를 거치지 않고 위성신호를 IP 신호로 변환하여 인터넷망을 통해 전달하는 방식의 DCS 서비스를 개시하기도 했다. OTS 서비스는 IPTV 연계형 하이브리드 서비스로서, HD 위성방송, IPTV VOD, 집전화, 초고속인터넷 서비스 등을 연계해 제공하는 서비스다. 이러한 서비스 방식과 관련해서 케이블TV업계는 '결합 서비스 방식의 법적 근거 부재' 등을 문제 삼아 KT와 공방을 벌이기도 했다. 케이블방송협회는 2011년 5월 25일 방통위에 OTS 판매 중지를 공식 요청하는 신고서를 제출했다. 협회는 신고서에서 KT가 적합성 인증을 받지 않은 셋톱박스 설치('전파법' 위반), 사업권 없이 위성방송사업 영위('방송법' 위반), 특수 관계자 지위를 이용한 담합('공정거래법' 위반) 등을 저질렀다고 주장하고, KT의 OTS 판매 행위를 중단해달라고 했다. 더 나아가 케이블방송협회는 2011년 6월 13일 OTS를 형사 고발했다. 케이블협회는 '방송법' 위반(무허가 위성방송사업 영위)과 '전파법' 위반(불법 셋톱박스 유포) 등의 혐의를 주장했다. 무허가 위성방송사업은 "방송사업자가 아닌 KT가 위성방송 운영에 참여하는 것은 방송법상 역무 위반에 해당한다"라는 주장이었고, 불법 셋톱박스 유포는 "OTS 셋톱박스를 설치하는 과정에 필요한 기기 적합 인증을 받지 않아 전파법 위반"이라는 관점이었다. 하지만 검찰은 이에 대해 2011년 12월 1일 불기소 처분을 내렸다. KT가 방송설비를 설치·유지·보수하거나 위성방송사업자의 위탁을 받아 가입자와의 계약업무를 대행하는 것만으로는 '방송법'

위반으로 볼 수 없고, 방통위로부터 OTS 셋톱박스 형식승인을 받아야 함에도 고의로 받지 않아 '전파법'을 위반했다는 주장에 대해서는 KT가 자체적으로 성능 평가를 했다는 점 등을 고려해 불기소 결정했다. 한편, DCS 서비스 방식과 관련해 케이블방송협회는 2012년 8월 13일 '불법 위성방송 서비스'라는 입장을 표명했고, 방통위는 2012년 8월 29일 DCS 서비스에 '위법' 판단을 내렸다. 방통위는 KT스카이라이프의 DCS 서비스에 대해 방송 관련 법령에 적합하지 않다고 판단하고, 신규 가입자의 모집을 중단하라는 시정 권고 결정을 내렸다. 기존 가입자의 경우 가급적 이른 시일 내에 해지할 수 있도록 촉구한다는 방침을 정하기도 했다. 방통위는 DCS 서비스가 위성방송과 IPTV 서비스 방식을 조합한 것으로, '방송법'·'전파법'상 사업 허가 범위 등을 벗어난 방송이라고 판단한 것이다. 방통위는 2012년 9월 13일 전체회의에서, KT가 방통위 권고를 받아들여 DCS 서비스에 대해 신규 가입자 모집을 중지하겠다는 입장을 밝힘에 따라, KT에 대한 청문 및 행정처분을 하지 않기로 결정했다. 한편 방통위가 운영한 방송제도연구반은 2013년 1월 18일 DCS 등 방송사업 간 기술결합서비스의 조속한 허용을 방통위 전체회의에 건의키로 입장을 정리했다. 연구반의 최종입장은 "국민편익 위주로 기술결합서비스를 조속히 도입한다. DCS뿐만 아니라 위성방송과 케이블TV, 케이블TV와 IPTV의 기술결합 등 모든 방송사업 간 기술결합서비스를 허용하도록 관련 제도 개선을 추진한다. 제도 개선 방식은 '방송법'에 DCS 등을 허용하는 특례규정을 두어 방통위의 승인을 받도록 한다. 기존 DCS 가입자에 대해서는 정책 방향의 큰 틀 속에서 이용자 의사에 반하는 해지를 강제하지 않기로 한다. DCS 허용과 관련하여 제기된 특수관계자의 시장점유율 규제, 망 개방 등 공정경쟁 환경 조성 문제는 DCS 등의 허용 입법 추진과 별개로 별도의 논의기구에서 후속 과제로 연구하는 것이 바람직하다"라는 것 등이었다. 방송제도연구반에서 검토한 '기술결합서비스' 도입과 관련한 정책 방향은 이명박 정부 임기 종료 직전인 2013년 2월 1일 방통위 전체회의에 보고되었다.

한편 위성방송 '스카이라이프'는 KT의 자회사로 편입된 후, 2011년 3월 30일 열린 2011년도 정기 주총에서 상호를 '한국디지털위성방송 주식회사'에서 '주식회사 KT스카이라이프'로 변경했다. '주식회사 KT스카이라이프'는 2011년 6월 3일 유가증권 시장에 상장되기도 했다.

박근혜 정부의 위성TV 정책은 법제 정비 관련 이슈로 압축된다. 먼저 OTS에 대한 법적 논란이 박근혜 정부에서 사실상 마무리되었다. 케이블업계가 '방송법'·'전파법' 위반으로 고발한 건에 대해 검찰이 2011년 12월 1일 불기소 처분을 내린 데 이어, 공정위도 케이블협회가 'OTS가 공정거래법 위반이다'라고 신고한 건에 대해 박근혜 정부 초기인 2013년 7월 9일 '무혐의' 결정을 내렸기 때문이다. 결합방송서비스인 DCS(Dish Convergence Solution) 정책과 관련해서는 2013년 6월 25일 열린 국무회의에 국무총리 국무조정실의 DCS 관련 정책이 보고되었다. 보고 기조는 "결합방송서비스 전반의 규제를 완화해나가겠다"는 것이었다. 이러한 정부 차원의 움직임 속에 홍문종 의원은 2013년 8월 6일 '기술결합서비스의 근거 및 승인절차 마련'을 골자로 한 '방송법 개정안'을 대표발의했다. 2015년 11월 30일 홍 의원의 '방송법 개정안'이 국회본회의에서 의결처리되어, DCS가 "지상파방송사업·종합유선방송사업 및 위성방송사업 상호간 또는 이들 방송사업과 인터넷 멀티미디어 방송 제공사업 간의 전송 방식을 혼합사용하여 제공하는 서비스를 기술결합서비스"로 정의되고, "방송사업자 등이 기술결합서비스를 제공할 경우에는 미래부장관 또는 방통위의 승인을 받는다"는 제도적 절차가 마련되었다. KT스카이라이프는 2016년 9월 5일 미래부에 DCS 허가신청서를 제출했다. 전국적으로 DCS 상품을 출시하겠다는 것이었다. 이에 대해 미래부는 2016년 10월 10일 위성방송과 IPTV 전송 방식을 결합한 'DCS 서비스'를 공식 승인했다.[2] 한편, DCS 서비스 재개 이후 가입자 규모는 2012년 초기 도입 당시에 비해 더디게 증가했다. 이와 관련해 일각에서는 가입자 증가율이 더딘 이유로 DCS 서비스 재개까지 3~4년여 시간 소요 등 '늦장' 정책으로 인한 가입자 확보 과정의 '실기' 등을 지적하기도 했다. 3~4년 기간 동안 소비자들이 인터넷, 모바일 등에 기초한 '결합상품'으로 다수 이동했다는 것이다.

한편, 2015년 11월 30일 국회에서 통과된 '방송통신발전기본법 개정안'의 골자는 "지상파방송사업자 및 종합편성 또는 보도전문 방송채널사용사업자(PP)로만 되어 있는 기존 재난방송 의무사업자 범주에 종합유선방송사업자(SO)와 위성방송사업자 등을 새로 추가한다"는 것 등이었다(탁재택, 2017).

2. 문재인 정부

1) 케이블TV 경영상황

2013년을 전후로 매출 하락세를 보이기 시작한 케이블TV는 2017년에는 가입자 규모 면에서 IPTV에 역전을 당하는 상황에 이른다. 이후 케이블업계는 활로 모색을 위해 다각도의 노력을 기울인다. 2019년 9월 26일 열린 '2019 케이블TV 특별 세미나'에서 김성진 케이블TV협회장은 "현재 진행되

---

[2]   기술결합서비스 승인제는 2021년 12월 9일 국회 본회의에서 방송법 개정안이 처리됨으로써 '신고제'로 완화되었다.

고 있는 국내 미디어시장의 변화 속 케이블이 지향해나가야 할 핵심 가치가 지역성이다"라고 말했다. 그는 "케이블의 정체성인 지역성은 어떤 변화가 오더라도 버릴 수 없는 가치다. 공적책무를 온전히 수행하고 있는 케이블TV에 대한 지역콘텐츠 제작지원 확대 등 규제·제도 개선이 시급하다"고 주장했다.

케이블업계는 경영상의 어려움으로 지상파의 재송신료 인상 요구, 종편 및 일부 PP의 프로그램 사용료 인상 요구, TV홈쇼핑의 송출 수수료 감액 등을 지적하는 상황이다. 이 가운데 특히 지상파의 재송신료 인상 요구와 관련해 케이블업계는 "지상파가 시청률 등 각종 지표에서 하락세를 보이고 있지만, 여전히 재송신료 인상을 요구하고 있다"는 입장이다. 케이블업계는 "콘텐츠 대가 산정위원회 구성, 수신료 매출액과 연동한 콘텐츠 사용료 정률제 도입, 플랫폼 사업자와 콘텐츠 사업자 간 공정거래 규제방안 마련 등 제도 개선이 필요하다"고 주장한다. 또 "기준 없는 콘텐츠 사용료 인상은 수지 악화에 시달리는 케이블TV 사업자들의 붕괴를 불러오게 될 것"이라고 말한다. 이와 함께, "케이블방송에서의 논평·해설 금지 규제를 풀어달라"는 입장을 견지 중이다. 현재, 국회에서는 케이블업계의 입장을 배려하는 입법정책 동향이 일고 있다. 지역의 중소 케이블에 대한 지원책 마련 필요성과 관련해 이용빈 의원은 2021년 5월 14일 방송법 개정안을 대표발의했다. 이 의원은 개정안에서 "현행법은 종합유선방송사업자의 허가 시 방송의 공적 책임, 지역성 실현 등의 의무를 부과하고 있다. 이러한 의무를 이행하기 위하여 종합유선방송사업자는 그동안 다채널방송 및 정보화 사회 구현, 지역민주주의의 신장 및 지방분권화의 확대를 위하여 노력해왔다. 그런데 미디어 산업환경의 급격한 변화로 인하여 후발 방송사업자인 IPTV사업자 등과의 가입자 선점 및 방송서비스 경쟁 등이 격화되면서 급격히 취약한 시장 경쟁구도에 직면하게 되었다. 이에 정부가 시청자의 권익보호와 공정한 경쟁을 위하여 중소 SO에 대하여 필요한 지원을 하도록 함으로써, 급격한 미디어 산업환경의 변화에 따른 중소방송사업자의 피해를 최소화하는 한편, 유료방송시장에서 상생을 도모해야 한다"라고 주장했다. 이용빈 의원의 법안은 2021년 12월 2일 국회 본회의에서 의결·처리되었다.

2) 지상파 재송신 정책

한편, 케이블업계의 대표적인 현안인 '지상파 재송신' 이슈와 관련해 문재인 정부 출범 이후 방통위는 '직권조정'과 같은 개입 장치를 법제화하려는 의지를 나타냈다. 방통위의 2018년 11월 14일 자 사업자 간 분쟁조정 관련 방송법 개정 방향은, 지상파 프로그램의 블랙아웃을 방지하는 차원에서 '직권조정'과 같은 최소한의 개입 장치가 필요하다는 판단하에, "(제91조의7에 따른) 방송의 유지·재개 명령이 내려진 방송분쟁에 대해서는 당사자의 신청이 없는 경우에도 방송분쟁조정위원회가 직권으로 조정절차를 개시할 수 있다"는 내용을 포함했다. 방통위는 당사자 신청 시에만 조정절차가 가능한 제도만으로는 방송송출 중단으로 인한 시청권 침해 사태를 막을 수 없다고 판단한 것이다. 이에 대해 지상파방송사들은 '재산권 침해'라면서 반발했다. 지상파 측은 방통위가 직권조정권을 갖게 되면 재송신 거래질서가 무너지고 법으로 보장된 재산권 침해와 영업의 자유 제한 문제가 발생할 수 있다는 주장을 폈다. 또 직권조정이 재송신료 인가제로 변질될 위험성도 크다고 주장했다. 반면, 유료방송 쪽에서는 자신들의 부족한 협상력을 높일 수 있는 정책방안이라는 입장을 보였다. 이와 관련해 2019년 6월 27일 언론법학회가 주최한 '방통위 직권조정 도입의 입법적 정당성' 정책토론회에서 최우정 계명대학교 교수는 발제에서 "직권조정은 지상파의 재산권, 직업행사의 자유를 침해할 우려가 있고, 방송콘텐츠의 제공과 구입에 관해 국가의 개입을 통한 조정은 헌법상의 경제 질서에 부합하지 않을 수 있다. 특히 콘텐츠에 대한 저작권을 통한 보호라는 측면에서 본다면 방송을 단순한 공공재가 아니라 창조적 재화의 탄생으로 파악해 이에 대한 당사자 중심의 보호를 중시하는 것이 헌법상 경제 질서에도 부합하는 것이 될 것이다. 방통위는 자신의 지위와 권위를 지켜내는 것이 아니라 발전하는 방송환경과 상황을 지향하는 방향으로서의 정책을 개발, 시행해야 한다"고 주장했다. 김우균 법무법인 세종 변호사는 토론에서 "일방이 소송을 제기하면 제도가 중단되는데, 직권조정은 제재의 과도한 행위 아닌가. 조정 제도로 콘텐츠 가격을 제한할 경우 제작역량이 훼손되고, 이는 시청자의 복리 훼손으로 이어진다. 시청권 보호는 지상파를 통해 지장 없이 보게 한다는 뜻이다. 직권조정은 유료방송 보호책이다. 유료방송 가입자 보호는 현행 유지·재개명령제도로 충분하다"라는 논리를 폈다. 이에 반해, 조소영 부산대학교 교수는 토론에서 "재송신 유지·재개명령제도의 실효성 담보 차원에서 직권조정이 필요하다. '준사법적 권한'이라는 비판도 있지만, '조정'은 재판의 '사전절차'로 인정받는 추세다. 환경과 지자체 분야에서는 직권조정제도가 이미 시행중이다"라고 주장했다. 한편, 조은기 성공회대학교 교수는 2019년 2월 26일 자 ≪내일신문≫의 '지상파방송 재송신, 시청자가 선택토록' 칼럼에서 "가장 바람직한 대안은 시청자로 하여금 실시간 지상파방송을 직접 선택하게 하는 것이다. 즉, 지상파방송 재송신 패키지를 별도로 만들어 지상파3사, 혹은 KBS2 MBC SBS 개별방송을 시청자가 직접 선택하게 만들면 매년 반복되는 지상파방송 재송신료 인상 이슈는 자연히 소멸할 것이다. 채널당 천 원을 받든 만 원을 받든 그것은 지상파방송사의 몫이고, 시청자의 선택이다. 그것은 시장 원리와 형평성에 어긋나지 않는다"는 논리를 펴기도 했다. 이에 대해 지상파 측에서는 "홈쇼핑 수수료 등 유료방송사들의 상세 원가 내역 공개 제도도 필요하다"는 반응을 보였다. 논란 끝에 방통위는 제21대 국회 개원 직후인 2020년 7월 10일 '분쟁 직권조정 도입' 관련 방송법 개정안을 발의했다. 2018년 제20대 국회에서 발의한 법안이 회기 만료로 자동 폐기되자 개정안을 재발의한 것이다. 재발의한 개정안의 골자는 2018년도 법안과 유사한 내용으로, "방송분쟁조정위원회가 방송의 유지·재개 명령이 내려진 분쟁에 대하여 사업자의 신청 없이 직권으로 분쟁조정을 개시할 수 있도록 하여 효과적인 분쟁 해결이 가능하도록" 하자는 것이었다. 방통위의 '직권조정' 도입 정책은 2012년부터 검토되어온 것이다. 2015년에는 방송법 개정안 논의 과정에서 '분쟁 직권 조정' 도입을 추진했으나 실패를 했고, 당시 '방송 유지·재개명령권'만 도입할 수 있었다. 또 2018년에는 시청권보호를 명목으로 '직권조정 도입'을 골자로 한 방송법 개정을 추진했으나, 제20대 국회 회기 만료로 법안이 자동 폐기되었었다. 한편, 재송신료 문제와 관련해 주정민 전남대학교 교수는 2021년 9월 7일 고려대 기술법정책센터와 서울과기대 IT정책전문대학원이 공동주최한 '미디어 시장 현안과 과제' 세미나의 '플랫폼과 PP 간 콘텐츠 사용료 이슈와 과제' 발제에서 "현재 지상파와 유료방송사 간 재송신료(CPS)는 정액제, PP와 유료방송사 간 프로그램 사용료는 정률제 방식으로 정해진다. 지상파3사는 정액제 기반으로 협상을 하기 때문에 미리 책정된 금액을 기반으로 재송신료를 안정적으로 받을 수 있다(현재 CPS는 400~500원으로 형성 중). 정률제에 의존하는 PP는 협상에 따라 요율이 달라져 금액 변동 가능성이 커, 수익구조가 불안정한 상황이다. 반복되는 콘텐츠 사용료 관련 소모적 논쟁을 해소하는 차원에서 새로운 제도 모색이 필요하다"는 주장을 펴기도 했다.

3) 홈쇼핑채널 정책

한편, 홈쇼핑채널 정책과 관련하여 문재인 정부에서는 홈쇼핑방송사업자와 납품업자 간의 공정한 거래 질서를 확립하고 상생협력을 도모한다는 차원에서 2018년 12월 26일 「홈쇼핑방송사업자와 납품업자 간 상생환경 조성을 위한 가이드라인」(2019.1.1. 시행)이 제정되기도 했다. 가이드라인에서는 홈쇼핑방송사업자의 납품업자에 대한 방송편성의 부당한 취소·변경 금지, 정액제 방식 또는 혼합배분(정률 + 정액) 방식의 수수료 배분 강요 금지 및 상품판매방송 제작비용의 전부 또는 일부에 대한 부당한 전가 금지를 규정하고 있다. 홈쇼핑채널과 관련해서 국회 차원의 법안 발의가 이어지기도 했다. 김정훈 의원은 2019년 4월 17일 자 방송법 개정안 대표발의에서 "상품소개와 판매에 관한 전문편성을 행하는 방송채널사용사업자는 종합편성을 행하는 방송채널사용사업자의 방송프로그램에서 방송된 상품과 동일한 상품을 대상으로 하는 상품판매방송을 해당 종합편성방송프로그램의 방송시간과 유사한 시간대에 편성하여서는 아니 된다"는 주장을 했다. 또 정점식 의원은 2019년 6월 13일 자 방송법 개정안 대표발의에서 "홈쇼핑사업자의 '허위 과장 방송'에 대한 제재 수위를 높이자"고 제안하기도 했다.

4) 위성TV 정책

다음으로는 문재인 정부에서의 위성TV 정책을 살펴보자. 근래 들어 가입자와 수신료매출의 하락이 지속되면서 위성TV 경영 상황이 날로 어려워지고 있다. IPTV, OTT 등의 사업이 확장되면서 위성TV의 입지가 축소되고 있는 것이다. 일각에서는 유료방송시장 내 경쟁구도가 가열되는 상황에서 위성TV가 기존 플랫폼으로서의 한계에 직면하고 있다면서 '인수합병(M&A)'만이 해법이 될 수 있다는 주장까지 하고 있다. 이러한 상황에서 위성TV 서비스의 사회적 의미가 '공공성 가치', '분단국가의 특수성' 등의 측면에서 재조명되어야 한다는 주장이 나오고 있다.

먼저, 공공성 가치 측면에서는 위성TV 서비스가 인터넷 기반이 취약한 도서산간 지역에서는 유일한 방송서비스 제공 수단이라는 관점이다. 전국언론노조는 2019년 2월 20일 국회 상임위원회와 과기정통부에 '위성방송 공공성 강화를 위한 의견서'를 제출한 바 있다. 이 의견서에서 전국언론노조는 "위성TV의 소유 구조를 공적 영역으로 다양화하고, 높은 수준의 공적 책무를 부여하라. KT의 지분(49.99%)을 30% 미만으로 낮추고, 이를 다양한 공적 기관으로 분산하라. 국내 유일의 위성방송사업자인 KT스카이라이프(구 한국디지털위성방송)가 2011년 KT의 자회사로 편입된 이유는 표면상 심각한 경영위기가 아니라, 이명박 정부의 공공부문 사유화 정책 등의 이유 때문이었다. 2001년 국민의 정부 때 국책사업자로 출범한 KT스카이라이프는 현재까지도 독점사업자로서, 사업영역 내에 경쟁자를 가지고 있는 다른 케이블방송이나 IPTV사업자에 비해 보다 높은 수준의 공적 책무를 수행해야 한다. 공공성 강화 및 독립성 확보를 위한 개선 조치가 없다면 합산규제 재도입과 소유·겸영 규제 등의 입법 보완도 필요하다"고 주장했다. 관련해서 KT와 과기정통부는 2019년 2월 11일 국회 과방위에 "지분 매각 등 소유구조 개편은 어렵고, 기존의 권한과 규제의 틀을 더욱 엄격히 적용하겠다"는 내용의 의견서를 제출했다.

다음은 '분단국가의 특수성' 측면이다. 전국언론노조가 2018년 12월 10일 주최한 '한반도 평화시대, 위성방송의 위상과 역할 강화 방안' 세미나에서 김동준 공공미디어연구소 소장은 "근래 들어 통일방송매체로서의 위성방송이

재부각되는 양상이다. 통일방송 차원에서 위성방송은 광대역 커버리지, 직사채널 운용(통일 관련 프로 편성 가능) 등의 장점을 갖고 있다. 하지만 현재 스카이라이프는 KT의 올레TV(IPTV) '중시' 정책으로 인한 OTS(올레TV스카이라이프)의 가입자 감소, KT의 위성방송서비스 홀대 기조, 지배구조상으로 스카이라이프의 KT 종속 등의 어려움이 있다. 통일방송 등 공적 역할 담보를 위해서 스카이라이프는 이사회 구성의 다양성 강화 등을 통한 자율경영 체제 확립, 관광공사·철도공사 등 유관공기업에 KT지분 일부 매각 등이 필요할 수 있다. 결론적으로, 스카이라이프는 통일방송 등 공적 기능 담보를 위해 '오픈 플랫폼'으로의 위상 변화가 필요하다"고 주장했다. 이날 안정상 민주당 수석전문위원은 "KT의 위성방송 소유지분 쏠림 현상 방지 차원에서 공공기관의 지분확대 정책이 필요하고, 공영방송 KBS의 소유지분 비율도 확대될 필요가 있다"고 말했다. 장지호 KT스카이라이프 노조위원장은 "KBS·조선중앙TV 등과의 공조 강화로 북한지역 서비스를 총괄할 수 있는 KT스카이라이프의 역할 수행 방안이 마련될 필요가 있다"는 주장을 펴기도 했다. 한편, KT 측은 이 같은 주장과 관련해 "KT는 침체된 위성방송 시장을 살리기 위해 지분을 매입한 측면이 있고, 스카이라이프는 그동안 난시청 해소와 취약계층 지원 등 공적 역할을 충실히 수행해왔다. 아울러 OTS 가입자의 IPTV 전환은 방송시장의 변화 속에서 나타난 현상이며, 공공성 강화를 위해 KT의 지분율을 줄여야 한다는 것은 적절하지 않은 요구"라는 입장을 보였다(아이뉴스24, 2018.12.10.). 한편, 이정현 의원은 2018년 6월 18일 방송법 개정안을 대표발의하고, "분단국가인 우리나라의 특수성을 고려해, 위성방송사업자가 국가안보를 위한 채널을 의무적으로 두도록 규정하자"는 주장을 내놓기도 했다.

KT스카이라이프는 2020년 10월 13일 현대HCN을 4,911억 원에 인수하는 것을 골자로 한 주식 매매 본계약을 현대HCN과 체결했다. 이후 동년 11월 6일 과기정통부에 현대HCN '인수 인가·변경 승인' 신청을 했다. 이후 전기통신사업법에 따른 기간통신사업자의 최대주주 변경 인가와 공익성 심사, 방송법에 따른 종합유선방송사업자의 최다액출자자 변경승인 심사, 공정거래위원회와 과기정통부의 인수합병 적격 심사 등이 진행되었고, 과기정통부는 2021년 8월 27일 KT스카이라이프의 현대HCN 인수 관련 주식 취득·소유 인가와 최다액 출자자 변경 건을 조건부로 승인했다. 부과된 조건 내용은 시장 내 경쟁 제한성 등으로 인한 소비자 피해 발생 가능성 최소화 차원의 물가상승률을 상회하는 수준의 수신료인상 금지, 소비자선호 채널 임의감축 금지, 신규가입·전환가입 시 불이익 조건 부과 금지, 수신계약 연장·전환 거부 금지, 고가형 상품 전환 강요 금지 등이었다. 과기정통부는 KT스카이라이프의 현대HCN 인수 관련 주식 취득·소유 인가와 최다액 출자자 변경 건을 승인한 배경을 "기업들이 OTT 출현 등 유료방송 시장상황 변화에 효율적 대응이 가능하게 하기 위함이었고, 유료방송사업자의 경쟁력강화 측면에서 불가피하다고 판단했다"고 설명했다. KT계열사의 현대HCN 인수는 2019년 SK브로드밴드의 티브로드 인수와 LGU+의 CJ헬로 인수에 이어 세 번째로써, 국내 주요 방송통신 기업의 인수, 합병 작업이 상당 부분 마무리되었음을 시사한다. KT 측의 이 같은 사업 확장 기조는 위성TV에 이어 케이블TV 플랫폼 보유를 통한 유료방송가입자 확대 전략, '규모의 경제' 실현 전략이라고 볼 수 있고, KT 계열(KT + 스카이라이프 + HCN)의 사업자로서의 지위가 더욱 공고화되는 측면이 있다고 하겠다. 한편, KT스카이라이프 노조는 'HCN 이사회 구성'과 관련해 2021년 10월 1일 발표한 성명서에서, "KT가 다분히 목적이 있어 보이는 인사들로 감사와 이사회를 장악하며 만천하에 숨은 발톱을 드러냈다. …… 자회사에 대한 부당한 경영 간섭을 즉각 중단하라"는 주장을 하기도 했다.

국내외 미디어환경 변화 속에서 KT스카이라이프는 2021년 6월 2일 넷플릭스와 서비스 제공을 위한 파트너십 계약을 체결하고, 한 달 뒤인 7월 12일부터 안드로이드 신규 셋톱박스 가입자를 대상으로 넷플릭스 서비스를 개시했다.

종합하면, 당초 위성TV의 도입 목적은 난시청 해소, 다채널서비스 제공, 통일 지향적 매체의 필요성 등이었다. 출범 20여 년이 지난 현재 KT스카이라이프는 다양한 공적 책무가 부여되어 있음에도 불구하고, 지배주주인 KT(49.99% 보유)의 경영전략에 종속된 상황이라는 목소리가 계속해서 나오고 있다. 관련해서 위성방송 출범의 모태라 할 수 있는 1999년 방송개혁위원회 보고서에서는 특정사업자의 배타적 지배 방지 필요성 등을 명시한 바 있다. KT의 위성방송 정책기조, 위성방송의 통일방송·재난방송 기능 담보, 그리고 위성방송의 위상재정립·역할변화 방안 등에 대한 사회적 논의가 향후 이어질 것으로 보인다.

제 7 장

IPTV 정책

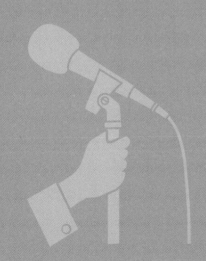

1. 이명박·박근혜 정부

1) IPTV 출범 배경

방송통신 융합 이슈는 미디어 분야의 산업성을 강조한 이명박 정부의 핵심 관심 사업 분야였다. 이명박 정부가 표방한 방송통신 융합 서비스 활성화 정책의 핵심은 IPTV 서비스였다. IPTV 서비스 분야는 이명박·박근혜 정부 임기 동안 안정적인 가입자 수 확보 등 빠르게 시장에 안착하는 양상을 보였다(탁재택, 2017).

국내 주요 통신사업자들은 2003년을 전후로 수익이 정체되자 산업적 가치 사슬 간 융합에 착안해 신규 사업 분야를 찾아 나섰다. 이 과정에서 방송과 통신의 전형적인 융합서비스 유형인 IPTV 서비스 분야로의 사업 진출을 모색하게 되었다. 통신사들은 VOD(Video on demand), 다채널, 양방향 서비스 등 종합적인 미디어 사업자로서의 위상 변화를 추구했다.

IPTV 출범의 초석은 노무현 정부 말기에 마련되었다. IPTV 서비스의 근간이라 할 수 있는 「인터넷멀티미디어방송사업법」(IPTV사업법)은 2007년 12월 28일 국회 본회의를 통과했다. 'IPTV사업법'의 핵심 내용은 KBS1TV를 의무 재전송하고, 전국 권역의 사업을 허용하는 것 등이었다. 이후 정보통신부는 2008년 1월 5일 (이명박 당선인) 인수위원회 보고과정에서 고용창출 방안으로서 IPTV의 상용화 필요성을 강조했다. 이명박 정부는 출범 직후 'IPTV사업법 시행령'(방통위 의결, 2008년 6월 27일)을 마련했다. 세부 내용은 IPTV사업 기업의 자산 규모 허용 한도를 3조에서 10조 미만으로 완화하고, IPTV사업자의 서비스 채널수를 70개로 확정하는 것 등이었다. 방통위는 2008년 7월 23일 'IPTV사업법 시행령 고시안'을 의결했다. 고시에서 방통위는 첫 허가 시에는 30개 채널을 확보할 경우 사업자로 승인하기로 했고, 허가 주기는 5년으로 했다. 이어 방통위는 2008년 8월 7일 콘텐츠 수급 역량 등 6개 항목의 IPTV 허가 기본계획안을 의결했다. 이에 기초해 방통위는 2008년 9월 8일 KT·SKT(하나로텔)·LG데이콤 등 3사를 IPTV 제공사업자로 선정했다.

IPTV 3사 중 가장 먼저 KT의 '메가TV라이브'가 2008년 11월 17일 수도권 지역을 대상으로 IPTV 본방송 서비스를 시작했다.[1] 2008년 12월 12일에는 IPTV 출범 기념식 행사가 열렸다. 이 자리에 참석한 이명박 대통령은 "IPTV 산업을 기반으로 방송통신대국으로 나아가야 한다. 지난 10년간 우리는 미디어를 산업적 가치로 인식하는 데 소홀했다. 방송통신시장이 시대를 선도할 수 있도록 법과 제도를 과감히 고치겠다"라고 말했다. 이 발언 직후인 2008년 12월 16일 국무회의에서는 2008년 11월 24일 방통위 전체회의를 통과한 '방송통신발전기본법 제정안'이 의결되었다. 이는 '방송법', '전기통신기본법', '정보화촉진기본법' 등에 분산되어 있던 방송통신 관련 사항들을 통합한 것이었다. 방통위가 발의한 「방송통신발전기본법」은 2010년 2월 26일 국회 본회의를 통과했다. 이로써 방송통신의 개념이 정의되었고, 방송통신

---

1)　　전국 서비스는 2009년 1월 시작했다.

발전기금의 조성 근거가 마련되었다. 하지만 '동일 서비스 동일 규제' 개념 등을 담지는 못했다. 한편, 일각에서는 "IPTV는 IPTV사업법에 의해, 케이블 TV는 방송법에 의해 규제를 받고 있어 상당 수준의 비대칭 규제가 발생하고 있다"면서, "IPTV에 대한 비대칭 규제를 해소하는 차원에서 IPTV사업법 개정이 필요하다"고 주장했다. 또 "방송법상 모든 플랫폼 사업자에게 직접 사용 채널이 허용되고 있다는 점을 고려해, IPTV사업자들에게도 콘텐츠 제작 활성화와 투자 촉진을 위해 직접 사용 채널을 허용해야 한다"고 주장했다(현대원, 2012). KT의 '메가TV라이브'에 이어 SK브로드밴드의 '브로드앤TV'와 LG데이콤의 'myLGtv'[2]도 2009년 1월 1일부터 수도권 지역 IPTV 본방송 서비스를 개시했다. 초기 KT '메가TV라이브'는 30여 개의 채널을, SK브로드밴드 '브로드앤TV'와 LG데이콤 'myLGtv'는 20여 개의 채널을 제공했다. 이로써 3사의 본격적인 IPTV 상용서비스 경쟁이 이명박 정부의 정책적 지원하에 시작되었다. 사업 초기 IPTV사업은 고전을 면치 못했다. 부진의 이유로 주로 케이블TV서비스와의 차별성 부재, 인프라(망 설비) 부족, 사회 전반의 경제난 가중 등이 지적되었다. 2009년 3월 31일, 정보통신정책연구원(KISDI)이 주관한 '방통위원회 1주년 평가 심포지엄'에 참석한 디지털미디어협회 김인규 회장은 강연을 통해 "IPTV가 준비가 부족했다고 본다. 방송과 통신 간 상호 교류·교감이 부족한 상황이다. IPTV의 난제는 방송과 통신 간 이질적 거리감과 플랫폼 간 제로섬 구조에 있다. IPTV의 콘텐츠 수급 과정에서 지상파 계열 PP마저도 IPTV에 콘텐츠를 제공할 경우 기존의 사업 파트너이자 IPTV와는 경쟁관계에 있는 SO들로부터 불이익을 당할까봐 SO들의 눈치를

---

2)　 KT의 '메가TV라이브'는 2009년 4월 QOOK-TV, 2011년 1월 올레TV로 변경. SK브로드밴드 의 '브로드앤TV'는 2010년 10월 BTV로 변경. LG데이콤은 사명을 LG유플러스로 변경했다.

보는 실정이다"라는 등의 현실적인 진단으로, IPTV 정책에 대한 여러 시사점을 던져주었다. IPTV 출범 초기 방통위는 IPTV 업계가 투자를 늘려 가입자 수를 늘리는 데 주력해야 한다는 입장이었다. 반면 업계는 정부가 나서서 지상파방송 등 콘텐츠제작사들의 과도한 대가 요구를 막아주고, SO와 PP 간 불공정 거래를 끊어달라고 했다. 또한 IPTV 요금제를 승인제에서 신고제[3]로 전환해달라고 요구하기도 했다. 이명박 정부의 정책적 지원하에 IPTV는 2012년 4월 9일 가입자 수 500만을 돌파했다. 2008년 11월 상용서비스 개시 후 3년 5개월 만이었다. 사업 초기 3사 간 경쟁 구도는 1강(KT 올레TV), 2중(SK BTV·LG유플러스)이었다. KT의 선전에는 IPTV와 위성방송의 결합 서비스인 올레TV스카이라이프(OTS)가 큰 기여를 했다. OTS는 2009년 8월 출시되어 지속적인 성장세를 보였다. OTS의 장점은 무엇보다 HD 위성방송, IPTV VOD, 집전화, 초고속인터넷 서비스 등을 통합 제공한다는 데 있다. IPTV 서비스의 안정적인 가입자 규모 확보는 뉴미디어에 이은 융합미디어 서비스 분야의 활성화에 중요한 토대가 되었다. IPTV의 가입자 규모 확대는 무엇보다 저렴한 이용 가격과 이용자들의 매체소비 패턴을 고려한 인터넷 중심의 서비스 제공에 기반을 두고 있다.

박근혜 정부에서도 IPTV는 가입자 수가 지속적으로 증가했고, 경영 상황도 호전되는 추세를 보였다. IPTV 업계는 2008년 상용화 이후 처음으로 2014년분 방송서비스 매출액의 0.5%(3사 총 75억 원 규모)를 방송통신발전기금 분담금으로 납부했다. 미래부는 IPTV사업자에 대한 방송통신발전기금 분담금 관련 고시 개정의 배경으로 "IPTV 가입자가 1,000만 명을 돌파하는 등 분

---

3) IPTV법 개정안이 2021년 12월 9일 국회 본회의에서 처리됨으로써 IPTV 이용요금이 신고제로 전환되었다.

담 능력이 충분하다는 점과 플랫폼 사업자 간 형평성을 고려했다"고 설명했다. 한편, 미래부는 2016년 7월 7일 '2016년도 유료방송 방송통신발전기금 분담금 산정' 관련 고시 행정예고에서는 "IPTV의 기금 징수율을 매출의 0.5%에서 1%로 상향조정했다. 이 같은 결정에 대해 IPTV 측은 '적자가 지속되는 점을 감안하면 재량권 일탈·남용에 해당한다'면서 반발 양상을 보였다. 반면, 미래부는 IPTV 서비스의 매출·수익성이 안정화되고 있다"는 주장을 폈다.

2) SK텔레콤의 CJ헬로비전 인수합병 시도

박근혜 정부 기간 동안 IPTV 관련 정책 이슈에서 SK텔레콤의 케이블TV 사업자 CJ헬로비전 '인수합병 시도' 건을 우선적으로 논할 수 있다. SK텔레콤 이사회는 2015년 11월 2일 CJ헬로비전 인수를 의결했다. 당시 SK텔레콤은 점차 수익성이 악화되는 이동통신 시장을 넘어 미디어 사업 분야에서 새로운 활로를 모색한다는 계획이었던 것으로 보인다. 당시 유료방송 시장 1위 사업자는 가입자 840만 명 규모의 KT였다. 인수 합병 성사는 유료방송 시장에서 '2강(强) 체제로의 재편'을 의미하는 것이기도 했다. 이에 대해 당시 케이블 업계는 업계 1위 사업자인 CJ헬로비전이 통신업계로 편입될 수 있다는 것에 대한 놀라움과 함께, 케이블TV 업계 전반이 위축될 수 있다는 우려도 있었던 것으로 보인다. SK텔레콤과 CJ헬로비전은 2015년 12월 1일 인수합병 인가 신청서를 미래부에 제출했다. 인수합병 인가를 위해서는 미래부 장관의 승인 외에 공정거래위원회의 기업결합심사와 방통위의 사전 동의 절차가 필요했다. 한편, CJ헬로비전 2016년 2월 26일 주주총회에서 SK텔레콤 자회사인 SK브로드밴드와의 합병안을 승인했다.

당시 '인수합병' 찬성론자들은 '미디어분야 고속도로 구축', '서비스 경쟁 촉진과 다양성 보장', '케이블의 사업효율성이 낮아지는 상황에서 불가피한 선택' 등의 논리를 폈다. 반면, 반대론자들은 '시장지배력 확대 및 경쟁제한성 요소 증대', '방송서비스가 결합상품의 부가상품으로 전락할 가능성', '방송의 지역성 약화 및 지역 여론의 다양성 훼손' 등을 주장했다. 한편, '인수합병' 건 심사기조와 관련해 공정위 측에서는 공익성 요소보다는 공정거래법 제7조 등에 기초해 경쟁 제한성 심사에 역점을, 미래부 쪽에서는 산업적인 측면과 공공·공익·다양성 등의 요소에 중점을 두겠다는 입장을 보였다. 이후 공정거래위원회는 2016년 7월 18일 전원회의를 개최하고 SK텔레콤의 CJ헬로비전 인수합병 '불허'를 결정, 공식 발표했다. 공정위는 배경 설명에서 "SK텔레콤과 CJ헬로비전의 기업결합 건을 심사한 결과, 유료방송 시장과 이동통신 도·소매 시장에서의 경쟁을 실질적으로 제한할 우려가 있는 것으로 판단된다. 수평·수직형 기업결합으로 인한 경쟁 제한성이 혼재돼 있어, 행태적 조치나 일부 자산 매각으로는 이를 모두 치유하는 것이 어렵다고 본다. 두 회사가 합병하면 유력한 경쟁자가 사라져 케이블TV 요금이 인상될 가능성도 크다. 이를 근원적으로 해소하기 위해 기업결합 자체를 금지하기로 결정한다. SK텔레콤의 CJ헬로비전 주식취득 금지 및 CJ헬로비전과 SK브로드밴드 간 합병금지 결정을 내린다"고 밝혔다. 이에 따라, 관련법상 인허가권을 갖고 있는 미래부의 심사절차도 무산되었다. 동년 7월 28일 미래부는 "SK텔레콤의 CJ헬로비전 주식 인수 및 SK브로드밴드와 CJ헬로비전 합병 인허가 신청에 대한 심사절차 종결"을 공식 발표했다. 한편, ≪국민일보≫는 2017년 1월 11일 자 'SKT의 CJ헬로비전 인수합병' 관련 기사에서 "황창규 KT 회장이 지난해 2월 박근혜 대통령과 독대를 준비하는 과정에서 청와대에 'SK텔레콤(SKT)과 CJ헬로비전의 합병을 막아 달라'는 민원을 넣은 것으로

11일 전해졌다. 이후 합병 성사 가능성이 높은 것으로 평가됐던 양사의 결합은 그해 7월 공정거래위원회가 '합병금지' 결정을 내리면서 실패로 끝났다"고 주장하기도 했다. ≪미디어오늘≫도 2017년 7월 2일 자 보도에서 SKT·CJ헬로비전 인수합병 불허 결정에 '최순실 씨와 박근혜 전 대통령 개입설'을 주장했다. 이에 따르면, 2016년 6월 29일 서울중앙지방법원에서 열린 최순실 사건 공판에서 공정거래위원회 관계자들이 "당초 공정위가 양 사 인수합병 건에 대해 '조건부 승인'을 할 예정이었으나, 청와대 참모들이 박 전 대통령의 부정적 기류를 전해 공정위가 '불허' 결정을 내렸다"고 증언했다는 것이다. 공정위의 '불허' 결정과 관련해 일각에서는 '지상파3사 눈치 보기' 등을 배경으로 꼽기도 했다.

3) IPTV 법제 변화

박근혜 정부 기간 동안 IPTV 관련 법제적 변화들도 있었다. 우선 2013년 8월 7일 홍문종 의원이 대표발의한 '방송법 개정안'과 2014년 11월 26일 조해진 의원이 대표발의한 '방송법 개정안' 내용을 통합·조정한 '방송법 개정안'(대안)이 2015년 5월 29일 국회 본회의에서 의결처리되었다. 개정안의 골자는 "특정 종합유선방송사업자 또는 위성방송사업자는 해당사업자와 특수관계자인 종합유선방송사업자, 위성방송사업자 또는 인터넷 멀티미디어 방송 제공사업자를 합산하여, 종합유선방송, 위성방송, 인터넷 멀티미디어 방송을 포함한 전체 유료방송사업 가입자 수의 3분의 1을 초과하여 서비스를 제공할 수 없도록 한다"는 것이었다. 'IPTV 3분의 1 상한제'는 문재인 정부에서 2021년 12월 9일 IPTV법 개정안이 국회 본회의에서 처리됨으로써 '폐지'되었다. 2015년 11월 30일에는 방송법 개정안이 국회 본회의에서 의결처리되었다. '방송법 개정안'의 골자는 "국민관심행사에 관한 실시간 방송프로그램 또는 일부 지상파방송 채널의 공급 또는 송출이 중단되거나 중단될 것으로 사업자 또는 시청자에게 통보된 경우, 방통위가 방송사업자 등에게 30일 이내의 범위에서 방송프로그램(채널)의 공급 또는 송출을 유지 또는 재개할 것을 명령할 수 있으며 한 차례에 한하여 연장이 가능하다"는 것('방송 유지·재개 명령권')과 "방송사업자 등이 (지상파방송사업·종합유선방송사업 및 위성방송사업 상호간 또는 이들 방송사업과 인터넷 멀티미디어 방송 제공사업 간의 전송 방식을 혼합 사용하는) 기술결합서비스를 제공할 경우에는 미래부장관 또는 방통위의 승인을 받도록 하고 심사기준 및 절차 등은 대통령령으로 정하도록 한다"는 것이다. '기술결합서비스 승인제'는 문재인 정부에서 2021년 12월 9일 방송법 개정안이 국회 본회의에서 처리됨으로써 '신고제'로 전환되었다. 한편, 2015년 11월 30일 국회 본회의에서는 방송법 개정안과 함께 방송통신발전기본법 개정안이 의결처리되었는데, 방송통신발전기본법 개정안의 골자는 "지상파방송사업자 및 종합편성 또는 보도전문 방송채널사용사업자(PP)로만 되어 있는 기존 재난방송 의무사업자 범주에 종합유선방송사업자(SO)와 위성방송사업자 및 IPTV사업자를 새로 추가한다"는 것 등이었다.

2. 문재인 정부

1) IPTV사업자들의 케이블TV 인수합병

문재인 정부의 IPTV정책 논의에서 최대 이슈는 IPTV사업자들의 케이블TV 인수합병 건이다. 유료방송사업자 간 인수합병과 관련해 유영민 과학기술정보통신부 장관은 2018년 1월 21일 ≪파이낸셜뉴스≫ 인터뷰에서 "심사권한을 가진 정부 부처(과학기술정보통신부·방송통신위원회·공정거래위원회)가 일관된 입장을 제시할 수 있도록 충분한 사전협의를 해나가겠다. 유료방송시장 M&A가 몰고 올 임팩트가 크기 때문에 다양한 가능성을 열어두고 시장을 예의주시하고 있다. 정부는 유료방송산업 발전과 소비자 권익 향상 차원에서 검토할 것은 다각도로 검토하고 있다"고 말했다. 이와 관련해 당시 일각에서는 2016년의 SK텔레콤과 CJ헬로비전 간 인수합병 논의가 '경쟁제한성(독과점)' 등을 이유로 무산된 이후 LG유플러스가 케이블TV 인수합병 방안을 암중모색하고 있다는 주장을 하기도 했다. 2019년 초 방송통신 인수합병 정책에 대한 정부 차원의 청신호는 김상조 공정거래위원장의 발언으로부터 나왔다. 김상조 공정거래위원장은 2019년 1월 15일 ≪매일경제≫와의 인터뷰에서 "더 이상 대기업 M&A에 대해 과거처럼 문어발식 확장이라는 주홍글씨를 새기지 않으려고 한다. 공정위가 과거와 같은 정태적인 기준이 아니라 미래지향적인 기준을 마련해 성공적인 M&A 사례가 나오도록 유도하는 것이 중요하다. (2016년 SK텔레콤과 CJ헬로비전의 인수합병 논란과 관련해) 4차 산업혁명 시대에 방송과 통신이라는 두 영역을 엄격하게 나눴어야 했는지도 의문이 든다. 지금 만약 CJ헬로비전 기업결합 승인 심사 요청이 다시 들어온다면 전향적인 자세로 임할 것이다"라고 말했다. 공정거래위원장의 발언이 나온 지 한 달 뒤인 2019년 2월 14일 시장의 예측대로 LG유플러스 이사회가 'CJ헬로 인수' 안건을 의결했다. 이로써 문재인 정부에서의 유료방송 인수합병 논의가 본격화되었다. 당시 과기정통부와 방통위 내부의 기류도 '유료방송시장 인수합병' 논의에 상대적으로 우호적이었던 것으로 보인다. LG유플러스는 2019년 3월 15일 과기정통부와 공정위에 'CJ헬로 인수' 관련 기업결합신고서를 제출했다. 한편, SK브로드밴드(SKT)는 티브로드(태광산업) 인수합병 건

에 관심을 보였다. 양측은 2019년 4월 26일 인수합병 사업추진을 위한 본계
약을 체결했다. 이후 동년 5월 9일 SK텔레콤과 태광산업은 'SK브로드밴드-
티브로드 인수합병' 인가신청서를 정부에 제출했다. 당시 SK텔레콤은 2016
년의 인수합병 논의 때와는 전반적인 상황이 달라진 것으로 판단한 것으로
보인다. 과기정통부는 방송법, IPTV법, 전기통신사업법 등 관계 법령·고시
가 정한 절차·기준에 따른 인수합병 심사를 진행해야 하는 상황에서 2019년
5월 16일 국회에 '유료방송시장 규제개선 방안'을 제출했다. 과기정통부는
보고서에 "IPTV·SO 사업자 등에 대한 시장점유율 규제를 전면 폐지해 사업
자간 규제 형평성 제고가 바람직하다"는 등의 입장을 담았다. 한편, 언론개
혁시민연대는 다음날인 5월 17일 "국회는 과기정통부의 '유료방송시장 규제
개선 방안'을 반려하라"는 논평을 발표했다. 논평에서 언론개혁시민연대는
"과기정통부 방안은 유료방송 공공성 보장과 인수합병 부작용 방지에 턱없
이 모자란다. 국회는 과기정통부 방안을 반려해야 한다"고 주장했다. 공정위
는 2019년 11월 6일 전원회의에서 'SK브로드밴드'와 '티브로드'(국내 케이블TV
업계 2위) 간, 'LG유플러스'와 'CJ헬로'(국내 케이블TV 업계 1위) 간 인수합병을 최
종 (조건부) 승인했다. 조성욱 공정거래위원장은 "국내 유료방송시장이 디지
털 중심으로 급속히 재편됐다. 혁신경쟁을 촉진하고 방송·통신 사업자가 기
술·환경 변화에 적시 대응할 수 있도록 하는 차원에서 해당 기업들의 결합
승인을 결정했다. 소비자 편익을 고려했다"고 승인배경을 설명했다. 당시 승
인조건은 '케이블TV 수신료 물가상승률 초과인상 금지', '케이블TV 채널수
및 소비자 선호채널 임의감축 금지', '고가형 방송상품으로 전환강요 금지'
등이었다. 당시 공정위의 결정은 국내 방송·통신사업자들이 글로벌 OTT사
업자들의 거대한 도전에 직면해 있는 상황에서 나온 통신기업과 유료방송사
간 인수합병 승인의 첫 사례였다. 또한, 'KT 독주' 체제에 변화를 주면서 시

장구조를 '3강 체제'로 재편하는 의미로 해석되기도 했다. 공정위의 결정 이후 과기정통부는 2019년 12월 13일 LG유플러스의 CJ헬로 인수 건에 대해 '조건부 승인' 결정을 내렸다. LG유플러스는 국내 케이블TV 업계 1위 사업자를 인수하게 됨으로써 유료방송시장 2위 사업자로 부상했다. 한편, SK브로드밴드·티브로드 합병 건과 관련해 방통위는 2020년 1월 20일 '사전 동의' 결정을 내렸다. 공정성, 지역성 등 '사전 동의' 심사 절차에서 방통위는 '지역인력 고용 등 공적책임 확보 방안 마련', '권역별 지역채널의 광역화 금지' 등 14개 조건을 부여했다.[4] 이에 기초해 과기정통부는 방통위의 '사전 동의' 다음 날인 1월 21일 SK브로드밴드와 티브로드 법인합병과 SO에 대한 최다액 출자자 변경 건에 '조건부 허가' 결정을 내렸다. 부여된 조건은 공정 경쟁, 이용자 편익, 지역성 강화, 고용 안정 등과 관련한 내용이었다. SK브로드밴드와 티브로드 법인합병에 대해 허가 결정을 내리면서 과기정통부는 "이번 합병 건은 시장환경 변화에 대한 사업자들의 자발적 구조조정 노력으로 본다"는 입장을 밝혔다. 한편, 과기정통부는 KT스카이라이프가 2020년 11월 6일 신청한 현대HCN 인수 관련 주식 취득·소유 인가와 최다액 출자자 변경 건에 대해서도 2021년 8월 27일 승인 결정을 내렸다. KT계열의 현대HCN 인수는 SK브로드밴드의 티브로드 인수와 LG유플러스의 CJ헬로 인수에 이은 세 번째 유료방송시장 내 대형 인수합병이었고, 이는 국내 주요 방송통신 기업의 케이블TV 인수합병 작업이 상당 부분 마무리되었음을 나타내주는 것이었다. 한편, 과기정통부는 '유료방송사업 시장점유율 상한제의 폐지'(제13조 삭제)를 골자로 한 인터넷멀티미디어사업법 개정안(IPTV법 개정안)을 2020년 12월 30일 발의했다. 개정안에서 과기정통부는 "인터넷 멀티미디어 방송

---

4) LG유플러스의 CJ헬로 인수 건은 주식교환 형태여서 방통위의 '사전 동의' 절차가 없었다.

제공사업자는 그 사업자와 특수관계자인 방송사업자를 합산하여 전체 유료방송사업 가입자 수의 3분의 1을 초과하여 서비스를 제공할 수 없도록 한 유료방송사업 시장점유율 상한제를 폐지하자"고 주장했다. 인터넷멀티미디어사업법 개정안(IPTV법 개정안)은 2021년 12월 9일 국회 본회의에서 처리되었고, 이로써 IPTV 가입자 수 3분의 1 상한제는 폐지되었다.

2) IPTV 활로 모색

문재인 정부 출범 이후 IPTV 성장세는 이어졌다. 2016년경부터 경영이 호전되기 시작한 IPTV 업계는 2017년부터는 적자에서 벗어나 흑자 기조로 돌아섰다. 패키지상품 확대, 홈쇼핑송출수수료 매출 증가, VOD매출 증가 등이 주요 배경이었다. 특히 이동통신서비스, 방송서비스, 초고속인터넷 등을 묶은 결합상품의 기여도가 컸다. 방통위가 2020년 6월 23일 공표한 「2019년 방송사업자 재산상황」 자료집에 따르면, 2019년도 IPTV 방송사업매출 규모는 3조 8,566억 원으로 3조 5,168억 원의 매출을 기록한 지상파를 처음으로 추월했다.

한편, IPTV서비스 가입자 수는 2017년 11월 말 1,422만 명을 기록, 케이블 가입자 수(1,409만 명)를 추월했다. 과기정통부가 2021년 11월 10일 발표한 '2021년 상반기 유료방송 가입자 수 조사·검증 및 시장점유율 산정 결과' 자료에 따르면, 2021년 상반기 기준, 유료방송 가입자 수는 351만 7,369명으로 나타났다. KT 814만 1,601명(23.19%), SK브로드밴드(IPTV) 579만 7,602명(16.51%), LG유플러스 506만 4,768명(14.43%), LG헬로비전 380만 9,925명(10.85%), KT스카이라이프 305만 8,783명(8.71%), SK브로드밴드(SO) 290만 1,301명(8.26%) 순이었다. KT와 KT스카이라이프를 합산한 가입자 수는

1,120만 명이었고, LG유플러스와 LG헬로비전을 합산한 가입자 수는 887만 명, SK브로드밴드(IPTV와 SO 합산) 가입자 수는 870만 명이었다. 유료방송 시장에서 각각 31.9%, 25.28%, 24.77%의 시장점유율을 차지했다. 매체별 6개월간 평균 가입자 수는 IPTV 1,900만 3,971명(54.13%), SO 1,304만 4,615명(37.16%), 위성방송 305만 8,783명(8.71%) 순으로 집계되었다. 국내 유료방송 시장에서 2017년 11월 IPTV 가입자 수가 SO 가입자 수를 앞선 이후 IPTV는 지속적으로 증가하고 있는 반면, SO는 감소 중에 있다. IPTV 가입자 수 상승세에는 글로벌 OTT와의 사업 협력[5]도 한 요인으로 작용하고 있는 것으로 보인다. 최근 IPTV 업계는 OTT 시장의 급성장으로 경영환경 전반에 어려움이 가중되고 있다고 주장한다. 유정아 IPTV협회장은 2020년 11월 14일 열린 방송학회 추계학술대회 '한국판 디지털 뉴딜: 공존을 위한 과제들' 세미나

---

5) LG유플러스는 2018년 11월 16일 자로 넷플릭스와 '단독 파트너십' 계약을 체결하고, 넷플릭스 콘텐츠를 제공하기 시작했다. 이를 두고 업계 내부에서는 LG유플러스와 넷플릭스의 협력이 IPTV의 신성장 동력이 될 것이라는 평가가 나오기도 했다. 이에 반해 한국방송협회는 2018년 10월 21일 자 성명서에서 "LG유플러스의 넷플릭스 연동서비스가 국내 미디어산업 전반을 파괴하는 시발점이 될 것이 자명하므로, 정부가 국내 미디어산업 보호방안을 마련해야 한다"고 주장했다. 한국방송협회는 2018년 5월 17일 자 'LG유플러스·넷플릭스 제휴' 관련 성명서에서는 "국내 미디어산업 생태계가 훼손되지 않도록 정부가 LG유플러스와 넷플릭스의 부당한 제휴에 적극 대응·조치해야 한다. LG유플러스가 넷플릭스에 국내 콘텐츠 사업자의 1/3도 안 되는 수수료를 받기로 하고, 자사의 고가 이동통신 가입자에게 넷플릭스를 3개월간 무료로 제공하겠다는 것에 대해 우려를 표한다. 양 사 제휴가 국내 콘텐츠 사업자의 수익성 악화로 이어져 투자 감소와 그에 따른 저가 콘텐츠의 양산으로 귀결될 것이고, 그 피해는 고스란히 소비자와 시청자에게 전가될 것이 자명하다. 국내 콘텐츠 제작산업은 넷플릭스의 생산하청기지로 전락하게 될 것이며, 넷플릭스는 글로벌 네트워크를 이용해 국내에서 생산된 넷플릭스 오리지널 콘텐츠를 해외에 유통하게 될 것이다. 유료방송 플랫폼 사업자는 국민의 땀으로 이룩한 고도의 통신망을 외국자본에 헌납하지 말고, 국내 사업자 역차별 행위도 철회해야 한다"라는 주장을 펴기도 했다.

에서 "글로벌 OTT와의 경쟁에 대응하는 차원에서 국내 IPTV와 OTT사업자들 간 선의의 경쟁이 필요하고 협력관계 속에서 세를 모아나가야 한다. 진화론적 관점에서 공존의 패러다임 모색이 필요하다. 지속가능한 생태계 조성을 위해 생산적 방향으로의 협력이 필요한 시점이다"라는 관점을 피력했다.

현재 국내 유료방송시장이 전체 2,100만 가구 정도의 상황에서 3,500만 가입자를 확보했다는 것은 성장 가능성의 한계를 일정 부분 노정하고 있다는 의미가 된다. IPTV 업계로서는 OTT와의 협력 외에는 실제 다른 묘안이 없어 보이는 형국이다. OTT가 콘텐츠 서비스의 강력한 플랫폼이 되어가고 있는 상황에서 IPTV가 경쟁 플랫폼에 비해 품질 면에서 충분한 차별성을 보여주지 못할 경우 케이블TV처럼 자칫 '올드 미디어'로 전락할 수도 있다. IPTV사업자들이 자신들의 사업에서 사실상 주력 업종이라 할 수 있는 이동통신(사업) 가입자들을 관리해나가는 데 있어 방송서비스를 하나의 하위 패키지 품목으로 인식하는 관점에서 벗어나 콘텐츠 투자 의지를 더욱 구체화해나가는 노력이 중요하다. 플랫폼 혁신 차원에서는 IPTV셋톱을 인공지능, 사물인터넷 등 신기술과 접목하고, 스마트홈 연동서비스 등 사업 구조를 업그레이드하려는 노력이 중요해 보인다.

제8장

OTT 정책

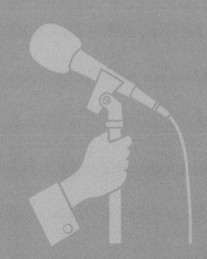

근래 들어 국내 미디어산업 지형 논의에서 가장 뜨거운 이슈 중 하나가 OTT(Over The Top)[1]다. 미디어 콘텐츠 소비 환경이 OTT서비스를 중심으로 빠르게 재편되고 있기 때문이다. 이번 장에서는 이명박·박근혜·문재인 정부에서의 OTT 시장 상황, 망 이용료·중립성 분쟁, OTT 법제 정비 논의, OTT 시장 전망 등을 살펴본다.

1. 이명박·박근혜 정부

2004년 판도라TV를 시작으로 형성되기 시작한 국내 OTT 시장은 이명박 정부 원년인 2008년에 글로벌 OTT사업자 유튜브[2]가 한국어서비스가 개시하면서 본격화되었다. 2005년 미국에서 동영상 공유 서비스업체로 사업을 시작한 유튜브는 2006년 구글에 인수되었고, 2007년부터는 국가별로 현지

---

1) Top은 TV의 셋톱박스를 의미한다. 즉, OTT는 셋톱박스를 넘어선 여러 유형의 서비스를 제공한다는 의미다. OTT는 인터넷만 연결하면 스마트폰, 태블릿, PC, TV 등을 통해서 원하는 콘텐츠를 골라 언제든지 바로 이용할 수 있는 환경을 제공하고 있다.

2) 유튜브는 당신(You)과 브라운관(Tube/텔레비전)의 합성어.

화 전략을 추진하기 시작해서 국내에서 2008년에 한국어 서비스를 시작한 것이다. 유튜브는 댓글 등을 통한 소통이 가능한 관계로 소셜미디어 서비스 일종으로도 분류된다. 유튜브의 국내 시장 진출 이후 2010년에는 CJ헬로비전에서 '티빙(Tving)' 서비스를 시작했고, 2012년에는 지상파3사가 연합전략으로 '푹(POOQ)' 서비스를 시작했다. 2016년에는 글로벌사업자 넷플릭스가 국내 서비스를 개시했다. 국내 시장 진출 초기 넷플릭스는 고전을 겪기도 했으나, 오리지널 콘텐츠 투자 등에 힘입어 국내 시장에서 빠르게 가입자 수를 늘려나갔다. 또 2016년에는 SKT가 국내 통신사업자로는 처음으로 OTT서비스 '옥수수(oksusu)'를 출시함으로써, 국내 OTT시장 경쟁이 더욱 가열되는 국면에 들어서게 되었다.

국내 OTT서비스는 초기 UCC, 클립·숏폼 콘텐츠 등을 주로 제공하면서 방송미디어가 아닌 웹 기반의 서비스 유형으로 인식되었다. 즉, 초기 OTT는 전통미디어와 차별되는 인터넷서비스로 인식되었다는 것이다. 이후, OTT는 영화, 방송콘텐츠 서비스 제공 등을 확대하면서 점차 전통미디어의 대안으로 인식되기 시작했다. 이로써 기존 미디어와의 유사성이 증대되면서 OTT와 전통미디어 간 경쟁은 심화되었다. 이러한 발전 과정을 거쳐 OTT는 점차 방송서비스의 보완재로서, 방송콘텐츠의 2차 유통 서비스 사업자로서의 위상을 갖게 되었다.

2. 문재인 정부

1) OTT 시장 상황

문재인 정부 출범 후인 2019년 9월에는 지상파3사의 푹(POOQ)과 SKT의 옥수수(oksusu)가 통합되어 '웨이브(Wavve)'가 출범했다. 2019년 8월 공정거래위원회는 웨이브를 '조건부' 승인했는데, 당시 승인 조건은 "타 OTT사업자에 지상파콘텐츠 제공시 차별 없이 합리적으로 협상에 임하고, 기존의 OTT사업자와의 VOD공급 계약을 정당한 사유 없이 해지·변경하는 것을 금하며, 기존의 지상파3사 홈피나 모바일 앱에서 무료로 제공되고 있는 실시간방송을 유지하여야 한다"는 것 등이었다. 웨이브의 출범은 국내에서 대형 OTT 조직이 형성되는 계기가 되었다. 업계에서는 SKT의 투자·마케팅 역량과 지상파의 콘텐츠 역량이 시너지효과를 유발할 것이라는 전망도 나왔다. 또 2019년에는 KT가 '시즌(Seezn)'을 출시했고, 2020년에는 '카카오TV'와 '쿠팡플레이'가 각각 OTT 서비스를 개시했다. 2018년 LG유플러스와 업무 제휴를 맺은 넷플릭스는 'TV플랫폼 확대' 전략 차원에서 2020년 8월부터는 KT 올레tv 셋톱박스에 콘텐츠 제공을 시작했다. 이를 두고 일각에서는 국내시장에서 넷플릭스의 콘텐츠파워가 인정받은 결과라는 평가를 하기도 했다. 또 넷플릭스가 국내 유료방송시장에 상당부분 안착했다는 평가도 나왔다.[3] 한편, 한국

---

3) 전 세계 200여 개 국가에 진출해 있는 '넷플릭스'의 글로벌 사업의 전략적 특징은 '안정적인 시장 안착을 위해 현지 통신사와의 제휴를 통한 가입자 확보', '로컬 오리지널 콘텐츠에 대한 투자 등 직접투자 방식 활용', '방송사 킬러콘텐츠 구매를 통한 콘텐츠 라이브러리 현지화' 전략 등으로 요약된다(노동환, 2019). 이와 함께, 넷플릭스는 방영권보다는 '지적재산권' 확보에 더 많은 심혈을 기울이고 있다.

방송협회는 2020년 8월 12일 발표한 성명서에서 "KT가 글로벌 공룡 OTT 넷플릭스와 손을 잡았다. 국내 미디어산업계 지원을 받으며 성장해온 KT가 맹렬한 기세의 해외 글로벌 사업자에게 이토록 손쉽게 국내 시장 석권의 길을 열어준 것은 매우 충격적이다. 국내 유료방송업계의 지배적 사업자인 KT는 세계 최대 OTT 업체 넷플릭스와의 제휴를 철회하는 것이 마땅하다"라는 입장을 보이기도 했다. 2021년 상반기에는 CJ ENM과 JTBC가 합작법인 '티빙'을 설립했다. 티빙은 CJ ENM과 JTBC의 콘텐츠 역량을 결합해서 한국을 대표하는 OTT서비스 사업자가 되겠다는 포부를 밝혔다. 2021년 하반기에는 세계적으로 막강한 콘텐츠파워를 인정받는 디즈니플러스가 협력사로 LG유플러스(IPTV)와 KT(모바일)를 선택하고 국내 서비스를 개시했고, 애플TV서비스도 SK브로드밴드(IPTV)와의 공조하에 국내 서비스를 시작했다. 한편, SK브로드밴드는 2022년 1월 25일 웨이브·티빙·왓챠·아마존프라임비디오·애플TV+ 등 5개 주요 OTT와 스트리밍 채널 서비스를 한 번에 즐길 수 있는 올인원 플레이박스 '플레이제트(PlayZ)'를 출시했다. 현재 국내 미디어서비스 산업 지형에서 OTT는 중심축으로 성장한 상태이고, 각 OTT서비스 사업자들은 영화, 방송콘텐츠, 오리지널콘텐츠 등을 중심으로 서비스 역량 강화에 집중하고 있다. 현재 OTT는 레거시 미디어와 치열한 경쟁구도를 형성해가고 있다. 이 과정에서 국내 OTT사업자들은 글로벌 OTT사업자들의 '국내시장 잠식'이라는 파고에 직면해 있다. 막강한 자본력과 차별화된 콘텐츠를 겸비한 글로벌 사업자들과의 경쟁은 날로 치열해지는 양상이다(이종관, 2021b).

2) 망 이용료·중립성 분쟁

글로벌 OTT사업자들의 국내시장 진출이 본격화되면서 국내 인터넷망제공사업자와의 법적 분쟁도 주요 이슈로 부각되고 있다. 현재 진행 중인 넷플릭스와 SK브로드밴드 간 '망 이용료' 소송이 대표적 사례다. 인터넷망제공사업자(ISP)인 SK브로드밴드는 2019년 11월 18일 "막대한 트래픽을 유발하고 있는 콘텐츠사업자(CP) 넷플릭스가 망 이용대가 협상을 기피하고 있다"면서, "방통위가 망 이용대가 협상을 중재해달라"는 내용의 '재정' 신청을 방통위에 했다. 이에 대해 넷플릭스는 2020년 4월 13일 SK브로드밴드를 상대로 서울중앙지법에 '채무부존재 확인 소송'를 제기했다. '소송'의 골자는 "CP(콘텐츠제공자)인 넷플릭스가 ISP(인터넷서비스제공자)인 SK브로드밴드에 망 이용료를 내는 것 자체가 망 중립성 측면에서 부당하다"는 것이었다. 넷플릭스는 "ISP는 이미 망 이용료를 가입자에게 받고 있기 때문에 CP로부터 별도의 망 이용료를 받으면 안 된다. 망 중립성 강화가 필요하다"는 입장을 견지했다.

서울중앙지법 민사합의20부는 2021년 6월 25일 넷플릭스가 SKB를 상대로 제기한 '채무부존재 확인 소송'에서 원고 '패소' 판결을 내렸다. 법원은 판결문에서 "신용카드 회사가 소비자들로부터 연회비를 받고 가맹점으로부터도 수수료를 받는 등 양 당사자 측으로부터 대가를 수령하는 다면적 법률관계는 어렵지 않게 찾아볼 수 있다"면서, "넷플릭스의 콘텐츠가 SK브로드밴드의 한국 내 전용회선을 거쳐서 이용자에게 도달하는데, 이점에 비춰볼 때 SK브로드밴드로부터 인터넷망 접속과 연결이라는 서비스를 받고 있다"고 주장했다. 이 같은 법원의 판단은 글로벌OTT의 국내 망 무임승차 규제를 의미하는 것이었다. 이는 한편으로는 향후 '비용 전가' 측면에서 OTT 이용료 인상의 가능성을 시사하는 것이기도 하다. 법원 판결 직후 넷플릭스는 "이용대가를 지불하고 있는 공동의 소비자를 위해 CP는 콘텐츠에 투자하고 제공할 의무가, ISP에는 소비자가 요청한 콘텐츠를 원활히 전송할 의무가 있다. ISP가 CP에 대가를 요구하는 것은 자신의 역할과 책임을 외면하는 것이다"

는 입장을 견지했다. 결국, 넷플릭스는 2021년 7월 15일 항소했다. 한편, SK 브로드밴드는 2021년 9월 30일 넷플릭스에 망이용료 관련 '부당이득 반환 청구' 소송을 제기했다. SK브로드밴드는 "넷플릭스 측이 2018년 6월부터 지금까지 SK브로드밴드 전용회선을 이용해왔는데, 지난 3년간의 망 이용료를 청구한다. 넷플릭스가 2021년 6월의 1심 판결에서 패소했음에도 항소를 했고, 또 지금까지 망 이용료 지급 협상에 응하지 않고 있어 소송을 제기한다"고 배경을 설명했다. 한편, 양정숙 의원은 2021년 12월 21일 '전기통신사업법 개정안'을 대표발의했다. 개정안에서 양 의원은 "현재 대부분의 국내외 콘텐츠·플랫폼 사업자가 인터넷망 이용에 따른 대가를 지불하고 있는 상황에서, 일부 대형 부가통신사업자가 협상력의 불균형을 이용하여 정당한 망 이용대가 지불을 거부함에 따라 사업자 간 채무부존재 소송, 부당이득반환청구 반소 등 소송전이 잇따르고 있는 실정"이라면서, "이용자 수, 트래픽 양 등이 대통령령으로 정하는 기준에 해당하는 부가통신사업자의 정보통신망 이용·제공 계약 체결과 정당한 대가의 산정 등에 관한 사항을 규정"하자고 제안했다.

현재, 일각에서는 유튜브나 넷플릭스가 사실상 아무런 제약 없이 국내 시장에서 막대한 수익을 창출하고 있다고 주장한다. 이에 반해, 넷플릭스는 2021년 9월 29일 발간한 「넷플릭스 코리아 사회경제적 임팩트 보고서」에서 "한국 진출 5년 동안 한국 콘텐츠 시장에 7,700억 원을 투자해 총 80편의 한국 콘텐츠를 선보였고, 5년간 약 5조 6,000억 원의 경제적 파급효과와 1만 6,000여 개의 일자리를 창출했다. 넷플릭스가 전 세계에 소개한 한국 작품들이 K-문화 확산과 이종 산업의 매출과 고용 확대에도 기여했다. 특히 관광산업에서 약 1조 9,000억 원, 뷰티·패션·푸드산업에서 약 9,000억 원의 경제적 효과가 창출된 것으로 추정한다. 또한 해외 관광객 추이가 코로나19 이

전 수준이었다면 8,000억 원가량의 매출이 이종 산업 분야에서 추가 발생했을 것"이라고 주장했다 (≪PD저널≫, 2021.9.29.).

3) OTT 법제 정비 논의

국내 OTT 시장이 빠르게 성장하면서 법과 제도의 정비 필요성에 대한 논의가 지속되고 있다. 현재 OTT는 전기통신사업법상 '부가통신사업자'[4]의 위상을 부여받고 있다. 관련해서 김성수 의원은 2019년 7월 29일 방송법 개정안을 대표발의했다. 개정안 배경 설명에서 김 의원은 "현행법은 개정 이전의 「방송법」, 「종합유선방송법」, 「유선방송관리법」 및 「한국방송공사법」으로 분산되었던 법체계를 통합하여 개정한 이후로 그 체계를 유지해오고 있으나, 방송환경 변화로 인해 현행법 체계는 그 실효성이 약화되고 있어, 방송의 공적 가치 제고 및 방송산업 현실을 반영하는 차원에서 현행법과 「인터넷멀티미디어방송사업법」, 「지역방송발전지원특별법」 등의 통합 필요성이 대두된다"고 주장했다. 이에 기초해 김 의원은 개정안에서 OTT서비스를 '온라인동영상제공사업자'로 신설·분류하자고 제안했다.[5] 한편, 변재일 의원은 OTT서비스와 관련해 2019년 9월 3일 IPTV법 개정안과 방송통신발전기본법 개정안을 대표발의했다. IPTV법 개정안에서 변 의원은 "OTT서비스에 대한 최소한의 규제 형평성을 확보하고 시장 현황 파악을 위한 법적 근거를

---

4) 기간통신사업자로부터 전기통신회선설비를 빌려서 기간통신역무 외의 전기통신역무를 제공하는 사업자.

5) 이와 관련해 중소기업연구원 최세경 박사도 김성수 의원이 2019년 6월 25일 주최한 'OTT 사업자 및 인터넷방송콘텐츠사업자의 법적 지위와 쟁점' 세미나에서 "OTT서비스를 '제3의 영역'인 '온라인동영상제공사업' 개념으로 정의하자"고 제안한 바 있다(최세경, 2019).

마련하는 차원에서 인터넷 동영상 방송을 정의하고 등록·신고 절차를 마련하자'고 주장했다. 방송통신발전기본법 개정안에서는 케이블TV, IPTV, 위성방송 등 유료방송사업자가 매년 서비스 매출액의 일부를 방송통신발전기금으로 분담하고 있는 데 반하여 유사한 방송서비스를 제공하는 OTT사업자는 방발기금을 부담하고 있지 않은 실정이라면서, OTT사업자에 대해서도 유료방송과 동일하게 서비스 매출액의 일부를 방송통신발전기금으로 분담하도록 하자고 제안했다. 김성수 의원과 변재일 의원의 법안 발의는 OTT서비스의 개념 정의와 분류, 방송통신발전기금 납부 조항 신설 등에 초점을 맞추고 있다. 한편 국회에서는 2020년 5월 20일 전기통신사업법 개정안(일명, 넷플릭스법)이 본회의를 통과했다. 개정안의 골자는 "이용자 수, 트래픽 양 등이 대통령령으로 정하는 기준에 해당하는 부가통신사업자는 서비스 안정 수단의 확보, 이용자 요구사항 처리 등 필요한 조치를 취하도록 함(안 제22조의 7)"이었다. 기존 법률에서는 서비스품질 개선책임을 ISP에만 부과하고 있었는데, 개정안 통과로 CP에게도 인터넷 서비스품질 유지책임을 부과할 수 있게 되었다. 이에 대해 SK브로드밴드 등 ISP 측은 "국내 이용자를 대상으로 서비스하는 글로벌 CP에 대해서도 이용자 보호 의무가 있다는 법적 근거를 마련했다는 점에서 큰 의미가 있다"는 반응을 보였다. 넷플릭스는 "국회의 판단을 존중한다. 소비자에게 고품질의 서비스를 제공하기 위해 노력하겠다"는 반응을 보였다. 한편, 과기정통부가 2021년 1월 12일 발표한 (부가통신서비스의 안정성 확보 등을 위해 개정된) 전기통신사업법상의 의무 대상, 이른바 '넷플릭스법' 적용 대상 사업자[6]는 구글, 페이스북, 넷플릭스, 네이버, 카카

---

6) '넷플릭스법' 적용 대상은 직전년도 3개월간 하루 평균 이용자 수가 100만 명 이상이면서 국내 발생 트래픽 양이 국내 총 트래픽 양의 1% 이상인 사업자.

오, 웨이브 등 6개 사업자였고, 2022년 2월 3일 발표한 '넷플릭스법' 적용 대상 사업자는 전년보다 1개 사가 줄어든 5개 사업자(구글, 메타, 넷플릭스, 네이버, 카카오)로 나타났다.

한편, KISDI 황준호 박사는 미디어 융합에 부합하는 새로운 규제체계의 3대 기본 방향으로 '방송통신 융합과 인터넷미디어 급성장으로 인한 환경변화 적극 반영', '공적 영역과 민간 영역의 명확한 구분을 통해 공공성 제고 및 서비스 활성화', '글로벌 스탠다드에 부합하고, 우리나라 특수성을 반영하는 규제체계 마련' 등을 제시하면서, 구체적으로는 방송과 OTT의 통합법 형식인 (가칭) 「시청각미디어서비스법」(기본법 + 사업법 형식) 제정을 제안한다.[7] 황박사는 시청각미디어서비스법 제정 시 방송법과 IPTV법은 폐지하고, 공영방송은 시청각미디어서비스법으로 규율하자고 주장한다. 이 과정에서 별도의 설치법이 부재한 KBS의 경우, 별도의 'KBS설치법' 제정이 가능하다는 입장이다. 또 중장기적으로는 시청각미디어서비스법의 '기본법' 사항과 전기통신기본법을 '방송통신발전기본법'으로 통합하여, 상위 '기본법'(방송통신발전기본법 또는 시청각미디어통신발전기본법)과 서비스별 '사업법'(시청각미디어서비스사업법, 전기통신사업법) 형식으로 개편이 가능할 것이라고 주장한다(황준호, 2021). 현행 방송법이 제정된 지 20년 이상의 시간이 흐른 상황에서, 그동안의 미디어환경 변화를 고려하고 OTT서비스의 개념 정의와 분류체계 등을 반영한 시청각미디어서비스법 등과 같은 형식으로의 새로운 법과 제도의 정비는 중요한 과제라 하겠다. 또 이 과정에서 KBS와 같은 공영방송 영역은

---

[7]   EU는 2018년 11월 시청각미디어서비스지침(Audiovisual Media Services Directives) 개정안을 채택, 시청각미디어서비스를 텔레비전·VOD·동영상공유플랫폼으로 나눠 유튜브·페이스북에서 유통되는 시청각콘텐츠도 규제의 틀에 넣은 바 있다.

별도법 체계로 분리, 지배구조와 운영(재원)구조 질서 등을 새롭게 정비하는 것도 필요하다고 할 수 있다. 관련해서, 국회 입법조사처 최진웅 박사는 "OTT 법제 정비와 관련해 각 부처 간 조율과 협업이 중요하다"고 지적한다. "현재 부처별 OTT 진흥 정책을 보면 과학기술정보통신부, 문화체육관광부, 방송통신위원회로 추진체계가 분산되어 있는데, 지원 사업도 OTT 콘텐츠 제작·유통, 콘텐츠 펀드 조성 등을 내용으로 하여 유사·중복의 우려가 있다. 나아가 국내의 좁은 내수 시장의 한계를 극복하고 국제경쟁력을 갖추기 위해서는 결국 국내 OTT 플랫폼의 글로벌 시장 진출이 필수적임에도, 글로벌 플랫폼 기업의 육성을 위한 구체적인 로드맵 및 사업도 두드러지지 못하다. 이런 점에서 우려되는 점은 행정부가 종합적인 산업진흥이라는 공동 목표를 실현하기보다 각 부처의 예산과 조직을 확대하는 차원의 정책을 추진해버리는 관료정치(bureaucratic politics)의 문제이다. 특히 현재 각 부처가 OTT를 두고 개별 소관 법률을 통해 새로운 법적 지위를 부여하여 진흥한다는 입장을 보이고 있어, 부처 간 조율이 미흡한 것으로 보인다. 오히려 새로운 법적 지위의 부여가 향후 개별 부처의 규제로 연결될 수 있다는 점에서 관련 법률 제개정에 있어 의회에서 신중한 논의가 있어야 할 것"이라고 최 박사는 주장한다(최진웅, 2021).

글로벌 OTT의 국내 시장 진입의 경제적 효과는 이해당사자별로 상이하다고 할 수 있다. 공급자 측면에서 콘텐츠 업계는 글로벌 OTT 플랫폼을 통해 콘텐츠 투자 유치 및 해외 진출이라는 점에서 긍정적인 효과가 있으므로 자유롭고 개방적인 시장을 선호하지만, 플랫폼 업계는 콘텐츠 수급 및 이용자 확보 측면에서 글로벌 OTT가 큰 위협이 될 수 있어 국가 개입에 의한 보호주의적 시장을 선호할 수 있다. 반면 수요자 측면에서 소비자는 다양한 콘텐츠를 저렴하게 즐길 수 있다는 점에서 글로벌 OTT의 국내 진입을 긍정적으로 판단할 수 있다. 이러한 조건을 인식한다면 개별 부처는 특정 이해당사자의 선호를 소관 정책에 반영하는 이익집단정치(interest group politics)에서 벗어나 글로벌 OTT 진입에 따른 국가 전체의 경제 후생을 극대화하는 목표를 갖고 공동 대응해나가는 것이 중요하다. 이와 함께, OTT 정책에 있어 '한·미FTA 정신'에 대한 고려도 중요해 보인다. 한·미FTA는 내국민대우 원칙, 현지주재 요구 및 이행요건 부과 금지 원칙 등을 명시하고 있다. 따라서 국내에 진출한 미국 국적의 글로벌 OTT를 실질적으로 겨냥한 국내 사업자와의 차별적 규제, 국내 상주 의무 및 국산콘텐츠의 제공 의무 부과 등의 조치는 동 협정 위반으로 미국과의 통상 마찰 및 보복 조치를 불러올 우려가 있다는 것이다. 다만 향후 글로벌 OTT의 시장지배 강화로 국내 문화주권이 크게 위협받을 경우 한·미FTA에서는 협정상 의무 조항의 적용을 배제할 수 있도록 관련 규정을 두고 있어, 이러한 조건이 객관적으로 충족된다면 해외 OTT사업자에 대한 규제입법(예: 국내제작콘텐츠제공 쿼터제)[8]을 검토해볼 수도 있을 것이다(최진웅, 2021).

살펴본 바와 같이, OTT 정책 현안과 법제화 관련 논의는 단기간에 해결

---

8)   참고로, EU는 주문형 비디오(VOD) 사업자에 유럽산 영상 편성 쿼터제(30%)를 적용 중이고, EU 회원국인 프랑스의 경우, 특정 규모 이상의 OTT에 디지털세를 부과하는 방안을 검토해왔다. 독일 ≪프랑크푸르터알게마이네차이퉁(FAZ)≫의 보도에 따르면, EU는 온라인 동영상 플랫폼 시장을 미국에 완전히 뺏긴 상황에서 산업 보호와 문화 다양성 보호를 목적으로 강한 디지털 보호주의 정책을 펴나가려 했으나, 애플, 구글, 페이스북, 아마존 등 자국의 디지털 기업이 이중과세를 당할 가능성에 대해 우려하는 미국의 압박에 따라 디지털세 부과 계획을 잠정 중단한다고 2021년 7월 12일 발표했다(연합뉴스, 2021.7.13.). 한편, OTT 수출 종주국이라 할 수 있는 미국에서는 타국에서 자국 OTT의 손발이 묶이지 않도록 자체 규제를 최소화해 불필요한 선례를 만들지 않겠다는 정책 기조를 보이고 있다(최진웅, 2021).

책을 마련하는 것이 사안의 복잡성을 고려할 때 쉬워 보이지는 않는다. 그럼에도 향후 OTT 관련 법·제도적 규제 이슈를 점검해나가는 데 있어 주안점을 둬야 할 것은 글로벌 사업자들과의 경쟁을 고려해 최소 규제 원칙 검토 등을 포함한 OTT 산업 활성화, OTT와 유료방송 간 유사성과 경쟁관계에 비례하는 방안 마련, 시장 상황을 고려한 공정경쟁 담보 및 사회적 폐해 규제, 국제조약 및 글로벌 기준 고려 등 해외사업자 규제의 실효성 담보 및 국내 사업자 역차별 방지 등으로 요약할 수 있겠다. 현재 국내 OTT 업계는 부처 간 OTT정책 관할권 경쟁 지양을 통해 정책의 불확실성이 해소되기를 바라고 있고, OTT산업 경쟁력강화 차원에서는 규제완화와 진흥정책 등을 조속히 마련해줄 것을 정부와 국회에 요구하고 있는 상황이다. 이와 관련해 추경호 의원은 21대 국회 개원 직후인 2020년 9월 7일 "국내 OTT사업자들의 콘텐츠 개발역량을 강화하고 제작 전반을 촉진하기 위한 정책적 지원 방안 마련" 차원에서 '조세특례제한법 개정안'을 대표발의한 바 있다. 개정안에서 추 의원은 "영상콘텐츠 제작비용 세액공제 특례의 공제율을 3%(중견기업 7%, 중소기업 10%)에서 5%(중견기업 10%, 중소기업 15%)로 확대하는 한편, OTT사업자인 내국법인이 OTT 콘텐츠를 제작(OTT사업자가 아닌 제작자가 OTT사업자에게 제공하기 위하여 콘텐츠를 제작하는 경우를 포함)하는 경우가 적용될 수 있도록 법률에 규정"하자고 제안했다. 세제지원과 관련해 배현진 의원도 2020년 7월 16일 대표발의한 '조세특례제한법 개정안'에서 "영상콘텐츠 제작비용 세액공제특례를 선진국 수준인 중소기업 20%, 중견기업 15%, 대기업 10%로까지 확대"하자고 제안한 바 있다.

4) OTT 시장 전망

근래 미디어 소비 환경 전반은 OTT를 중심으로 빠르게 재편되고 있다. 이러한 현상은 특히 2020년 이후 코로나19의 확산으로 야기된 사회적 거리 두기 속에서 심화되었다. OTT사업자 간 경쟁이 날로 치열해지는 가운데 소비자들은 콘텐츠, 가입료, 이용편의성 등을 OTT 선택에 있어 주요 고려사항으로 검토하고 있다. 이 가운데서도 특히 콘텐츠 요소가 핵심적인 고려사항이다. 따라서 OTT서비스 제공사업자들은 양질의 콘텐츠를 안정적으로 확보해 경쟁력을 담보해나가는 것이 최우선 과제라 하겠다(고찬수, 2021). OTT 서비스는 이용자에게 맞춤형 콘텐츠를 제공하기에 유리하다. 즉, 이용자의 성별, 나이 등 인구통계학적인 요소와 관심사, 취향 등을 종합적으로 고려해 콘텐츠를 추천할 수 있는 큐레이션이 가능하다는 것이다. 이에 큐레이션을 단순한 정보 축적을 넘어 인공지능(AI) 등 신기술과 결합시켜 더욱 정교하게 해나가는 것도 중요할 것이다(노동환, 2019). 현재 국내 OTT사업자들은 자본력과 콘텐츠 경쟁력을 겸비한 글로벌 OTT사업자들과의 치열한 경쟁에 직면해 있다. 글로벌 OTT사업자들의 국내 진출이 확대되고, 또 이들이 국내 외주사들과 직거래 방식을 선호하고 있어, 일각에서는 국내 제작산업이 글로벌 사업자들의 '하청기지'가 될 수 있고, 이로써 '미디어 주권상실'이 우려된다고 주장한다. 이 같은 상황에서 국내 OTT사업자들 간 전략적 제휴 방안 모색도 관건이다(정인숙, 2019). 이와 함께, 해외 사업자들과의 공동제작 시스템을 강화하고, 글로벌 OTT 유통망 활용 전략도 적극적으로 강구될 필요가 있어 보인다.

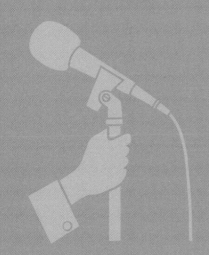

제9장

방송광고산업 정책

1. 이명박·박근혜 정부

방송광고 정책과 관련해 이명박·박근혜 정부에서는 민영 미디어렙(media representative, 방송광고판매대행사)[1]의 등장과 한국방송광고진흥공사의 출범, 방송광고 심의제도의 변화, 가상·간접광고 도입, 방송광고 총량제 도입 등이 주요 현안이었다(탁재택, 2017).

1) 한국방송광고공사(KOBACO) 해체와 민영 미디어렙 제도 도입

이명박 정부에서 'SBS 민영 미디어렙'과 '한국방송광고진흥공사'가 출범함으로써, 1981년부터 이어온 한국방송광고공사(KOBACO)의 독점적 방송광고 판매대행 체제가 종식되었다. 그동안의 방송광고판매대행 제도와 관련된 논의 경과를 돌아보면, 이 논의는 2000년 3월 13일 발효된 통합 '방송법'으로 거슬러 올라간다. 1980년 당시 신군부의 언론 통폐합 조치 후 방송의 공익성 실현을 위해 방송과 광고영업을 분리해야 한다는 논리로 1981년 설립되

---

1) 방송사를 대신해서 광고를 위탁판매하고 대행수수료를 받는 회사.

었던 무자본 특수법인 형태의 한국방송광고공사가 방송광고영업을 독점하고 있다는 비판이 지속적으로 제기되었다. 이러한 배경 속에서, 2000년 통합 '방송법' 내에는 '방송광고판매대행사 설립 근거'가 마련되었다. 2000년을 전후로 한 논의는 민영 미디어렙을 도입할 경우 과도한 시청률 경쟁으로 인한 방송의 공공성 훼손, 군소·신생 미디어의 위축, 광고 요금의 급등, 광고주의 프로그램 간섭과 영향력 확대 가능성 등이 우려된다는 이유로 진전을 보지 못했다. 이후 미디어렙에 대한 논의는 구체적 결말 없이 2008년까지 이르렀다. 이후 헌법재판소는 이명박 정부 출범 첫해인 2008년 11월 27일, 한국방송광고공사의 지상파방송광고 판매대행 독점 구조가 헌법상 보장된 직업의 자유와 평등권을 침해한다는 이유로 '헌법불합치' 판결을 내렸다. 한국방송광고공사 27년의 역사에 대변화를 야기하는 판결이었다. 헌재가 '불합치'를 결정한 이유는, 단순 '위헌'을 선언할 경우 방송광고판매대행의 법적 근거가 사라지므로 2009년 12월 31일까지 위헌성을 배제한 입법을 촉구하는 헌법'불합치' 결정을 내렸다는 것이 법조계의 해석이다. 2008년 2월 출범한 이명박 정부도 정권 초반부터 국내 방송광고 시장이 저평가되어 있고, '끼워 팔기' 등으로 시장질서가 전반적으로 왜곡되어 있어 산업 발전에 역행하는 구조라면서, 미디어렙 등 경쟁체제를 도입해 방송광고시장을 활성화해야 한다는 논리를 지속적으로 전개해온 상태였다. 이 당시 진행되었던 미디어렙 제도 도입 논의의 핵심은 경쟁 유형, 미디어렙 업무 영역, 군소방송 지원 방안 등으로 압축된다. 다시 말해 '1사 1렙'으로 할 것이냐 아니면 '1공영 1민영'으로 할 것이냐, 새롭게 출범하는 종편PP들에 독자적 방송광고 영업권을 줄 것이냐 아니면 종편PP들을 미디어렙 틀 속에 둘 것이냐, 지역·종교방송 등 취약 매체 지원방안을 어떻게 마련할 것인가 등으로 쟁점이 모아진 상태였다. 경쟁 유형 측면에서 볼 때, '1사 1렙'의 경우는 지상파방송 3사가 각자 독자적인 미디어렙을 운영하는 것이었으며, '1공영 1민영'의 경우는 공영 미디어렙 영역에 KBS, EBS, MBC 등이 들어가고, 민영 미디어렙에는 SBS와 지역민방 등이 속하는 것이었다. 1사 1렙, 즉 완전 자율경쟁체제를 주장하는 쪽에서는 사업자 자율성 담보와 경쟁 촉진 차원에서 민영 미디어렙 수를 법으로 정해선 안 된다는 입장이었다. 반면, 1공영 1민영, 즉 제한 경쟁체제를 주장하는 쪽에서는 방송에 대한 자본의 영향력 억제, 방송의 다양성 제고, 취약 매체 지원, 광고단가 급상승 억제 등을 주요 논리로 내세웠다. 미디어렙의 경쟁 유형과 관련해 방송사업자들은 서로 다른 입장을 내세웠다. 민영방송 SBS는 자율 경쟁이라는 원칙하에 민영 미디어렙을 주장했고, 공영방송 KBS는 기존 체제가 안정적이라는 판단이었으나 제도 변화 시 EBS 등과 함께 공영 미디어렙을 갖는 구조를 생각했던 것으로 보인다. 공영방송을 표방하는 MBC는 자신들의 재원구조가 상업 재원에 기반하고 있다면서, SBS와의 형평성 등을 이유로 독자 미디어렙을 가져야 한다는 입장이었다. MBC는 방송문화진흥회가 주식의 70%를 보유하고 있다는 이유만으로 공영 미디어렙 지정을 강제하는 것은 직업 수행의 자유와 재산권 침해의 가능성이 있다고 주장했다. 반면 미디어 공공론자들은 MBC가 공영 미디어렙 범주에 들어와야 한다면서, 그 이유로 공·민영 이원적 미디어렙 질서로 갈 경우 공영 미디어렙은 투명한 거래질서와 광고요금 정책을 추구하면서 혼탁한 미디어 시장의 '바로미터' 역할을 담당해야 하기 때문이라고 설명했다. 이를 위해서는 공영 미디어렙이 적정한 시장점유율을 유지해야 한다면서, MBC가 공영 미디어렙 범주에 있어야 한다고 주장했다. 이들은 또한 공영 미디어렙이 최소한의 경쟁력을 갖고 있어야 취약 매체 지원도 가능하다고 주장했다. 한편 18개 지역 MBC의 경우는 지역방송의 '고사' 위기감 속에 본사의 1사 1렙 안에 반대하는 양상을 보이기도 했다. 종교·지역방송 등 군소 방송사들은 한국방송광고공사 체제가 해체되고 민영 미디어렙이 등장할 경우, 민영 미디어렙의 우월적 위상과 지위로 인해 자신들의 존립 기반이 위협받는다면서 기존 한국방송광고공사 체제의 골격이 유지되어야 한다고 주장했다. 또한 취약 매체들에 대한 구체적인 지원책 마련이 우선적 과제라고 주장했다. 이들은 구체적 방안으로 사업자 간 과당경쟁 방지 및 분쟁 조정 등의 권한을 갖는 '방송광고균형발전위원회' 같은 기구가 만들어져야 한다는 입장이었다. 이 외에 방송통신발전기금의 일부가 활용되어야 한다는 주장도 제기되었다. 이에 대해 타 방송사업자들은 군소방송에 대한 지원 문제는 법으로 강제할 것이 아니라, 방송사업자들의 자율적인 결정에 맡겨야 한다는 입장이었다. 종편사들의 경우는 시장 안착을 위해서 미디어렙 제도와 무관한 독자적인 영업 방식이 필요하다는 입장이었다. 한편 광고주와 대형 광고대행사들은 방송광고 영업의 효율화와 광고시장 활성화 차원에서 '완전경쟁체제'를 선호하는 입장이었다(탁재택, 2011a). 미디어렙과 관련해 국회 문방위에 제출된 법안은 당시 대략 6개였다. 이들 법안을 중심으로 국회, 정부, 학계, 언론단체, 방송사업자들은 자신들의 이해관계에 따라 첨예한 의견 대립을 보였다. 당시 국회에 제출되었던 6개 법안 중 한나라당 한선교·이정현, 민주당 전병헌 의원은 '다민영 미디어렙'을 주장했고, 한나라당 진성호, 자유선진당 김창수, 창조한국당 이용경 의원은 '1민영 미디어렙'을 주장했다. 「방송광고판매대행 등에 관한 법률」(이하 '미디어렙 법') 개정 논의는 종국에 1공영 1민영으로 결론지어졌다. 국회 문방위는 2012년 1월 5일 전체회의에서 한나라당 단독표결로 '미디어렙 법안'을 통과시켰다. 국회 본회의에서는 2012년 2월 9일 '미디어렙 법안'이 다수 의석인 한나라당이 수정 발의한 내용으로 통과되었다. 이로써 2008년 11월 27일 헌법재판소의 헌법 불합치 판결이 내려진 지 3년 3개월여 만에 입법 공백이 해소되었다. 국회를 통과한 '미디어렙 법'은 MBC를 공영 미디어렙에 지정하고, 민영 미디어렙은 최대 소유지분을 40% 이하로 했다. 종편PP에는 미디어렙 위탁을 (승인 기준으로) 3년 유예했다. 이외에 동종 매체 간 크로스미디어 판매가 허용(신문과 방송 간 불가, 지상파방송과 케이블방송 간 가능)되고, 중소방송에 대한 연계판매 등이 포함되었다. MBC는 독자 민영 렙을 희망했으나 결국 소기의 목적을 이루지 못했다. 반면 종편PP는 렙 위탁 3년 유예를 받음으로써 나름 성과를 보았다고 할 수 있다. 민영 렙의 최대 지분을 40%까지 허용한 것은 SBS에 우호적인 결과라 할 수 있다. 이와 관련해 일각에서는 "국회 본회의에서 처리된 '미디어렙 법안'은 종편PP와 SBS 특혜의 완결판"이라는 시각을 제기하기도 했다(≪한겨레≫, 2012.2.9). 종교·지역 등 중소방송에 대한 지원책은 미비했다는 지적도 나왔다. 동종 크로스미디어 판매가 허용됨에 따라 비지상파 계열인 일반 PP들의 우려도 존재했다. 당시 전국언론노조 등은 국회를 통과한 '미디어렙 법'을 비판하면서, 동일 서비스 동일 규제 원칙에 입각한 종편PP 특혜 해소, 지상파계열PP 등의 동종 크로스미디어 판매 금지, 민영 렙에 대한 최대 소유 지분 제한 강화 등을 중심으로 한 법 개정을 요구하기도 했다. '미디어렙 법'이 국회를 통과함에 따라 방통위는 한국방송광고진흥공사 설립추진위원회 구성, 임원 공모 등 새 공사 설립 준비에 착수하는 한편, 시행령과 고시 제정, 민영 미디어렙 허가 신청 접수 공고, 허가 심사 및 허가 등의 일정을 거쳐 민영 미디어렙을 도입하는 작업을 본격화했다. 2012년 2월 9일 국회 본회의를 통과한 '미디어렙 법'과 2012년 5월 15일 국무회의 의결을 거친 동법 시행령 제정안은 2012년 5월 23일부로 시행되었다. 방통위의 2012년 9월 5일 자 '방송광고 결합판매 지원고시 제정안'에 따라, KBS·MBC를 대행하는 방송광고진흥공사가 EBS, 지역 MBC, 경인방송, 경기방송, CBS, 불교방송, 평화방송, 극동방송, 원음방송, YTN라디오, TBS-eFM, 부산영어방송, 광주영어방

송의 광고 결합 판매를 담당하고, SBS를 대행하는 미디어크리에이트가 OBS
를 비롯한 지역민방 광고 결합 판매를 맡았다. 한편 SBS는 '미디어렙 법'이
국회를 통과하기 이전부터 독자 렙 설립을 위한 준비에 착수했다. 독자 미디
어렙 설립과 관련해 SBS 지주회사인 미디어홀딩스 이사회는 2011년 10월
27일 '광고판매대행사 미디어크리에이트 자회사 편입' 건을 의결했다. 당시
SBS는 '국회 입법만을 마냥 기다릴 수 없는 미디어환경'이라고 주장했다. 헌
재는 2008년 11월 27일 한국방송광고공사의 방송광고 독점판매에 대해 헌
법 불합치 결정을 내리고 대체입법 마련을 촉구했으나, 상당 기간 무법적 상
태가 지속되고 있었다. SBS는 광고 계약을 한국방송광고공사에 위임하라는
방통위의 (강제성 없는) 행정권고만을 따라야 하는 형국이었다. SBS의 독자
미디어렙 설립 결정은 종편PP 개국을 앞둔 상황이기도 했지만, 무엇보다 광
고영업을 안정적으로 관리하려는 의도였던 것으로 보인다. 한편, MBC는 미
디어렙 법 개정안이 MBC에 한국방송광고공사에서 위탁하는 광고만 방송할
수 있도록 허용하자 "해당 법률이 MBC의 직업 수행의 자유, 계약체결의 자
유 및 평등권을 중대하게 침해하고, 헌재가 지난 2008년 한국방송광고공사
에 광고를 위탁하도록 한 방송법 조항에 대해 헌법 불합치 판결을 내린 취지
와도 부합하지 않는다"면서 2012년 3월 16일 헌법소원을 청구했다. 하지만
헌법재판소는 이 건에 대해 2013년 9월 26일 전원일치 의견으로 '합헌'을 결
정했다(2012헌마271). 헌재는 "공영방송 광고를 한국방송광고공사가 독점하
도록 한 것은 미디어렙 경쟁체제에서 나타날 수 있는 방송 상업화 등 부작용
을 방지하고, 공영방송에 대한 부당한 영향력 행사를 차단해 방송의 공공성
과 공정성, 다양성을 확보하기 위한 것으로 불가피하다고 본다. 공영방송의
경우 그 존립 근거나 운영 주체의 특성상 상대적으로 더 높은 수준의 공공성
을 요구받는다. 방송 광고 가격이나 총량을 통제해 지나치게 상업화하는 것

을 막기 위해 공영 미디어렙을 통해 광고를 판매하도록 한 것은 지나친 제한이라고 볼 수 없다"고 판결 취지를 설명했다. 이와 함께, 헌재는 해당 법 조항이 옛 '방송법'(지상파방송 광고판매대행을 한국방송광고공사가 독점하는 것)에 대한 헌재의 2008년 헌법 불합치 결정에 어긋난다는 MBC의 주장도 받아들이지 않았다. 헌재는 "옛 방송법에 대한 헌법 불합치 결정은 한국방송광고공사가 독점 판매하는 구조를 제한적이나마 경쟁 구도로 바꿔야 한다는 취지였다면서, 민영 미디어렙도 허용한 만큼 해당 조항이 종전의 헌법 불합치 결정에 반하는 입법이라고 볼 수 없다"고 설명했다. 한편 2012년 5월 23일 한국방송광고공사를 승계하는 한국방송광고진흥공사가 공식 출범했다. 정부가 전액 출자한 자본금 3,000억 원으로 출발한 새 공사는 기존의 무자본 특수법인에서 주식회사 형태로 전환되었다. 사장 1명을 포함한 상임이사 5명과 비상임 이사 6명 등 이사 11명과 감사 1명으로 구성되었다. 새 공사는 기존 한국방송광고공사의 모든 재산과 채권, 채무, 권리, 의무를 포괄 승계했다. 기존의 단일 영업본부를 KBS 등의 광고판매를 담당하는 영업1본부와 MBC 등의 광고판매를 담당하는 영업2본부 체제로 개편했다. 한국방송광고진흥공사의 출범으로 국내 방송광고 판매제도 지형은 공·민영 미디어렙으로 새롭게 형성되었다. 향후 방송광고 판매제도가 '완전자율경쟁' 체제로 변화해가는 것이 불가피하더라도, 우선 시장의 완충 등을 고려해 1공영 1민영, 즉 '제한경쟁' 체제를 택한 것은 잘한 것으로 판단된다. 법학자 성낙인 교수의 주장(≪서울신문≫, 2008.12.22.)처럼, 균등한 수혜가 보장되지 않는 상황에서 일방적인 '다민영'은 방송광고시장의 경쟁체제 정립보다는 또 다른 독과점의 폐해를 야기할 수 있기 때문이다. 현재, 국내 방송광고 판매제도는 한국방송광고진흥공사, SBS 미디어렙, 종편 4사 미디어렙 등 6사 간 경쟁체제로 형성되어 있다(탁재택, 2017).

2) 방송광고 심의제도 변화

방송광고 심의제도와 관련해서 '방송법' 제32조에 기초한 '사전'심의제도를 '사후'심의제도로 변경해야 한다는 주장이 업계를 중심으로 지속적으로 제기되어왔다. 이와 관련해 이명박 정부 인수위도 정책기조 면에서 친시장주의적 접근을 시사했다. '사후'제도 찬성론자들은 표현의 자유, 광고시장 활성화, 다채널시대 광고물량 증가 등을 언급하며 기존의 '사전'심의제도에 한계가 있음을 주장했다. 이들은 '사전'심의는 방송사 내부에서 자율적으로 심의하도록 하고, '사후'심의는 방송통신심의위, 공정거래위, 법원 등을 통해 할 수 있다는 입장이었다. 반면 반대론자들은 비방·과대·과장·선정성 광고의 문제점 등을 지적하며, '사후'심의제도로 전환했을 때의 사회적인 파장을 우려했다.

헌법재판소는 2006년 한 민간광고업체가 제출한 헌법소원에 대해 2008년 6월 27일 방송광고 사전심의제도 '위헌' 결정 판결을 내렸다. 표현의 자유를 침해하는 '사전검열' 행위라는 것이다. 이는 이명박 정부의 기본 입장, 그리고 광고주협회 등의 요구사항과 다르지 않은 것이었다. 이에 따라 지상파 방송사들이 속한 방송협회는 방송광고 심의와 관련해 2008년 11월 3일부터 협회 정책실 차원에서 회원사 광고물 내용에 대해 '사전'자율심의를 실시하기 시작했다. 2010년 1월 19일 국무회의에서 '방송법시행령 개정안'이 의결됨에 따라, 방송광고 사전심의 규정(시행령 제21조의2)이 삭제되고, 허위·과장 광고 등 시청자 오인 방송 광고 시 최대 1,000만 원의 과태료 부과, 심의규정·협찬고지 위반 시 최대 3,000만 원의 과징금 부과 등 후속 작업이 이뤄졌다(탁재택, 2017).

3) 가상·간접 광고

2008년 12월 3일 당시 여당인 한나라당은 신문·방송 겸영 허용을 골자로
한 '미디어 법'을 국회에 제출하면서, 나경원 의원이 대표발의한 '방송법 개
정안'에 방송광고 관련 조항을 포함시켰다.[2] 이후 방송법 개정안이 2009년
7월 22일 국회 본회의에서 통과됨으로써 방송광고의 종류에 가상광고와 간
접광고가 추가되었고, 가상광고와 간접광고 개념이 법으로 새로 규정되었
다. 2010년 1월 19일 국무회의에서 '방송법시행령 개정안'이 의결됨에 따라,
간접·가상광고가 해당 방송 시간의 5/100 이내에서, 화면 크기는 1/4 이내
(자막으로 광고방송 표시)에서 허용되었다. 간접광고는 오락·교양 프로그램에
서는 허용(직접 구매 권유는 금지)하되, 어린이·보도·시사·논평·토론 프로그램
은 예외로 했다. 가상광고는 스포츠 중계에 한정해 허용했으며, 경기장 내
광고판을 대체하는 방식은 제외되었다. 2010년 3월 26일 SBS 세계 피겨 선
수권대회 스포츠 중계에서의 김연아 선수의 쇼트 경기에 삽입된 5초짜리 삼
성전자 광고가 지상파방송의 첫 가상광고로 기록되었다.

한편, 가상·간접광고는 박근혜 정부에서 범위가 확대되었다. 방통위가
2015년 1월 27일 발표한 '2015 주요 업무계획'에 기초해 마련한 '방송법시행
령 개정안'이 2015년 7월 14일 국무회의에서 의결되었다. 개정안의 골자는
방송광고 시장 활성화 차원에서 가상·간접 광고 규제를 완화하는 것이었다.
세부적으로, 개정안은 운동경기 중계에만 허용하던 가상광고를 오락·스포
츠 분야 보도에 관한 방송프로그램에도 허용했다.[3] 유료방송의 경우, 가상·

---

2)   이 개정안은 2008년 12월 24 허원제 의원에 의해 수정 발의되었다.

3)   이와 관련해 방통위가 2015년 8월 26일 개최한 토론회에서 윤정주 여성민우회 미디어운동

간접 광고의 허용 시간을 방송프로그램 시간의 5/100에서 7/100로 확대했다. 개정 '방송법시행령'은 2015년 9월 21일 자로 시행되었다. 한편, 방통위는 2015년 9월 16일 전체회의에서 '가상광고 세부 기준 고시제정안'을 의결했다. 이를 통해 '방송법시행령 개정안'에서 위임한 가상광고의 시간 및 방법, 1일 방송시간의 세부 기준이 마련되었고, 이 기준도 시행령 개정안과 함께 9월 21일 자로 시행되었다. 고시에서는 가상광고의 종류를 소품형, 자막형, 동영상형 가상광고 및 그 밖에 기술 발전에 따라 새롭게 등장하는 것 등으로 구분했다. 당초 행정예고안에 포함되어 있던 '음향 사용 가상광고'는 시청권 침해 및 방송법상 가상광고의 정의를 벗어날 우려가 있다는 시민단체의 의견 등을 반영하여 삭제되었다. 한편, '가상광고의 방법 제한' 측면에서 오락, 스포츠 분야의 보도에 관한 방송프로그램이 진행 중인 때에는 시청권 보호를 위해 동영상형 가상광고를 제한하기로 했다. 운동경기 또는 관련 행사가 진행 중인 때에는 가상광고가 선수, 심판, 선수·심판의 장비 일부를 가려서는 안 되지만, 선수나 심판이 갑자기 이동하여 이미 노출된 가상광고에 의해 가려지는 등 예상치 못한 상황이 발생한 경우는 예외적으로 허용했다.

한편, 방심위는 2015년 10월 8일 심의 규정 개정안을 의결했다. 골자는 가상광고가 등장인물 등 사람 위에 노출될 경우 제재한다는 것이었다. 가상광고 이미지에 상품가격, 연락처 등을 함께 노출하는 것도 금지했다. 또 박근혜 정부에서는 외주제작사에 간접광고를 판매하는 것이 허용되었다. 2016년 1월 8일 국회 본회의를 통과한 방송법 개정안[4]은 "외주제작사 정의

본부 소장은 "스포츠 보도에 가상광고를 허용해주는 것은 스포츠 보도를 보도 영역으로 볼 경우, 공정성과 객관성이 훼손될 여지가 있다"는 주장을 폈다.

4) 개정안은 9개 발의 법안(정부 및 박창식, 최민희, 홍문종, 류지영, 부좌현, 정희수, 우상호 의원 등)을 종합한 개정안(대안) 형식이었다.

규정을 신설하고, 외주제작사가 방송분쟁조정위원회의 조정 신청 당사자에 포함되도록 하며, 외주제작사에 간접광고 판매를 허용하되, 방송사업자와 외주제작사가 방송 심의규정 등 위반 여부에 대하여 합의하도록 함"을 골자로 했다. 그동안 방송광고의 주체가 방송사업자로만 규정되었으나, 방송법 개정으로 외주제작사가 방송프로그램의 제작주체로서 방송법 틀 내로 포섭되었다. 이 개정안은 동년 7월 28일 자로 시행되었다. 2016년 7월 19일 국무회의에서는 외주사의 간접광고 판매 절차를 골자로 한 방송법시행령 개정안이 의결되었다. 주요 내용은 외주사가 간접광고를 판매할 경우 방송법령에 규정된 심의규정과 자체 심의기준을 위반하지 않도록 외주사는 방송사업자와 간접광고 상품, 노출 시간·횟수 등 간접광고의 내용 및 형태에 관한 사항을 서면으로 상호 합의하도록 규정했다. 또한, 외주사가 방송광고판매대행자에게 광고판매를 위탁할 경우 방송광고 요금 및 간접광고의 판매 위탁 수수료 등에 관한 계약을 체결하도록 규정했다(탁재택, 2017).

한편 문재인 정부에서는 2021년 4월 27일 열린 국무회의에서 가상·간접광고 시간(7/100)을 지상파와 유료방송에 동일하게 규정하는 것을 골자로 한 방송법시행령 개정안이 의결되었다. 또한, 가상광고와 관련해서는 방통위가 2021년 9월 10일 '가상광고 세부기준 등에 관한 고시'를 개정하고, 가상광고 고지자막 규제를 개선했다. 골자는 프로그램 시작 시 가상광고 고지 규제를 단순 자막크기(1/16 이상) 규제에서 1/16 내외의 크기의 배경색과 대비되는 색상으로 고지하도록 하여 시청자가 가상광고 포함여부를 명확하게 알 수 있도록 하는 것이었다.

4) 방송광고 총량제

박근혜 정부에서는 방송광고 총량제가 주요 현안이었다. 박근혜 정부는 신문업계와 타 유료방송업계의 반발 속에 지상파방송 광고총량제를 도입했다. 방통위가 2015년 1월 27일 발표한 '2015 주요 업무계획'에 기초해 마련한 '방송법시행령 개정안'이 2015년 7월 14일 국무회의에서 의결됨으로써, 방송광고총량제가 도입된 것이다. 총량제 도입으로 기존의 광고 종류별 칸막이식 규제(프로그램 광고, 토막광고, 자막광고, 시보광고 등 유형별 광고시간 제한)가 폐지되고, 방송사가 광고의 종류와 시간 등을 상대적으로 자유롭게 편성할 수 있게 되었다. '총량제'는 1973년 광고종류별 칸막이 규제가 도입된 지 42년 만의 변화였다. 총량제 도입으로 지상파방송은 방송프로그램 편성시간당 평균 15/100 이내에서 최대 18/100의 광고총량을 허용했다. 다만 지상파TV의 프로그램광고 시간은 최대 15/100로 한정되었다. 유료방송 영역에는 기존 '시간당 총량제'에서 '방송프로그램 편성시간당 총량제'로 전환되고, 방송프로그램 편성시간당 평균 17/100 이내, 최대 20/100의 광고총량이 허용되었다. 총량제 도입을 골자로 한 '방송법 시행령'은 2015년 9월 21일 자로 시행되었다(탁재택, 2017). 한편 문재인 정부에서는 2021년 4월 27일 열린 국무회의에서 광고총량(편성시간당 최대 20/100, 일평균 17/100)을 지상파와 유료방송에 동일하게 규정하는 것을 골자로 한 방송법시행령 개정안을 의결했다.

2. 문재인 정부

문재인 정부에서는 중간광고, 협찬제도, 공익광고, 결합판매제도, 어드레서블 광고, 방송광고규제완화·산업활성화 등이 주요 정책이슈로 부각되었다.

1) 중간광고

문재인 정부에서의 방송광고 정책의 가장 큰 변화는 지상파에 중간광고가 허용되었다는 것이다. 2021년 4월 27일 열린 국무회의에서 정부는 지상파 중간광고 허용을 골자로 한 방송법시행령 개정안을 의결했다. 1964년 방송법이 제정될 당시부터 허용되어오던 지상파 중간광고가 금지된 배경과 관련해서는 여러 가지 주장들이 있다. 대표적인 것 중의 하나가 1974년 '석유파동' 당시 에너지 절약과 과소비방지 차원이었다는 것이다. 한편, 2019년 3월 21일 자 SBS 뉴스에 따르면, 박정희 정권이 민영방송의 과도한 상업성 등을 이유로 1973년 방송법시행령개정안을 의결해 중간광고를 금지시켰다는 주장도 존재한다. '중간광고 허용' 논란은 노무현 정부 때부터 문재인 정부 때까지 계속 이어져 왔다. 노무현 정부 시절인 2007년 말 당시 방송위원회는 '지상파 중간광고 도입 건'을 의결한 바 있다. 한국광고홍보학회가 2014년 11월 21일 주최한 추계학술대회 광고제도 관련 세미나에서 박원기 한국방송광고진흥공사 박사는 "지상파에 대한 광고규제가 지속될 경우 지상파뿐 아니라 유료방송의 위기도 불가피하다. 유료방송 콘텐츠의 60%가 국내 지상파의 콘텐츠이기 때문이다. 유료방송의 반대로 지상파의 중간광고 도입이 늦춰져 지상파가 위기를 맞을 경우 유료방송도 콘텐츠 수급의 위기를 맞게 될 것이다"라고 주장했다. 광고산업협회가 2016년 4월 28일 주최한 '지상파 중간광고 도입을 위한 특별세미나'에서 정두남 한국방송광고진흥공사 박사는 "시청권 훼손을 이유로 중간광고를 반대하고 있는데, 국민의 95%가 유료방송을 통해 방송을 시청하는 상황에서 지상파 중간광고는 시청권 훼손이고 유료방송 중간광고는 문제없다는 주장은 설득력이 약하다. 가상광고와 간접광고 규제가 완화된 상황에서 중간광고에 대한 규제가 유지될 필요가 있는지 의문이다. 지상파의 무료보편서비스 축소에 따른 유료 서비스 보편화는 글로벌 경쟁시대 콘텐츠산업 활성화와 시청자복지 구현에 역행한다"고 주장했다. 한편, 언론정보학회가 2016년 5월 12일 주최한 '중간광고와 방송 산업, 그리고 공공성' 세미나에서 강혜란 여성민우회 공동대표는 "시민단체 입장이 좀 복잡해 보인다. 우선 지상파만이라도 중간광고가 없는 영역이면 좋겠다는 의견이 있다. 반면, 지상파의 공적 책무 수행 능력을 고려할 때, 지상파 중간광고 허용이 불가피하다는 견해도 있다. 종편 약진 등 유료방송 중심의 방송 산업 구조개편 대응 차원에서 지상파에 대한 중간광고 허용을 검토할 수 있다고 본다"고 말했다. 방송학회가 2016년 9월 20일 주최한 '방송프로그램, 중간광고, 그리고 시청자' 세미나에서 홍원식 동덕여자대학교 교수는 '시청자 인식조사 결과' 발제에서 "방송 산업의 기본적 목표는 시청자들에게 양질의 콘텐츠를 제공하는 것이다. 이는 곧 재원의 안정성이 중요하다는 것을 의미한다. 지상파의 경우, 광고 기반 모델이 붕괴되면 공적 서비스 수행에 한계가 불가피하다. 시청자 복지와 주권 문제는 단순한 구호로 해결될 수 있는 것이 아니라 시청자에게 돌아오는 편익과 그에 따른 기회비용에 대한 냉정한 평가로 이해되어야 할 사안이다"고 주장했다. (사)서울AP클럽이 2016년 9월 23일 주최한 '지상파방송, 중간광고 허용해야 하나' 세미나에서 문철수 한신대 교수는 "이미 1994년에 '지상파 중간광고 금지'는 경제기획원으로부터 '광고 산업의 불합리한 관행'으로 지목된 바 있다. 광고를 방송 재원으로 활용하는 어느 나라에서건 광고총량 규제하에 광고 배치점을 결정하는 편성의 문제는 방송사가 갖는 고유 권한임이 보편적 상식이다. 현행 차별 규제는 상업적 이익만을 목적으로 하는 유료방송을 위해 공공서비스를 제공하는 지상파방송의 원활한 재원 확보 방안을 정책적으로 틀어막고 있는 기형적 상황이다"라고 지적했다. 한편, 광고홍보학회가 2016년 11월 22일 주최한 '방송광고 총량제 1년 진단과 평가' 세미나에서 홍문기 한세대학교 교수는 "KBS2 TV 〈태양의 후예〉와 tvN의 〈응답하라 1988〉을 비교해 보면, 20~49세의 〈태양의 후예〉 시청률이 15.2%, (전후)광고시청률이 8.7%였다. 20~49세의 〈응답하라 1988〉 시청률은 8.4%, (전후)광고시청률은 4.8%, 중간광고 시청률은 8.4%였다. 이런 관계로 〈태양의 후예〉 15초 광고단가가 1,300만 원, 패키지 광고가 8,000만 원으로 형성된 반면, 〈응답하라 1988〉의 15초 광고단가는 2,500만 원, 패키지 광고는 3~4억 원으로 형성되었다. 중간광고의 효과가 단적으로 나타나는 통계 수치다. 콘텐츠 제작역량 강화 등의 차원에서 지상파 중간광고 허용이 필요한 시점이다"라는 논리를 폈다. 이렇듯, 지상파 중간광고 찬성론자들은 유료방송과의 비대칭규제 개선, 시청자들의 유·무료방송 구분 없는 동일 시청 상황, 총량제 실효성 제고, 양질의 콘텐츠를 통한 시청자복지 제고, 방송광고산업 활성화, 글로벌 스탠더드 부합 등의 논리로 지상파 중간광고 도입을 주장했다. 이와 관련해 정준희(2016a)는 "지상파에 대한 차등 규제를 적용하는 것은 별다른 논리적 근거가 없이 기존 법제와 관행을 유지하려는 일종의 '현상 유지(status quo)' 전략에 불과하거나, 특정 사업자의 이해를 침해하지 않기 위해 다른 사업자의 불이익을 방치하는 무책임한 정책의 일환이다"고 주장했다. 이와 같은 지상파 중간광고의 찬성 기조 속에 신문협회와 타 유료방송업계 등에서는 지상파 중간광고 허용 이슈에 강력히 반대 입장을 폈다. 대표적인 반대 논거로는 시청자의 시청권 침해, 시청률 경쟁으로 인한 방송문화의 상업화 심화, 지상파에 광고 쏠림으로 인한 타 매체 생존 위협 등이 언급되었다. 하동근 한국케이블TV방송협회 PP협의회장은 2016년 11월 6일 자 ≪전자신문≫ 칼럼 '지상파 중간광고 도입 선결 과제'에서 "지상파 중간광고 허용의 전제로 지상파 방송의 공·민영 역할 분담과 방송 구조 개편, 시청권 보호, 방송의 공공성 훼손 방지, 업계 균형 발전을 위한 비대칭 규제 등에 대한 논의가 선행되어야 한다. 구체적으로 지상파가 아닌 다른 방송채널사용자에 대한 지원이 검토돼야 한다. 의료·의약품 등 방송광고 금지 품목의 일부 규제 완화, 공익광고 규제 완화 등 유료방송채널사업자를 위한 신규 광고시장 확대 방안 등이 함께 추진돼야 지상파방송 중간광고 도입에 따른 관련 업계의 피해와 후유증을 그나마 일부 줄일 수 있다"고 주장했다. 한편, 한국PD연합회가 2016년 10월 12일 주최한 '협찬·PPL과 중간광고, 어떻게 풀 것인가' 정책토론회에서 정미정 공공미디어연구소 박사는 '지상파 중간광고의 도입과 상생의 조건' 발제에서 "중간광고 허용을 포함한 지상파 광고규제 개선과 가입료 인상 등 유료방송 재원 확충을 위한 규제 개선이 동시에 이뤄지는 방향으로의 정책논의가 필요하다"는 주장을 폈다. 이날 이채훈 PD연합회 정책위원은 '협찬·PPL과 중간광고에 대한 PD 인식 조사' 발제에서 "다수의 현직 PD들은 협찬·PPL의 증가가 방송 내용과 제작 여건에 큰 영향을 미친다고 보고 있으며, 이를 해소하기 위한 방안의 하나로 지상파 중간광고 허용을 원하고 있는 상황이다"고 말했다(탁재택, 2017). 다양한 찬반 논란 속에서 문재인 정부는 지상파에 중간광고를 허용하는 방향으로 정책기조를 잡아나갔다. 2018년 11월 9일 방통위가 발표한 「방송광고 제도개선 정책방향」 자료집에서는 매체 간 공정경쟁 환경 조성 및 양질의 콘텐츠 제작 활성화를 통한 시청자 복지 제고를 위해 '중간광고 차별적 규제 해소'가 포함되었다. 방통위가 사실상 중간광고 도입을 추진한다는 의지를 밝힌 것이다. 참고로, 당시 대부분의 선진국에서는 상업광고가 금지된 공영방송을 제외하고는 지상파와 유료방송에 공히 중간광고가 허용되고 있는 상황이었다. 한편, '리얼미터'가 tbs 의

뢰로 2018년 10월 2일 전국 성인 501명을 대상으로 한 조사에서 중간광고 허용 '반대' 의견("프로그램을 끊기지 않고 볼 시청권을 제한하고 시청률 경쟁과 상업화를 유발하므로 반대한다")이 61%, '찬성' 의견("지상파만 못하게 하는 것은 형평성에 맞지 않고 양질의 프로그램 생산에 도움이 되므로 찬성한다")이 30%로 나타나기도 했지만, 방통위의 정책방향은 매체 간 공정경쟁 환경 조성(동일서비스 동일규제)과 지상파에 대한 양질의 콘텐츠 제작 활성화 요인이 필요하다고 판단했던 것으로 보인다. 한편, 당시 야당인 자유한국당의 내부 기류도 '지상파 중간광고 허용' 이슈에 부정적이었다. 여의도연구원이 2018년 11월 23일 주최한 '중간광고' 긴급토론회에서 자유한국당 소속의 강효상 의원은 "지상파에 중간광고를 허용하는 것은 '정치적 특혜'다"라는 주장을 펴기도 했다. 이날 토론자로 참석한 양한열 방통위 방송기반국장은 "정책 업무를 담당하는 방통위는 사업자 간 공정경쟁 환경을 고려하지 않을 수 없다. 시청복지 담보와 산업 활성화에 대한 고민이 필요하다. 중간광고 허용 시 사업자들의 자구노력 방안이 있어야 한다"는 입장을 보이기도 했다. 방통위의 '중간광고 허용' 정책기조에 대해 문화체육관광부와 신문협회 등은 '반대' 입장을 보였다. 이런 가운데 청와대도 지상파방송사들의 자구책 마련이 미흡하다면서 '반대 입장'을 보였다. 청와대의 '반대' 입장으로 방통위의 지상파 중간광고 도입 논의는 사실상 원점으로 돌아갔다(디지털데일리, 2019.2.20.). 이와 관련해 2019년 5월 25일 열린 언론정보학회 춘계학술대회 '한국 공영방송의 정치적 후견주의 성격과 극복' 세션에서 박건식 MBC 피디는 "중간광고 도입 불발의 배경이 청와대의 지상파 보도기조에 대한 불만 때문인 것 같다. 역대 어느 정권에서든 정치권의 공영방송 '과잉지배' 현상이 있었다"는 의견을 피력했다. 한편, 국회입법조사처는 2020년 9월 3일 '지상파방송의 위기와 중간광고 규제 개선'을 주제로 「이슈와 논점」 보고서를 발표하고, 중간광고 규제 개선의 필요성을 주장했다. 이 보고서는 "지상파방송이 직접 수신 가구 감소, OTT서비스 이용자 증가, 지상파방송의 콘텐츠 경쟁력 약화, 광고매출 감소 등으로 인하여 재정적 위기를 겪고 있다"면서, "편법적인 분리편성광고(PCM)로 시청자들의 불만이 쌓이고 있는 현실을 감안하여 지상파 중간광고 규제 개선이 필요하다"고 주장했다(김여라, 2020). 다년간의 논란 끝에 방통위는 2021년 1월 13일 발표한 방통위 제5기 정책과제 '방송시장 활성화 정책방안'에서 "지상파방송이 과점적 지위를 점했던 당시에 도입된 방송의 광고·편성 등 규제들은 방송 제작·유통·소비 환경변화를 적절히 반영하지 못하여, 국경없는 경쟁시대에 적절한 대응이 어렵다"는 지적이 있다면서 "유료방송과 동일한 시간·횟수로 지상파에 중간광고를 전면 허용하겠다"고 밝혔다. 이후 2021년 4월 27일 국무회의에서 지상파 중간광고 허용을 골자로 한 방송법시행령개정안이 의결되었다. 개정안은 지상파에 유료방송 사업자와 동일한 시간·횟수로 중간광고를 허용했다. 단, 중간광고 편성 시 프로그램의 온전성이 훼손되지 말아야 하고, 시청 흐름이 방해되어선 안 된다는 조건이 붙었다. 이 외로, 프로그램 출연진 등으로 인하여 중간광고가 프로그램과 혼동되지 않아야 하고, 중간광고 직전에는 중간광고 개시를 자막·음성으로 고지해야 하며, 고지 자막의 크기는 화면의 1/32 이상으로 해야 한다. 지상파 중간광고는 2021년 7월 1일부터 1회당 1분 이내로 편성이 가능하게 되었고, 프로그램 길이가 45분 이상일 시 1회, 60분 이상일 시 2회 허용된다. 프로그램 길이가 60분을 넘길 시 이후 30분당 1회 추가, 최대 6회까지 허용된다.

2) 협찬

방통위가 문재인 정부 출범 뒤인 2017년 12월 6일 발표한 '제4기 방통위

10대 정책과제'와 2018년 11월 9일 발표한 '방송광고 제도개선 정책방향'에는 협찬을 제도화한다는 정부의 정책적 의지가 포함되었다. 방통위는 광고 시장의 중심축이 인터넷·모바일 등으로 이동하는 상황에서 '매체 간 공정경쟁 환경 조성'과 '양질의 콘텐츠 제작 활성화를 통한 시청자 복지 제고'를 위해서는 '협찬의 제도화'가 필요하다고 판단했다.[5] 세부적으로, 방통위는 협찬에 대한 규제법령 없이 협찬고지만을 규율하고 있는 상황을 고려해, 협찬의 정의와 허용·금지 범위, 고지 의무 등을 신설하겠다고 밝혔다. 국회 차원에서의 관련 법안 발의도 이어졌다. 신경민 의원은 협찬과 관련해 2017년 10월 25일 방송법 개정안을 대표발의했다. 개정안에서 신 의원은 "방송사업자 또는 외주제작사가 다른 사람으로부터 방송프로그램의 제작 또는 행사와

---

5) 박근혜 정부 시기인 2015년 7월 14일 국무회의에서 의결된 '방송법시행령 개정안'에서도 '협찬 규제 완화'와 관련된 내용이 일부 포함되었다. 골자는 방송광고가 금지된 상품이나 용역을 제조, 판매 또는 제공하는 공공기관 또는 공익법인이 공익행사 협찬을 하는 경우에 협찬고지를 할 수 있다는 것이다. 이에 기초해 방통위는 2016년 2월 24일 전체회의에서 협찬고지에 관한 규칙 개정안을 의결했다. 주요 내용은 방송법시행령 개정사항을 반영하여, 방송광고가 금지된 상품이나 용역을 제조·판매 또는 제공하는 공공기관·공익법인이 '협찬주명'을 고지할 경우 현행 공익성 캠페인에서 공익행사까지 확대 허용하고, 방송광고 금지 품목과 허용품목을 함께 제공·판매 등을 하는 경우에는 허용품목에 한하여 협찬고지를 허용하되 '협찬주명'이 아닌, '상품명·용역명'만 고지하는 것을 허용했다. 또, 협찬의 투명성 제고를 위해 방송사업자가 협찬을 받아 협찬고지를 하는 경우에는 심의 절차 마련 등 투명한 집행을 위해 노력하고, 협찬주가 방송프로그램 내용·구성에 영향을 미치거나 편성의 독립성을 저해하는 행위를 금지했다. 협찬고지 내용은 협찬주명(로고 포함)·기업표어·상품명·상표 또는 위치 중에서 방송사가 자율적으로 선택하여 고지할 수 있게 했고, 고지 1건당 5초 제한시간을 폐지하는 등 형식 규제를 개선했다. 방송사업자가 캠페인 협찬을 받은 경우에는 시청권 보호를 위해 방송프로그램과 방송프로그램 사이에만 협찬고지를 할 수 있도록 규정을 신설하고, 방송사업자가 지방자치단체로부터 장소 협찬을 받은 경우 방송프로그램 내 해당 부분에서 '지방자치단체명'의 협찬주명 고지를 허용하여, 지역 균형 발전, 관광산업 활성화, 프로그램 해외 수출 시 해외 홍보 등이 가능하게 했다(탁재택, 2017).

캠페인에 직접적·간접적으로 필요한 경비·물품·용역·인력 또는 장소 등을 제공받는 것을 '협찬'으로 정의하자. 보도프로그램을 제작하거나, 다른 사람의 캠페인을 홍보할 경우, KBS·MBC·SBS 및 평균 매출이 3,000억 원 이상인 방송채널사용사업자가 일정 규모 미만의 제작비가 사용되는 자체제작 프로그램을 제작할 경우에는 협찬을 제공받지 못하게 하고, 정당이나 방송광고가 금지된 상품을 판매하는 자 등으로부터 협찬을 제공받지 못하게 하자. 협찬고지 방법의 세부기준을 정하자" 등을 제안했다. 박선숙 의원도 2019년 3월 29일 방송법 개정안을 대표발의하고, "현행 시행령에 규정되어 있는 방송프로그램 협찬에 관한 내용을 법률에 상향하면서 이를 위반할 경우 과태료를 부과하고, 방송사업자 등이 협찬을 받은 경우 협찬주, 협찬규모, 협찬목적 등을 신고하도록 하자"고 주장했다. 변재일 의원은 2019년 5월 9일 대표발의한 방송법 개정안에서 "현행법은 협찬고지에 대해서 규정하면서 방송사업자로 하여금 대통령령으로 정하는 범위 안에서 협찬고지를 하도록 하고 있으며, 협찬고지의 세부기준 및 방법 등은 방송통신위원회 규칙에 위임하고 있다. 하지만 협찬의 정의와 허용범위가 법률로써 명확히 규정되어 있지 않아 시사·보도 프로그램에서 협찬을 받거나 협찬이 금지된 협찬주로부터 협찬을 받더라도 협찬고지만 하지 않으면 제재할 수 없는 규제의 공백에 대한 우려가 있다. …… 방송사업자 또는 외주제작사가 방송프로그램 등의 제작에 직접적·간접적으로 필요한 경비·물품·용역·인력 또는 장소 등을 제공받는 것을 '협찬'으로 정의하자. …… 방송의 공정성 및 공공성을 저해할 우려가 없는 경우 협찬을 받을 수 있으나, 대통령령으로 협찬을 받을 수 없도록 정한 방송프로그램, 정당 또는 정치적 이해관계를 대변하는 단체로부터의 협찬, 시사·보도 프로그램 등에 대한 협찬을 금지하자. …… 협찬고지 이외의 방법으로 광고효과를 주는 행위, 시청자 또는 방청객 등에게 제공할 목

적으로 시상품 또는 경품을 제공받아 이를 다른 목적으로 사용하는 행위, 외
주제작사가 제공받은 협찬에 대해 불합리한 수익배분을 강요하는 행위를 금
지하는 등 사업자의 준수사항을 정비하자. …… 방송사업자와 외주제작사로
하여금 협찬수익과 광고수익을 분리하여 처리토록 하자" 등 구체적인 내용
들을 제안했다.[6]

이러한 논의 상황 속에서 방통위는 2019년 6월 19일 '협찬의 개념 규정,

---

[6]   한편, 협찬과 관련해 박근혜 정부에서는 유승희, 장병완, 최민희 의원 등의 법안 발의가 이
       어졌다. 유승희 의원은 2015년 9월 2일 대표발의한 '방송법 개정안'에서 방통위의 협찬고지
       규칙 개정 추진과 관련해 입법부의 협찬 규제 권한 강화가 필요하다면서, "협찬 및 협찬주
       의 개념을 '방송법'에 직접 규정하자"고 주장했다. 최민희 의원도 2015년 9월 7일 '방송법
       개정안'과 '방송통신발전기본법 개정안'을 대표발의했다. '방송법 개정안'에서 최 의원은
       2000년 법제화되면서 양성화된 방송 협찬이 지난 15년 동안 온갖 불법과 탈법 행위 속에
       이뤄지고 있고, 이는 규제기관인 방통위가 애초 입법 목적을 망각한 채 사업자의 이해와 요
       구만 대변하면서 엄격한 법집행을 회피하고 있는 데서 많은 부분 기인하고 있는 실정이라
       면서, "협찬 기준과 방법을 하위 법령(시행령)이 아닌 '방송법'으로 규율하자"고 주장했다.
       한편, '방송통신발전기본법 개정안'에서는 "협찬 수입에도 방송통신발전기금을 부과하자"
       고 최 의원은 제안했다. 제안 배경으로 최 의원은 "방송통신발전기금 분담금 징수 대상 사
       업자에게 징수금을 부과할 때, 방송사업자들의 주요한 수입원이 방송광고 외에도 협찬수입
       이 있음에도 방송광고 매출액만을 기준으로 징수율을 정하고 있다. 상황이 이렇다보니 사
       업자들이 고의로 방송광고 매출액을 줄이고 협찬수입을 늘리는 등의 편법으로 방송통신발
       전기금 부과의 취지와 목적을 회피하고 있다"고 설명했다. 장병완 의원은 2015년 10월 19
       일 대표발의한 방송법 개정안에서 시청자의 시청권 보호 및 방송의 공공성을 제고를 위해
       '협찬고지에 관한 규칙' 중 방송프로그램 제목에 협찬주 이름 사용을 금지하는 내용을 법률
       에 규정하자고 했다. 한편, 방심위가 2016년 12월 1일 주최한 '방송의 상업화와 시청자 권
       익보호 방향성 모색' 토론회에서 박종수 고려대 법학전문대학원 교수는 "프로그램과 광고
       가 혼동되지 않도록 해야 한다. 결국 재원의 문제라고 본다. 광고 하나만의 문제가 아니라
       는 뜻이다. (방송사업자의) 재원구조에 있어 전체적인 선순환 구조가 마련되어야 한다. 가
       이드라인은 규범력이 부재한 관계로, 규범 자체가 잘 세팅되어야 한다. 광고가 지속적으로
       증가하는 상황에서 사업자들의 책임의식도 중요한 문제라고 본다"고 주장했다(탁재택,
       2017).

허용 범위 규정, 불공정행위 규정 등'을 골자로 한 방송법 개정안을 마련했다. 방통위는 현행 「방송법」에는 '협찬고지'의 정의, '협찬고지'의 허용범위만 들어 있고,[7] '협찬' 자체에 대한 규정은 없는 상황이라면서, 방송사업자가 부적절한 협찬을 받더라도 협찬고지를 하지 않으면 알 수 없는 등 협찬의 투명성에 문제가 있었다고 법안 마련 배경을 설명했다. 방통위의 방송법 개정안과 관련해 이효성 방통위원장은 ≪전자신문≫ 2019년 8월 7일 자 '협찬은 건전한 제작 재원' 칼럼에서 "광고만큼 눈에 띄지는 않지만 콘텐츠 제작에 중요한 재원이 협찬이다. …… 그러나 방송광고와 달리 협찬은 방송사와 협찬주 간 직접 거래가 되기 때문에 음성 협찬이 이뤄지더라도 알 수 없는 경우가 많다. …… 이러한 문제점에도 협찬 자체를 금지하는 것은 바람직하지 않다. …… 법 개정으로 협찬의 공공성을 제고해 국민의 시청권을 보호하는 한편 협찬이 건전한 제작 재원으로 자리매김하는 계기가 될 것으로 기대한다"고 말했다. 방통위는 2019년 11월 22일 전체회의에서 협찬 관련 방송법 개정안을 의결했고, 정부는 국무회의 의결을 거쳐 제21대 국회 개원 직후인 2020년 10월 23일 방송법 개정안을 발의했다. 정부는 개정안 발의 배경으로 "현행 방송법에는 …… 방송프로그램의 공정성을 저해할 수 있는 협찬 또는 협찬고지를 방지할 법적 장치가 미흡함에 따라, 협찬의 정의, 협찬 금지대상, 협찬과 관련된 부당행위의 금지 등 협찬의 관리에 필요한 사항을 신설하고, 의무적 협찬고지 사항, 협찬고지 금지 사항 등 협찬고지의 관리에 필요한 사항을 정비하여 방송의 공정성을 향상"시킬 필요성을 언급했다. 개정안의 주요 내용은 '협찬의 정의, 협찬 금지대상 및 협찬 관련 부당행위 규정'과 관련해 "협찬의 정의를 방송프로그램, 공익적 성격의 행사·캠페인의

---

7) '협찬고지'의 세부기준 및 방법 등은 「방송법시행령」과 방통위 규칙에 들어 있는 상황.

제작 등에 직접적·간접적으로 필요한 경비·물품 등을 제공하는 것으로 규정하자. 방송사업자 또는 외주제작사가 정당, 그 밖의 정치적 이해관계를 대변하는 단체의 협찬과 시사·보도·논평·시사토론 방송프로그램의 제작에 대한 협찬을 받을 수 없도록 하자. 방송사업자 또는 외주제작사가 협찬주의 판매 상품 또는 용역의 구매를 시청자에게 권유하는 내용으로 방송프로그램을 제작하는 행위 등 협찬 관련 부당행위를 금지시키자" 등이었다. '협찬고지 의무 사항 및 협찬고지 금지 사항 마련' 관련해서는 "방송사업자는 협찬주의 판매 상품 또는 용역과 관련된 효능 등을 다루는 방송프로그램의 경우 의무적으로 협찬고지를 하도록 하자. 방송사업자는 건강, 안전, 풍속 등에 영향을 미치는 상품 등의 협찬을 받는 경우 협찬고지를 할 수 없도록 하자" 등이었다. 한편, 전재수 의원도 2021년 11월 2일 방송법 개정안을 대표발의하고, "협찬과 협찬고지를 분리하여 정의하되 협찬주의 명칭, 상호, 상품명 또는 장소명을 제외한 내용과 협찬 받은 사실을 고지하는 '협찬사실고지'를 추가적으로 정의하고, 협찬을 받아서는 안 되는 경우 및 협찬과 관련한 금지행위를 법률에서 직접 규정하며, 협찬에 대한 고지에 있어서도 협찬고지 및 협찬사실고지를 할 수 있는 것을 원칙으로 하되 협찬고지를 하여서는 안 되는 경우 등 체계를 정비"할 것을 주장했다.

한편, 방통위는 규제혁신 일환으로 2021년 9월 10일 '협찬고지 등에 관한 규칙'을 개정하기도 했다. 지상파, 케이블, 위성, PP 등으로 되어 있는 현행 사업자 구분 방식을 텔레비전방송채널로 통합하고, 매체 간 규제차이가 있는 협찬고지 허용시간, 협찬고지 횟수를 유료방송 수준으로 완화하는 것이 골자였다. 지상파 30초, 유료방송 45초 등 차등적으로 허용하고 있는 협찬고지 시간을 'TV방송채널' 45초로 통합했고, 행사·프로그램 예고와 협찬고지 횟수도 현행 중앙지상파 2회, 지역지상파 3회, 유료방송 3회, 라디오방송

4회에서 'TV방송채널' 3회, '라디오방송채널' 4회로 개정했다. 이와 함께 규칙에 열거된 사항만 고지가 가능했던 협찬고지 내용을 협찬주명, 상호, 상품명 등 협찬에 관한 사항으로 포괄적으로 규정하여 협찬고지 내용의 자율성을 확대하고, 방송사의 자율성 강화를 위해 프로그램 종료 시 협찬고지 위치 지정(현행: 화면 하단 또는 우측 한곳만 가능)을 삭제하되, 자막의 위치가 프로그램 시청에 방해가 되지 않도록 했다.

3) 결합판매제도

문재인 정부에서는 방송광고 '결합판매제도'가 헌법재판소의 심판 대상이 되기도 했다. 「방송광고판매대행 등에 관한 법률」 제20조("지상파방송광고를 대행하는 광고판매대행자는 네트워크 지역지상파방송사업자 및 중소지상파방송사업자의 방송광고를 다른 지상파방송사업자의 방송광고와 결합하여 판매하여야 한다")가 헌법에 반한다는 헌법소원 청구가 2020년 3월에 있었고, 이에 대해 헌재는 동년 4월 '전원재판부 심판 회부' 결정을 내렸다. "광고 결합판매제도가 계약의 자유, 영업의 자유, 평등권, 재산권 등 헌법상의 기본권을 침해한다"는 청구인의 주장에 대해 결합판매제도를 지지하는 쪽에서는 "방송의 다양성과 공공성 담보 차원에서 결합판매제도가 지역방송과 중소방송을 위한 최소한의 보호망으로서 일종의 공적 부조제도"라는 입장이다(≪PD저널≫, 2020.5.13.). 한편, 방통위는 2021년 2월 17일 방송 공공성과 지역 중소방송사 균형발전 담보 차원에서 '지상파 결합판매 제도 재검토' 입장을 발표했다. 경영난을 호소하는 지상파 측에서는 비용적 부담과 경쟁사업자에 대한 지원, 규제형평성 차원에서 결합판매 제도개선을 요구해왔고, 광고주 측도 결합판매 제도에 대해 방송광고 구매자의 선택권을 제한한다는 입장을 견지했다. 이에 반해 결합판매제도에 매출의 상당 부분을 의존하고 있는 지역 중소방송사의 경우 생존과 직결되는 문제라면서 '제도 유지' 입장을 보였다. 한편, 국회 과학기술정보방송통신위원회 전문위원실에서는 2020년 11월 작성한 '2021년도 방송통신위원회 소관 세입세출예산안 및 방송통신발전기금 운용계획안' 검토보고서에서 "지상파방송광고 결합판매제도 개선책이 필요하다. 미디어 환경의 변화로 결합판매제도(끼워팔기)의 실효성이 떨어지고 있다. 현행 결합판매제도가 중소 지역지상파방송사의 광고수익을 보장해 지역성·공공성·다양성을 구현하고 있다는 점을 인정하지만, 광고주의 선택권 제약, 지상파방송에 대한 비대칭규제, 중소 지역 지상파방송사의 경쟁력 저하 등 여러 문제들을 유발하고 있어 제도개선이 불가피한 상황이다. 지역 중소지상파에 대해서는 방송통신발전기금과 같은 공적재원을 통한 지원책을 마련하거나 중소방송사에 대한 광고집행에 있어 세제혜택 등을 부여하는 방안을 검토할 필요가 있다. 헌법재판소가 결합판매제도에 대한 위헌적 요소가 없다는 결론에 도달하더라도 지상파사업자의 재무구조를 고려하면 결합판매제도는 그 지속가능성이 떨어진다는 점에서 국회와 정부가 사전에 대비할 필요가 있다. 결합판매제도 지원대상 매체를 점진적으로 축소하는 방안을 고려할 필요가 있다. 일례로, TV수신료를 배분받고 있는 EBS를 다른 중소지상파와 동일선상에서 지원하는 것은 불합리하다는 일부 주장이 있다. 종편 등에는 '1사-1렙' 체제를 허용하고 있는 반면 지상파의 경우 공영미디어렙(코바코)이 KBS와 MBC라는 복수의 키스테이션을 두고 있는 상황인데, 종편이 겸하는 미디어렙은 결합판매제도 대상에서 제외돼 있다는 점 등에 관해서도 논의가 필요하다"고 주장했다(≪미디어스≫, 2020.11.4.). 관련해서 법조계와 학계에서도 다양한 의견들이 나왔다. 이종관(2021a)은 "결합판매제도는 현재 지상파 광고시장 침체의 한 요인으로 작용 중이다. 광고주들의 지상파방송 광고(끼워팔기) 기피현상 때문이다. 또한 지역 중소방송사들의 광고경쟁력 약화의 한 요인이기도 하다. 전반적으로 결합판매제도의 실효성이 약화되는 추세다. 결합판매 시장규모는 대략 1,000억 선인데, 제도개선이 필요한 시점이다. 제도개선의 원칙은 지역성 담보, 방송의 다양성 확보, 매체균형발전 등이 될 것이다. 시장메커니즘을 훼손하지 않으면서 방송의 공공가치를 제고하는 방향이 되어야 한다. 해결책 모색 차원에서는 방발기금 등 공적 재원을 투입하는 방안 등에 대한 논의가 필요할 수 있다. 입법과제로는 지역방송발전지원특별법 개정, 방발기금 활용방안 마련, 정부광고를 통한 지원방안 마련 등이 있을 것이다. 지역 중소방송사 지원주체들에 대한 인센티브 방안도 검토될 수 있다"고 주장했다. 학계에서는 홍문기 한세대학교 교수와 이희복 상지대학교 교수 등이 관련 논의를 이어가고 있다. 홍문기(2021, 2021a)의 관점은 "결합판매제도의 지향점은 다양성, 지역성 등 공익성 가치의 구현이지만, 방송광고의 지향점은 효과성, 효율성, 수익성, 선택권 등 상업성 가치다. 이 두 가치 간 충돌이 헌법소원(2020)을 야기한 것이다. 중소방송사에 대한 지원 차원에서 방송발전기금 등 공적재원을 투입 방안을 검토할 필요가 있다. 정부 부처들의 입장도 상이한 상황이다. 기재부의 입장을 보면, 방발기금은 방통위 관할이고 정부광고는 문체부 관할인데, 지역 중소방송 지원이라는 측면에서 양 기관이 유사사업에 중복지원하는 문제가 발생한다는 주장이다. 정부광고 수수료를 놓고도 문체부와 방통위가 관할권 논쟁을 벌이는 상황이다. 정부 부처들이 상이한 입장을 보이고 있어 법률 개정 없이는 해결책 마련이 쉽지는 않아 보인다는 것이다. 결국 정부조직개편 등을 통해 기금 운영을 통합하는 것이 현실적인 방법이 될 수도 있다. 그럼에도 문제 해결의 근본적 과제는 중소방송사들의 자체 콘텐츠 경쟁력 강화다. 중소방송사들의 콘텐츠 경쟁력이 어느 정도 담보될 경우, 중소방송 전문 미디어렙 신설 방안도 검토 가능할 것"이라고 주장한다. 한편 이희복(2021)은 "현재 결합판매가 전체 방송광고 물량에서 차지하는 비중은 9~12% 수준이다. 금액으로는 2020년 말 기준으로 코바코가 760억 정도, SBSM&C가 330억 정도 등 대략 1,000억 원 정도 수준이다. 전체 방송광고 매출규모는 1조를 조금 상회하는 상황이다. 결합판매 폐지 시 지역 중소방송 지원방안으로는 방송발전기금 등 공적재원 활용방안, 정부광고수수료 활용방안, 지역 중소방송 발전기금 신규 조성(변재일 의원 주장) 방안 등을 검토할 수 있다"고 주장한다. 결합판매 제도 관련 논의의 기본방향은 제도개선에 있다고 볼 수 있는데, 헌재 판결이 바로미터가 될 것으로 보인다. 현행 결합판매제도에 대해 헌재에서 '위헌' 결정을 내리게 될 경우 미디어렙법 제20조는 즉각 효력을 상실할 수 있고, 이 경우 결합판매제도 자체가 폐지되기 때문에 지역 중소방송사의 광고수입 은 단기간에 급감할 가능성이 있다. 이 경우 방통위는 긴급지원 형식으로 공 적 재원 활용을 통한 지역 중소방송사 지원방안을 마련해 한시적으로 적용 하고 신속한 제도개선과 법 개정을 추진할 것이라는 게 법조계와 학계의 대 체적인 전망이다.

4) 어드레서블 광고 등 신유형광고

문재인 정부에서는 신유형광고로서 '어드레서블(Adressable) TV 광고' (IPTV 시청 가구별 이용자맞춤형 타깃광고)가 지상파방송에서 구체적인 형태로 나 타났다. MBC·코바코·IPTV3사 간 어드레서블TV 사업 관련 MOU가 2020년 11월 18일 체결된 것이다. 이후 2021년 3월부터 테스트사업이 시작되면서, MBC 프로그램 광고가 각 가구별로 다르게 송출되기 시작했다. 어드레서블 TV 광고는 유튜브 등 디지털플랫폼에서는 일반화된 방식이지만, 청약사전

판매 중심의 지상파 TV광고에서는 첫 시도였다. SBS(SBS플러스)와 KBS(KBSN 스포츠)는 자사 PP에 어드레서블TV 광고를 적용하고 있다. MBC의 경우, 시범 테스트 사업을 종료하고 2021년 12월부터 지상파방송사 중 최초로 '어드레서블TV 광고'를 도입했다. '어드레서블TV 광고'는 셋톱박스로 수집한 시청 기록 등을 활용, 가구별 특성과 관심사를 고려해 서로 다른 광고를 내보내는 방식이다. MBC는 2019년 말부터 어드레서블TV 광고에 대해 정책적 검토를 해오다가 미디어환경 변화 속에서 지상파TV 방송광고 시장의 '성장 한계' 위기감을 느끼면서 어드레서블TV 광고 도입을 결정한 것으로 보인다. EBS도 교육광고 관련 어드레서블TV 광고를 긍정적으로 보고 있는 것으로 판단된다. EBS는 타 방송사에 비해 시청률이 높지 않지만, 타깃은 분명하다는 입장이다. 광고주가 원하는 메인 타깃이 EBS와 동일할 경우 어드레서블TV 광고를 통해 더 효율적인 광고 집행이 가능할 것으로 판단하는 듯하다.

한편, 어드레서블TV 광고에 대한 주목도가 높아지는 상황에서 '개인정보 보호' 이슈도 제기되는 형국이다. IPTV사들이 IPTV 가입 당시 받은 개인정보 활용 동의를 기반으로 셋톱박스를 통해 수집한 시청이력을 활용해 맞춤형 광고를 제공하고 있기 때문이다. 셋톱박스 데이터를 수집·활용하는 주체가 IPTV사이지만, 결과적으로 개인정보를 처리하는 주체가 광고송출을 허용한 방송사인지 광고송출을 수행하는 IPTV플랫폼 사업자인지 등에 대한 명확한 규정이 필요하다는 지적(주인호, 2021)도 있다(≪미디어오늘≫, 2021.12.2.).

박근혜 정부에서부터 이어져 온 신유형광고에 관한 논의는 지속되고 있다. 대표적인 것들이 채널 변경(Zapping) 광고, 트리거 광고(상품구매 등으로 연결되는 광고), 주문형 비디오(VOD) 광고 등이다. 이들 신유형광고들이 방송통신 융합시대의 특성에 맞게, 구체적으로 산업 활성화와 시청자 권익보호 등의 측면에서 법제적으로 정비되어야 한다는 것이다. 현행 방송법상의 '방송'

및 '방송광고' 정의는 신유형광고를 포섭하지 못하고 있기 때문에, 방송법과 시행령 개정이 필요한 시점이라는 주장이다(박종구 한국방송광고진흥공사 박사). 관련해서 유료방송 업계 등은 "신유형광고 산업의 활성화 기조가 중요하다" 는 입장인 반면, 언론시민사회단체 등에서는 "방송광고 증가와 시청자 권익이 양립되기 어렵다. 방송광고 증가로 시청자 권익이 어떻게 신장될 수 있는 지, 업계는 구체적 설명을 내놓아야 한다. 중요한 기준은 시청자의 선택권 보장이다"는 입장(노영란 '매체비평우리스스로' 사무국장)을 견지하고 있는 것으로 보인다. 관련해서 정호준 의원은 2016년 1월 6일 대표발의한 '방송법 개정안'에서 "입법 미비로 인해 유료방송사업자들이 관행적으로 유료VOD에 대해서도 광고를 시청하도록 강제하고 있다. VOD와 VOD 광고의 정의를 법률에 신설하고, VOD 광고의 허용 범위·시간·횟수 또는 방법에 대한 기준을 설정할 수 있도록 하며, 시청자가 유료 VOD의 광고를 보지 않고 넘길 수 있도록 선택권을 보장하자"고 주장한 바 있다. 국회입법조사처도 2016년 3월 9일 발표한 「주문형 비디오(VOD)서비스 관련 규제 현황 및 개선 방향」 보고서에서 "시장은 급성장하고 있지만 이를 관장하는 법률은 미비한 수준이다. 이러한 규제 공백은 VOD서비스의 광고규제에서도 마찬가지다. VOD서비스에 대한 법적 개념, 서비스 제공사업자의 의무, 규제기구, 광고·협찬 등이 명확히 정리되어야 한다"는 입장을 낸 바 있다(탁재택, 2017). 인터넷·모바일 광고시장이 급성장하면서 방송광고 시장은 지속적으로 어려운 상황을 맞고 있다. 향후, 채널 변경(Zapping) 광고, EPG 광고, VOD 광고 등 신유형광고를 둘러싼 법제 정비 논의가 구체화 될 것으로 보인다.

5) 방송광고 규제 완화와 산업 활성화

방통위는 2021년 1월 13일 발표한 「제5기 정책과제 '방송시장 활성화 정책방안'」 자료집에서 글로벌 미디어기업들의 공격적인 국내 시장 진출이 예상되는 가운데, 국내 방송시장의 경영 위기가 방송의 공적가치 약화로 이어지지 않도록 하고, 국내 방송시장의 새로운 활로 모색을 지원하는 차원에서 방송 규제제도 전반을 개선하겠다는 입장을 피력했다. 특히, 지상파방송이 과점적 지위를 점했던 당시에 도입된 방송 광고 등의 규제들을 방송 제작·유통·소비 환경 변화를 반영해 개선하겠다고 했다. 구체적으로, 방송광고 규제원칙과 관련해 방송광고 분야에 열거된 광고 유형만 허용하는 포지티브 방식 대신 금지되는 광고 유형만 규정하는 원칙허용·예외금지 원칙을 도입하겠다고 했다. 또 현재 법령상 7가지로 세분화되어 있는 방송광고의 유형을 '프로그램 내 광고'(가상광고·간접광고)와 '프로그램 외 광고'(프로그램광고·토막광고·자막광고·시보광고·중간광고)로 단순화하겠다는 의지도 표명했다. 광고학계에서도 관련 논의의 필요성을 주장하고 나섰다. 홍문기(2021b)는 광고학회 2021년 추계학술대회에서 "방송광고 규제 대상을 단순화하는 차원에서 방송광고 규제체계를 프로그램 내 광고와 프로그램 외 광고로 구분하자. 7개의 방송광고 유형을 2개로 단순화할 필요가 있다. 안 되는 것만 금지사항으로 명시하는 네거티브 규제방식으로 가고, 나머지 것들은 모두 허용하는 규제 완화 정책이 필요하다"고 주장했다. 이희복(2021a)도 "현재, 미디어사업자들은 방송광고 규제가 과도하다는 것이 대체적인 인식이다. 형식규제 면에서는 방송광고 총량이 규제받고, 방송광고 유형(7개 유형의 방송광고만 허용 중) 및 유형별 허용범위·시간·횟수·방법 등이 제한받는 상황이기 때문이다. 내용규제 면에서는 방송심의규정 및 방송광고심의규정에 따라 과도한 광고

효과 금지, 개별법상 광고제한 품목에 대해 방송광고 금지·시간제한 등의 규제가 있다. 거래규제 면에서는 지상파·종편 광고판매 미디어렙 위탁 의무, 지상파방송 광고 결합판매 의무 등이 있다. 이런 배경에서 방송광고 경쟁력 강화 차원에서 세분화된 '포지티브' 규제를 (금지사항을 제외하고는 사업자의 자율에 맡기는) '네거티브' 규제방식으로 전환해야 한다"고 주장했다. 2021년 11월 5일 방통위·KISDI가 주최한 '방송광고 네거티브 규제체계 도입방안 마련' 토론회에서 강준석 KISDI 연구위원은 "현행 방송법(제73조제2항)상 방송광고 종류는 ① 프로그램 광고, ② 중간광고, ③ 토막광고, ④ 자막광고, ⑤ 시보광고, ⑥ 가상광고, ⑦ 간접광고로 분류 중인데, 현행 포지티브 규제는 새로운 유형의 방송광고 도입 시 매번 방송법 개정이 필요해 시장환경 변화에 대한 신속한 대응을 하는 데 어려움이 있고, 방송광고에 대한 규제 목적에 비해 방송광고 유형이 과도하게 세분화되어 있으며, 또한 최근 급격하게 성장하고 있는 비(非)방송 디지털미디어에 적용되는 광고 규제 대비, 방송광고에는 엄격하고 과도한 규제가 적용되고 있어 방송광고 시장의 성장에 지장을 주고 있다"고 주장했다. 이러한 배경에서 강 위원은 "현행 '포지티브' 규제방식을 '네거티브' 규제방식으로 전환할 필요가 있고, 이를 위해 규제 대상 방송광고 유형을 프로그램 내/외 광고 등으로 단순화하고, 관련 규제체계도 이에 상응하도록 개편하자"고 제안했다. 이 같은 주장은 광고산업계 등의 규제 완화 요구를 정부가 수용하는 쪽으로 가닥을 잡고 있음을 일정 부분 시사한다고 볼 수 있다. 한편, 광고 관련 법체계에 대한 정비 필요성도 제기된다. 이시훈(2021)은 "(광고법 체계가) 법, 시행령, 규칙, 고시, 예규, 가이드라인, 심의규정까지 규제의 숲을 이루고 있는 상황이다. 매체별로 되어 있는 표현규제는 그 매체 속성상 꼭 필요한 것을 제외하고는 모두 폐지할 필요가 있다"고 주장한다. 한편, 김승수 의원은 2021년 12월 24일 광고산업진흥법안을 대표발의하고, "각 행정기관 간 상호 협력을 통한 범정부적인 광고산업 진흥정책을 수립·추진하기 위한 목적으로 문화체육관광부 소속으로 광고산업진흥위원회를 두어 광고진흥종합계획을 심의하고, 광고산업 진흥정책의 개발과 자문을 수행하도록 하자"고 제안했다.

방송광고 재원은 콘텐츠 제작에 있어 핵심요소다. 창의적이고 경쟁력 있는 콘텐츠 제작을 위해서는 안정적인 재원구조가 필수적이기 때문이다. 현재 국내 지상파사업자들은 독점적 위상을 상실한 지 이미 오래다. 지상파사업자들에 대한 비대칭적 방송광고 규제환경은 전향적 검토가 필요한 시점이다. 매체 간 형평성을 담보하는 노력과 함께, 사업자들의 자율성을 침해하고 창의적인 광고를 시도하는 것을 봉쇄하는 규제들을 해소하는 방향으로의 정책검토가 필요해 보인다. 글로벌 OTT들의 국내 방송시장에 대한 공세가 날로 거세지는 형국에서 국내 사업자들에 대한 규제완화 정책이 실기하지 않는 것도 중요하다.[8] 방송광고 규제완화 정책 검토 시, 방송사 편성권의 독립성 보장, 시청자의 권익보호 방안 등이 조화롭게 논의되어야 한다는 것은 당위적 과제라 하겠다.

---

[8] 방송통신위원회는 2022년 2월 16일 열린 전체회의에서 방송광고 규제를 '네거티브' 규제체계로 전환하기로 의견을 모았다고 밝혔다.

제10장

이명박·박근혜·문재인 정부
미디어정책 평가와 결어

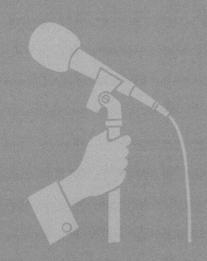

지금까지 이명박·박근혜·문재인 정부의 미디어정책 전반을 살펴보았다. 한국 사회는 지난 수십 년 동안 미디어에 대한 정치권과 (대)자본, 시민사회, 학계, 기타 이해관계 집단 간 견해와 입장 차이로 여러 유형의 사회적 갈등을 경험했다. 미디어정책이 정치·자본을 중심으로 한 제도권 권력 지형의 한 축에 놓임으로써 사회적으로 미디어정책이 갖는 순기능과 역기능이 동시에 나타났다. 여·야 간 정치적 이해관계를 둘러싼 첨예한 대립 구도, 미디어정책 주무 기관을 둘러싼 갈등, 공영방송 지배구조와 재원구조 논란, 종편 PP 논쟁, 지상파 재송신 갈등, 통신자본의 케이블TV 인수합병, OTT 법제화, 광고제도 개선 등 거의 모든 이슈가 예외가 아니었다.

　우선 이명박 정부의 미디어정책에 대해서는 산업 활성화 측면에서 일정 부분 긍정적 성과가 있었다는 의견과, 미디어가 갖는 공익성·공공성 측면에서 여러 유형의 부작용이 있었다는 의견이 공존한다. 다만 한 가지 분명한 사실은 이명박 정부가 미디어정책의 핵심 기조를 성장 동력 중심의 규제 완화에 두었다는 것이다. 미디어정책 구현에 있어 공공성·공익성 개념보다는 미디어산업과 자본 중심의 시장원리 개념이 더 강하게 나타났다는 뜻이다. 이 과정에서 이명박 정부의 미디어정책은 수용자의 관점보다는 사업자의 관점을 상대적으로 더 중시하는 경향을 보이기도 했다. 미디어산업 활성화에 정책적 방점이 찍히면서 여러 유형의 분쟁이 야기되기도 했다. 일부 정책에서는 사업자 간 소송도 다양하게 나타났다. 이 과정에서 국민의 시청권이 위협받는 지경에 이르기도 했다. 규제기관의 정치 독립성이 충분히 담보되지 못함으로써 미디어에 대한 권력의 '장악' 논란이 일기도 했다. 이명박 정부의 미디어정책은 '사람의 문제'도 컸다. 대선 과정에서 활동했던 대통령의 최측근 인사들이 방송미디어 분야 요직들을 차지하면서 인사 문제가 사회적 갈등의 직접적인 불씨가 되기도 했다. 이러한 것들은 역대 과거 정부에서도 있었던 현상이라고 할 수도 있겠으나, 업계 종사자들이나 일반 국민들의 피로감과 상실감은 컸다. 결국 이러한 인사 문제의 구조적 산물들은 사회적으로 미디어에 대한 냉소주의를 키웠다. 산업화와 민주화를 지나 선진화 단계를 지향해나가겠다던 정권에서 일어난 이러한 미디어 분야의 '인사 정책'은 미디어 산업 발전을 촉진하는 과정에서 하나의 걸림돌이 되기도 했다.

박근혜 정부의 미디어정책은 이명박 정부와 비교할 때 크게 두드러지는 특징적인 정책 이슈가 많지는 않았다. 그럼에도 여러 논쟁적 이슈들이 상존했다. 박근혜 정부는 우선 미디어정책 관련 정부 조직을 방통위와 미래부로 이원화했다. 이 과정에서 독임제 부처인 미래부가 유료방송 영역의 정책을 관장하게 됨으로써, 이 구조가 형식 면에서 바람직한 것인가에 대한 논란이 있었다. 또 방송통신 관련 업무가 두 개의 기관으로 나눠짐으로써 종합적인 미디어정책 수립과 집행의 효율성 문제에 대한 의문이 제기되기도 했다. 700MHz 주파수대역 분배 정책 등 일부 사안에 있어서는 양 부처 간의 정책 조정과정이 결국 국회로 넘어가 정치 쟁점화되는 일도 있었다. 정부조직 체계와 관련해 박근혜 정부의 내부 일각에서도 "방송과 통신 각 분야의 융·복합이 빠르게 진행되는 상황에서 산업 진흥과 규제를, 방송과 통신 정책을 한 기관에서 관할하는 것이 바람직하다"는 의견들이 대두되기도 했다. 박근혜 정부는 자신들이 국정의 모토로 내세웠던 '창조경제' 이념의 가시적 성과를 확보하기 위해 PP 등 유료방송산업 활성화에 정책적 역점을 두었던 것으로 보인다. 이 과정에서 8VSB, OTS, DCS 등 신기술 서비스 정책이 강조되기도 했다. 박근혜 정부에서는 이명박 정부와 비교할 때, 공영방송 등 지상파방송 정책에 있어 그리 적극적인 모습을 보이지 않았다. 일각에서는 이를 두고 정수장학회 문제와 연결해서 해석하기도 했다. 그럼에도 공영방송 지배구조 이슈는 박근혜 정부에서 뜨거운 쟁점이었으며, 공영방송 종사자들의 '내적 자율성'을 요구하는 목소리는 지속되었다.

이명박·박근혜 정부 9년 동안 미디어 제도상의 여러 오류들을 지적하는 목소리가 꾸준히 제기되었다. 하지만 실상은 '제도'의 문제뿐만이 아니라 '운영'의 문제도 컸다고 본다. 방통위 구조도 그렇고, 공영방송 구조도 그러했다. 권력 지향적이고 사익 추구적인 일부 인사들의 전횡에 의해서 미디어 규제체계와 공적 미디어 분야의 '판' 자체가 흔들리면서 여러 유형의 부작용이 나타났다. 이런 측면에서 이명박·박근혜 정부 시절의 미디어 문화는 일부 소모적 시기를 겪었다고 볼 수 있다. 미디어계에 대한 외부 정치권 등의 직·간접적 관여 의지는 미디어계 내부 조직 문화에도 외부의 정쟁적 요소들이 침투하게 함으로써 갈등적인 측면을 야기했다. 특히 이명박·박근혜 정부는 공영방송의 독립성과 자율성을 훼손함으로써 공영방송제도 전반에 대한 국민적 불신이 누적된 시기였다. 이로 인해 공영방송이 꼭 필요한가에 대한 회의적 주장들이 제기되면서 공영방송의 효용성에 대한 사회적 의문이 높아지기도 했다. 이명박·박근혜 정부는 지상파·공영방송 위상 담보보다는 유료방송 육성 정책을 더 중시하는 기조를 보였고, 이 과정에서 이용자들의 탈(脫)지상파·탈(脫)공영방송 현상은 심화되었다. 지상파·공영방송의 사회적 위상과 영향력의 하락세가 나타나면서, 지상파·공영방송의 광고 수입 측면에서도 부정적 효과가 나타났다. 결과적으로, 지상파·공영방송의 위상 하락은 방송의 사회적 기능과 역할 및 책무, 그리고 국민의 미디어 복지 측면에서 사회적 자산의 상실로 이어졌다. 이명박·박근혜 정부 9년 동안 미디어의 비판·감시 기능이 제대로 작동했는가에 대한 비판의 목소리도 대두되었다. 이러한 비판 기류는 박근혜 정부에서 최순실 게이트를 거치면서 더욱 증폭되었다. 헌법재판소는 2017년 3월 10일 박근혜 대통령 탄핵심판 선고문에서 다음과 같이 주장했다. "피청구인(박근혜 대통령)은 최서원(최순실)의 국정 개입 사실을 철저히 숨겼고, 그에 관한 의혹이 제기될 때마다 이를 부인하며 오히려 의혹 제기를 비난하였습니다. 이로 인해 국회 등 헌법기관에 의한 견제나 언론에 의한 감시 장치가 제대로 작동될 수 없었습니다." 헌재 선고문은 언론의 '비판감시' 기능의 오작동을 우회적으로 말하고 있다. 언론도 박근혜 대통령 탄핵 사태의 책임으로부터 완전히 자유로울 수 없다는 뜻이다.[1] 언론의 사회적 기능과 역할에 대한 책무를 다시금 되새겨야 보아야 할 대목이다.[2] 조항제(2017)는 한국 언론 역사를 회고하면서, "노태우·김영삼 정부에서는 권력과 언론 관계가 자율적 친화기였다. 김대중[3]·노무현 정부

---

1)   1986년 독일 헌법재판소는 "공영방송의 가장 중요한 책무는 사회적으로 민주주의를 강화하는 것"이라고 판시한 바 있다.

2)   여론조사전문기관 '리서치뷰'가 2017년 5월 28~31일 1,050명을 대상으로 한 휴대폰조사에서 응답자의 74%가 박근혜 정부 4년 동안 KBS와 MBC가 공영방송으로서의 역할에 충실하지 못했다고 답했다.

3)   황근 선문대학교 교수는 나경원 의원실과 한반도선진화재단이 '언론의 올바른 방향과 과제'를 주제로 2018년 5월 17일 주최한 토론회 발제에서 "어떤 정권이든 언론을 이용 내지 통제하려 할 수밖에 없는데, 김대중 정부는 언론을 크게 통제하지 않았다. 처음으로 정권을 교체했는데 언론 친화력이 없던 상황에서 언론 자율성을 강조한 정부였다"는 평가를 내린다(≪미디어오늘≫, 2018.5.17.).

에서는 진보정부와 언론이 확실한 긴장관계를 형성했다. 이명박 정부에서는 종편 도입 등으로 기왕의 정치·언론 연합이 확대되었다. 방송에서는 정치적 후견주의가 복원되었다. 또 기존 미디어 질서에 SNS가 새롭게 등장했다. 박근혜 정부에서는 기왕의 정치·언론 연합이 건재했지만, 임기 후반기에는 균열이 발생했다"고 주장한다. 지난 30여 년 동안 한국 사회에서의 정부와 언론 관계를 압축적으로 설명하는 관점으로 보인다(탁재택, 2017).

문재인 정부에서는 노무현 정부 시절의 미디어정책 관련 학습효과 때문인지 최소한 표면상으로는 미디어계 현안과 쟁점들에 대해서 신중하게 접근하려는 기조를 보였다. 논란을 키우기보다는 법과 제도에 따라 원칙과 기준을 가지고 조용하게 접근하려고 했다. 일례로, 여당인 더불어민주당은 제21대 국회(2020~2024)의 '3대 개혁과제'로 국회 개혁, 권력기관 개혁, 교육 개혁을 선정했으나, 언론개혁 이슈는 '필요 이상의 갈등을 불러일으킬 민감한 사안'이라는 이유로 후순위로 미룬 바 있다. 공영방송 지배구조 개선, 종편PP 재승인 절차 강화 등 언론개혁 관련 논의에서 대두될 수 있는 사회적 갈등을 피하겠다는 의미로 해석된다(≪한겨레≫, 2017.8.8.; 2020.5.22.). 하지만 문재인 정부의 미디어정책에 대한 사회적 평가는 대체적으로 인색한 것으로 보인다. 전국언론노조 등에서는 '무정책'이었다는 평가까지 나왔다(≪언론노보≫, 2020.5.26.; ≪한국기자협회보≫, 2020.7.15.).[4] 문재인 정부 출범 초기에는 '공영방송 지배구조개선' 등에 대한 사회적 기대감이 컸던 것도 사실이다. 하지만 관련 논의만 무성했을 뿐 종국에는 아무런 결실 없이 5년이 지났다. 2016년

---

4) 문재인 정부에서는 유료방송 정책과 관련해 통신사들의 케이블TV 인수합병이 승인되었고, 방송광고제도와 관련해서는 지상파방송에 중간광고가 허용되었으며, 종편PP에 대해서는 외주프로그램 편성의무제도가 도입되고, 의무송출제도가 폐지되었다.

7월 21일 국회의원 162명의 서명을 받아 발의되었던 박홍근 의원(당시 야당 소속)의 방송법 개정안5)은 공영방송 지배구조 개선 논의에 있어 비록 최선의 해법은 아닐 수 있어도 나름 '승자독식', '보복의 악순환' 구조를 깰 수 있는 역사적인 기회였다. 하지만, 박홍근 의원 법안을 둘러싼 여·야 정치권의 '태도 변화'6)로 인해 공영방송 지배구조 개선 논의는 문재인 정부에서 한 발짝도 앞으로 나가지 못했다. 이는 정치권력구조의 전형적인 '도덕적 해이'로 기록될 수 있는 부분이다.7) 물론 문재인 정부에서는 공영방송 사장 선출과정에서 '시민자문단'이 운영되고, 보도제작과정의 자율성 신장을 명목으로 국장임면동의제 등이 도입된 것은 사실이다. 하지만 공영방송제도 개선과 관련해 그 정도가 사실상 전부였다고 해도 과언이 아니다. OTT 등 신규서비스 법제 정비 논의에 있어서도 실질적 성과가 없기는 마찬가지였다. 수많은 입법발의와 세미나·토론회·포럼 행사들이 이어졌지만, 논의구조의 생산성과 효율성에 의문만 쌓여간 시간들이었다.

한편, 문재인 정부에서는 KBS와 MBC 등을 중심으로 '공영방송 정상화', '적폐청산' 등의 논쟁은 뜨거웠다. KBS는 '진실과 미래위원회'를 중심으로,

---

5) 박홍근 의원의 방송법 개정안 골자는 "KBS 이사 수를 11명에서 13명으로 늘리고, 국회에서 여·야가 7대 6의 비율로 추천하자. 이사회의 사장 임면제청 시 재적이사 3분의 2 이상의 특별다수제를 도입하자"는 것 등이었다.

6) 법안 발의 당시 여당은 박홍근 법안에 대해 소극적인 자세였으나, 자신들이 야당이 된 이후에는 개정안 논의에 적극적으로 나선 반면, 법안 발의 당시의 야당은 자신들이 집권 여당이 된 이후 법안 논의에 소극적으로 나왔다. 양 정당 간 입장이 뒤바뀐 것이다(≪미디어오늘≫, 2018.9.11.).

7) 오세정 바른미래당 의원은 2018년 3월 13일 열린 원내대책회의에서 "정치권에서는 방송의 공정성과 독립성을 가지고 정권마다 공방을 이어가고 있음에도, 선거만 다가오면 정치권 스스로 방송의 공정성과 독립성을 훼손시키고 있지는 않은지 되돌아볼 필요가 있다"라고 주장한 바 있다.

MBC는 '정상화위원회'를 중심으로, 이명박·박근혜 정부 기간 동안에 대한 '인적 청산' 작업이 진행되었다. 이에 대해 일각에서는 문재인 정부 시절의 공영방송제도가 외형적으로는 정치적 독립성을 표방하는 것처럼 보였으나, 내부적으로는 철저한 권력밀착형 체제였다고 평가하기도 한다. 적폐청산을 명분으로 정치적 편향성을 정당화했고, 특히 친여성향의 시사·보도 프로그램이 노골적 편파성을 보였다는 것이다. 결국, 문재인 정부에서는 거버넌스 주체만 바뀌었을 뿐 정치적 역진현상이 지속되었다는 주장이다(황근, 2019; 윤석민, 2020). 진보적 인물로 평가받는 것으로 보이는 인사들까지 문재인 정부의 미디어정책에 대해 냉혹한 평가를 내놓았다. 김주언은 2019년 5월 23일자 ≪스포츠한국≫ '노무현의 언론개혁과 문재인의 자유방임' 칼럼에서 "…… 촛불혁명으로 등장한 문재인정부의 언론정책은 어떨까. 시민사회와 언론계는 한마디로 '자유방임형 불간섭 무정책'이라고 평가한다. 언론정책 공약이 거의 이행되지 않았고 언론개혁은 사라졌다는 비판을 듣는 이유이다. …… 언론에 대한 자유방임형 정책은 '참여정부의 전철을 밟지 않겠다'는 문재인 정부의 뜻으로 읽을 수 있다. 공연히 벌집을 건드리지 않겠다는 것이다"라고 주장했다. ≪한겨레≫ 출신의 손석춘 건국대학교 교수 역시 문재인 정부의 언론개혁 정책과 관련해 2021년 11월 23일 열린 전국언론노조 창립 33주년 기념토론회에서 다음과 같은 주장을 했다. "촛불혁명은 빛바랜 추억이 되었다. 일차적 책임은 대통령 문재인과 민주당에 있지만, 언론의 책임도 크다. 촛불혁명으로 표출된 시대적 과제를 옳게 의제로 설정하지 않았기 때문이다. 언론개혁 운동은 특정 정파의 이익을 위한 수준으로 희화화된 현실이다. …… 대통령이나 집권 여당의 정치적 득실을 절대적 기준으로 삼는 정파적 수준에서 제기하는 언론개혁론은 조·중·동 신방복합체의 정당성만 높여줄 수 있다. 정파에 과도하게 편향된 언론개혁론이 전면에 나서면서 운동의 위기는 더 심화되고 있다. 무엇보다 성찰할 지점은 정당과의 새로운 관계 설정일 것이다. 김대중·노무현·문재인 정부를 거치며 언론노동운동가와 언론시민운동가, 한겨레 기자들이 KBS·MBC·연합뉴스 사장과 방통위원회를 맡았을 뿐만 아니라 국회와 청와대로 들어갔다. 특정 정파를 위해 언론개혁 운동을 하는 것처럼 오해를 불러일으키는 식의 운동과는 과감히 절연해야 한다"(≪미디어오늘≫, 2021.11.23.). 양성희는 '방송가의 부역자들'이라는 2019년 7월 24일 자 ≪중앙일보≫ 칼럼에서 "지난 보수정권 시절 공영방송 '장악음모'가 공영방송의 위기를 가져오고 그래서 '적폐청산'을 통한 '정상화'에 올인한 것을 이해 못 하는 바는 아니다. 하지만 과거가 현재의 모든 것에 면죄부를 주는 것은 아니다. …… 『386 세대유감』이라는 책의 한 구절이 떠올랐다. 30대 젊은 필자들이 한때 정의로웠으나 이제는 막강권력이 된 386 세대를 '저격'한 책이다. 이렇게 썼다. '과거의 헌신으로 오늘의 영광을 보상받으려는 것은 정당한가.' 조항제 교수는 '지금 공영방송은 고사 지경'이라며 …… '안정적인 위상 찾기 같은 큰 사회적 합의가 필요하다'고 말한다"라고 주장했다.

한편, '조국 교수 사태' 이후 문재인 정부 지지층 일각에서는 '검찰개혁' 외에 가짜뉴스 규제 등 '언론개혁'을 밀어부쳐야 한다는 주장이 제기되었다. 이후 대통령 임기 만료 직전 해인 2021년, 여권 일각에서는 '언론중재법 개정안[8]' 처리를 강하게 주장했다. 이에 대해 다수의 현업 언론종사자들은 '언론의 비판 기능 약화' 등을 이유로 반발했다. 언론 현업단체들은 대안으로 '

---

8) 국회 문화체육관광위원장이 2021년 8월 25일 대안 형식으로 발의한 '언론중재 및 피해구제 등에 관한 법률 일부개정법률안'의 골자는 언론보도 등으로 인한 피해구제의 실효성을 높이는 차원에서 정정보도 청구기간을 연장하고, 정정보도 청구방법을 다양화하고, 기사 열람차단 청구권을 신설하고, 손해배상액을 확대하는 것(손해액의 최대 5배까지) 등이었다.

언론 자율규제기구 신설' 방안 등을 주장했다. 문재인 정부 임기 말에 여권 일각에서 추진했던 '언론중재법 개정안' 처리 이슈는 사회적으로 결론을 내리지 못한 상태다. 오히려 주요 미디어정책 현안에 대한 사회적 역량 집중을 분산시키는 상황만을 초래한 것으로 보인다.

현재 국내 방송미디어 산업지형은 다플랫폼·다채널 구조를 형성하고 있다. 지상파TV, 케이블TV, 위성TV, IPTV 등에 이어 OTT가 대세가 되는 형국이다. 시장 구도 역시 "로컬사업자와 글로벌사업자 간, 플랫폼사업자와 콘텐츠사업자 간, 온라인사업자와 오프라인사업자 간 경쟁"(성동규 중앙대학교 교수)이 가열되고 있다. 이러한 상황 변화 속에서 미디어산업 활성화 추이에 상응하는 법과 제도의 정비가 시급한 과제로 부각된다. "기차역 관리방식으로는 공항관리가 불가능"(마원)하기 때문이다. 신정부에서는 OTT서비스 등의 법제화 논의가 좀 더 실질적인 토대에서 진행되어야 할 이유다. 이와 함께, 1999년 방송개혁위원회의 활동 결과에 기초해 2000년 성안된 '통합방송법'의 형식·내용이 이제 새로운 시대환경에 맞게 수정되어야 하는 것은 당위적 과제다. 지상파 중심주의적 관점에서 만들어진 규제체계 등이 아직도 그대로 유지되는 것은 시대착오적이다. 향후 새로운 법제 정비 과정에서는 이용자·시청자 권익 보호 방안 등이 좀 더 면밀히 강구될 필요가 있다. 현행 방송법상 공영방송의 개념 규정이 부재9)하다는 것도 주요 고려사항이 되어야 한다. 공영방송의 법적 근거와 지원 범위, 책무 영역을 좀 더 명확히 할 필요가 있다는 것이다. 또한, 공영방송 제도가 모든 이해관계에서 벗어나 불편부당하고 공명정대한 기능과 역할을 수행할 수 있도록 지배구조와 운영

---

9) '공영방송'의 개념은 공직선거법 제8조의7(선거방송토론위원회) 제2항 제1호와 정당법 제 39조(정책토론회) 제2항에서 등장하는 실정이다.

(재원)구조의 안정성이 담보되는 방향으로 사회적 논의가 전개되어야 한다. 공영방송 지배구조와 운영(재원)구조의 안정성 문제는 우리 사회 방송문화 전반의 '본질적 가치 보호' 차원에서 하나의 바로미터가 되기 때문이다. 지배구조의 안정성 담보를 위해서는 독립성, 대표성, 전문성 등의 요소에 착안하고, 운영(재원)구조의 안정성 측면에서는 공공성·공익성을 기반으로 한 국민적 지지를 획득하는 것과 경영의 투명성·효율성 강화를 통한 국민적 신뢰를 확보하는 것이 중심 의제가 되어야 할 것이다.

기성 정치권은 원칙적인 면에서는 미디어의 독립성, 자율성 등을 중요한 가치로 내세우는 듯하다. 하지만 정치권 내부의 셈법은 권력의 역학 구조 특성상 복잡다단하다. 2016년 박홍근 의원 법안 사례는 입법의 주체로서 정치시스템은 제도 개선의 실질적 권한을 가지고 있지만, 공영방송 지배구조 개선 관련 여·야 간 타협이 미래에도 현실적으로 요원함을 시사하기도 한다. 이는 결국 미디어계 종사자 스스로가 지배구조 등 미디어환경 개선의 추동·견인 세력이 되어야 함을 뜻한다. 물론, 미디어계 종사자들에 대해 "생계형 신념주의자가 다수다"와 같은 비판적 시각도 존재한다.[10] 그럼에도 미디어계 스스로, 미디어계 종사자들 스스로가 미디어의 독립성과 자율성을 강화해나가려는 노력을 기울이는 것이 가장 현실적이고 실질적인 방법이 될 수 있을 것으로 본다. 특히 공영방송의 공정성과 독립성 가치는 현업 종사자들

---

10) 남재일 경북대학교 교수는 2017년 5월 19일 열린 언론학회 춘계학술대회 'Post-truth 시대의 언론 윤리' 세션에서 "(미디어) 현업에서 생계형 신념주의자가 다수다. 본연의 직업윤리로 돌아가야 한다"는 비판적 견해를 피력한 바 있다. 한편, 추혜선 정의당 의원은 한국방송학회가 2017년 5월 26일 개최한 '미디어제도개선연구특위 세미나'에서 "김영란법 논의 당시, 국회는 여·야 이견 없이 일찌감치 '언론인 포함' 문제에 합의했다. 일종의 피해의식으로, 이번 기회에 언론도 잡아야겠다는 인식이 깔려 있었던 것 같다"는 발언을 하기도 했다.

의 각고의 노력에 기반해야 한다. 그렇지 않을 경우, '공영방송 제도에 안주하겠다'는 공영방송 종사자들의 집단 이익의 발로라는 비판을 피하기 어려울 수도 있다(황근, 2018). 한편, 공영방송 제도 운용에 있어 국민들의 관심과 지원도 절대적으로 중요한 요소다. 공영방송 제도의 사회적 효용과 가치가 제대로 발휘·구현될 수 있도록 국민들의 감시와 성원이 끊이지 않아야 하기 때문이다.

TV매체, 지상파, 공영방송의 위기를 예언하는 목소리들이 지속되고 있다. 지난 2007년 1월 스위스 다보스 포럼에서 빌 게이츠 마이크로소프트사 회장은 'TV 혁명'을 예견했다. 당시 그는 인터넷이 수년 내에 TV서비스 구조를 획기적으로 변화시킬 것이라고 주장했다. 인터넷의 발달로 TV매체 소비 방식이 급변할 것이라는 관점이었다. 결과적으로 그의 '인터넷과 TV의 융합서비스' 주장은 선견지명이었다. IPTV, 스마트TV, N스크린 서비스 등이 이미 오래전에 일상의 현실이 되었기 때문이다. 2011년 1월 SBS 윤세영 회장은 시무식 발언을 통해 지상파방송의 황금시대가 이미 끝나가고 있음을 지적했다. 그는 "지상파방송 독과점 시대의 조직문화를 넘어서는 발상과 행동의 대전환이 요구되는 시점"이라고 주장했다. 2011년 11월 방송문화진흥회가 주최한 '국제방송포럼'에 초청받은 그렉 다이크(Greg Dyke) 전 BBC 사장은 기조발제에서 "공영방송이 여러 면에서 큰 도전에 처해 있다. 기존의 제도권 안주를 버리고 미래를 위해 혁신해야 한다. 공영방송의 불편부당성, 자정 기능에 대한 외부의 불신이 증대되고 있다. 공영방송의 경쟁력을 위협하는 인터넷 등의 대안매체가 증가하고 있다. 수신료 수입의 한계 등으로 공영방송의 재정 압박이 커지고 있다"라고 말했다. 이어 그는 "공영방송의 존립 기반은 국민의 신뢰에 있다. 공정성과 불편부당성, 정직성 등을 담보해나가야 한다. 20년 후에도 공영방송은 존재할 것이나 그 영향력은 현저히 축소될 것이다.

관료주의를 타파하고 조직 효율성을 높여 양질의 콘텐츠를 제공해야 한다. 빠르게 움직여야 한다"라고 충고했다. 2021년 9월 취임한 나딘 도리스 신임 영국 문화부 장관은 세계 공영방송제도의 모범으로 평가받는 BBC에 대해 'BBC가 엘리트주의에 젖어 있고 우월감에 빠져 있다. 공정성도 갖추지 못했다. 근본적인 변화가 필요하다. 방송환경이 경쟁적으로 바뀌고 있다. BBC가 넷플릭스 등과 경쟁해야 하며 젊은 세대가 TV를 보는 방식은 우리 세대가 TV를 시청하는 방식과 매우 다르다. 미래를 내다볼 수 없지만 10년 후에 BBC가 존재하지 않을지도 모르겠다'는 주장을 하기도 했다(≪조선일보≫, 2021.10.6.). 한편 나딘 도리스 장관은 2022년 1월 'BBC 수신료제도 폐지 가능성'[11]을 시사하는 내용의 트위터 글을 게시하기도 했다(연합뉴스, 2022.1.17.). 리니어(linear) TV가 머지않아 사라질 것이라는 전망도 나온다. 세계 최대 온라인 스트리밍 회사인 '넷플릭스' 창업자 리드 헤이스팅스는 TV의 미래와 관련해 VOD 소비가 증가하고 모바일 개인화 현상이 심화되면서 기존의 리니어 TV가 10~20년 후에는 사라질 것으로 전망한다(≪매일경제≫, 2017.4.28.).[12] TV가 향후 유선전화와 같은 운명을 맞을 수도 있다는 예측이다. 근래 들어 미디어서비스 구조 전반에는 '연결성', '개인화', '확장현실' 현상 등이 심화되고 있다. 빅데이터, 인공지능(AI), 사물인터넷(IoT) 등 새로운 기술문명의 물결은 인간과 사물 등 초연결 사회를 형성해가고 있고, 실감콘텐츠(몰입감·실재감) 시대의 도래는 생생한 경험에 기반한 다중감각적 환경을 조성해가고

---

11) 영국 ≪데일리 텔레그래프(The Daily Telegraph)≫의 2022년 1월 23일 자 기사에 따르면, 한 여론조사 결과 영국 국민의 3분의 2가 공영방송 BBC 수신료 제도를 폐지해야 한다고 생각하고 있는 것으로 나타났다(연합뉴스, 2022.1.24.).
12) 미국에서는 이미 2017년을 전후로 넷플릭스 가입자 수가 주요 유료방송 가입자 수를 추월했다.

있다(이재현, 2019). 이러한 미디어서비스 환경 변화에 따른 사업자들의 각고의 활로 모색이 그 어느 때보다 중요한 시점이다.

우리가 직면하고 있는 현재의 다플랫폼·다채널 미디어산업 지형하에서 우리 사회 미디어정책 이슈들은 다원적으로 구조화되고 있다. 실타래처럼 얽혀 있는 미디어정책 이슈들을 합리적으로 해소하고 건강한 미디어 생태계를 조성하기 위해서는 무엇보다 정부가 국민여론을 적극적으로 수렴하고 종합적인 안목[13]으로 책임 있는 정책을 펴나가는 것이 중요하다. 이 과정에서 미디어정책이 정치·자본 권력에 종속될 경우, 정책의 합리성이 훼손될 개연성이 높다는 점에 유념할 필요가 있다.

지금까지 이명박·박근혜·문재인 정부가 추진해온 주요 미디어정책을 정치, 자본 권력과의 구조적 관계에 착안하여 살펴보았다. 정책에는 숙성의 시간이 필요하고, 정책의 평가에는 어느 정도 호흡이 필요하다고 본다. 이런 측면에서 단정적 평가보다는 좀 더 유연한 관점과 입장에서 주요 정책 사안들을 살펴보고자 했다. 하지만 많은 부족함이 있을 것으로 사료된다. 이 점 독자들의 양해를 구하는 바다. 앞으로 이 책의 내용들은 매 정권 교체기에 맞춰 주기적으로 수정, 보완될 것이다. 또 개별 정책 사안들에 대한 필자의 구체적인 입장과 견해는 후일 별도로 기술할 기회가 있을 것으로 본다. 스피노자(Spinoza)는 "변화를 바란다면 과거를 돌아보라"고 했다. 기록(記錄)은 쌓이면서 빛을 발한다는 믿음으로 소고(小考)를 마무리한다.

---

13) 도예가 심수관 선생은 김대중 전 대통령과의 청와대 접견 대담에서 "도자기는 모양을 만드는 기술만 가지고 이야기 할 수 없습니다. 도공의 윤택한 마음과 시대를 이해하는 마음이 들어있지 않으면 도자기로서의 가치가 없습니다"라고 말한 바 있다(≪프레시안≫, 2012. 5.24.). 미디어정책에 있어서도 관련자들 공히 무엇보다 국민을 우선적으로 배려하는 윤택한 마음과 시대 흐름 전반에 대한 통찰과 안목을 갖는 것이 중요한 자세라 하겠다.

참고문헌

강명현. 2016. 「지상파방송과 유료방송 영역의 재원구조 특성과 개선 방향」. 한국언론학회
　　'방송 산업 활성화를 위한 중장기 방송 재원 정책 제언' 세미나 발제문(2016.12.7.).
강상현. 2012. 「공영방송의 미래와 비전」. KBS-언론학회-방송학회-언론정보학회(편). 『공영
　　방송의 이해』. 한울.
강준만. 2017. 『손석희 현상』. 인물과사상사.
＿＿＿. 2019. 「개혁은 언론에만 필요한가?」. 언론정보학회 추계학술대회 키노트스피치
　　(2019.11.30.).
강준석. 2016. 「방송시장 환경 변화와 지상파방송 부문의 위상 변동: 현황과 요인」. ≪방송문
　　화연구≫, 제28권 제2호, 7~46쪽.
강형철. 2012a. 『공영방송 재창조』. 나남.
＿＿＿. 2012b. 「융합미디어 시대 ICT 거버넌스」. 정보통신정책학회 특별세미나 발제문
　　(2012.7.4.).
＿＿＿. 2012c. 「공영방송 거버넌스」. 방송통신 3학회 공동 심포지엄 '방송통신미디어 생태계
　　와 거버넌스' 발제문(2012.9.7.).
＿＿＿. 2013. 「융합시대 방송의 공적 가치와 정책」. 언론3학회 공동주최 긴급세미나 '정부
　　조직개편논의와 방송정책의 방향' 발제문(2013.2.13.).
＿＿＿. 2016. 『융합 미디어와 공익: 방송통신 규제의 역사와 미래』. 나남.
강혜란. 2017. 「시청자·이용자 관점의 방송통신정책 및 기구 개편」. 추혜선 의원 등 주최 세
　　미나 '시청자·이용자 중심의 방송통신정책 및 기구 개편' 발제문(2017.4.10.).
고민수. 2013. 「새 정부의 방송법제 개선방향에 대한 평가와 전망」. 언론정보학회 세미나 '새
　　정부 방송정책, 담론과 법제를 통해 본 전망과 제언' 발제문(2013.5.24.).
＿＿＿. 2016. 「방송편성규약의 법적 성질에 관한 헌법적 고찰」. KBS 8개 협회 현안 토론 '공
　　영방송 독립을 위한 방송법개정' 발제문(2016.6.21.).
고찬수. 2011. 『스마트TV혁명』. 21세기북스.
＿＿＿. 2021. 『결국엔, 콘텐츠: 어느 예능PD의 K콘텐츠 도전기』. 좋은습관연구소.
＿＿＿. 2021a. 『버추얼 콘텐츠 메타버스 퓨처』. 세창미디어.
공공미디어연구소. 2016. 「통합시청률 조사: 현황과 쟁점」. ≪커뮤니케이션 리포트≫, 제16
　　호(2016.5.25.).
권남훈. 2012. 「ICT 생태계 발전을 위한 정책 거버넌스」. 정보통신정책학회 특별세미나 발제

문(2012.7.4.).

권상희. 2011. 「스마트TV 등장과 콘텐츠의 변화」. 방송정책포럼 발제문(2011.7.15.).

권호영. 2016. 「방송 콘텐츠 가치 보호 방안」. 한국방송학회 '한류 시대 방송 콘텐츠 가치 보호를 위한 모색과 전망' 세미나 발제문(2016.3.16.).

김경환. 2014. 「2기 방통위의 방송정책 평가와 3기 쟁점 전망」. 방송인총연합회, 전국언론노조, 유승희 의원 주최 방송정책토론회 발제문(2014.2.6.).

_____. 2016. 「지상파방송 UHD방송의 주요쟁점과 수신환경 보장」. 한국방송학회 '지상파 UHD방송 시청권 확보를 위한 정책적 지원 방안' 세미나 발제문(2016.10.7.).

김관규. 2013. 「종합편성채널의 평가와 향후 방향」. 한국언론인협회 '종편 개국 이후의 공과와 향후 발전 방향' 세미나 발제문(2013.6.14.).

김광호. 2011. 「국내 디지털 전환 정책 현안 및 발전 방향」. 미래방송연구회 주최 세미나 발제문(2011.6.27.).

_____. 2013a. 「700MHz 주파수 대역의 합리적 활용 방안」. 주파수 정책 합리성 제고를 위한 방송통신3학회 심포지엄 발제문(2013.6.13.).

_____. 2013b. 「디지털 전환 이후 지상파 플랫폼의 역할과 과제」. 방송학회 주최 '디지털 전환 이후 지상파방송의 활성화를 위한 전략과 과제' 세미나 발제문(2013.8.29.).

_____. 2016. 「지상파 UHD방송의 성공적 도입을 위한 정책 과제와 현안」. 한국방송학회 주최 '시청자가 원하는 지상파 UHD방송과 정책적 지원 방안' 세미나 발제문(2016.4.5.).

김도연. 2012. 「2012년 방송영상산업 결산」. 문화부 주최 '2012 방송영상리더스 포럼 하반기 세미나' 발제문(2012.11.29.).

김대호 외. 2012. 『미디어생태계』. 커뮤니케이션북스.

김대호. 2013. 「새 정부 미디어정책의 방향과 기대」. ≪신문과 방송≫, 2013년 4월호.

김동규. 2017. 「미디어 공공성 강화를 위한 정부 조직개편 방안」. 국회 교육문화체육관광위원회·신문협회 주최 세미나 '미디어 공공성 강화를 위한 정부조직 개편방안' 발제문(2017.4.12.).

김동성 외. 2021. 「메타버스 광고에 대한 탐색적 연구」. 한국광고홍보학회 추계학술대회 발제문(2021.11.20.)

김동욱. 2009. 「융합과 경쟁 환경에서의 방송통신 규제정책」. ≪Telecommunications review≫, 제19권 제1호.

김동원. 2016. 「미디어 자본의 형태 변화와 공공성」. 언론정보학회 세미나 '방송통신 기업의 인수합병 심사와 공적 가치, 방송정책의 새로운 경로 형성' 발제문(2016.3.23.).

김동준. 2015. 「방송의 비대칭 규제현황과 문제점」. 방송학회 세미나 '방송시장과 공정규제' 발제문(2015.10.30.).

김병희. 2021. 「광고산업진흥법 제정의 필요성」. 한국광고총연합회 '광고산업진흥법 제정' 세미나 발제문(2021.10.29.).

김봉철. 2014. 「지상파방송 중간광고 도입과 산업적 가치」. 광고학회 기획세미나 발제문(2014.9.19.).

김성철. 2012. 「정보통신산업진흥을 위한 바람직한 정부 조직 개편 방향」. 방송통신 3학회 공동 심포지엄 '방송통신미디어 생태계와 거버넌스' 발제문(2012.9.7.).

_____. 2016. 「콘텐츠산업 리딩 전략」. 케이블TV방송협회 KCTA SHOW 2016 미래전략 세미나 '케이블, 창조적 파괴로 도약하라' 발제문(2016.3.25.).

_____. 2017. 「미디어의 자유와 혁신을 보장하는 정부조직 개편방안」. 방송학회 미디어제도 개선연구특위 연속세미나 제2차 '미디어 구조 개편을 위한 정부와 공공부문의 대응' 세미나 발제문(2017.1.13.).

김승수. 2010. 『미디어시장과 공공성』. 한울아카데미.

김여라. 2020. 「지상파방송의 위기와 중간광고 규제 개선」. 국회입법조사처 ≪이슈와 논점≫, 제1747호(2020.9.3.)

김우성. 2020. 「라디오란 무엇인가? : 라디오 매체 특수성의 이해와 규제 개선방향」. ≪방송문화≫, 2020 여름호. 122-138.

김위근. 2021. 「종합편성채널 도입 이후 한국 저널리즘의 변화 : JTBC를 중심으로」. 한국언론학회 주최 JTBC 후원 세미나 'JTBC 10년의 성과와 가치: 종합편성채널과 한국 미디어 산업' 발제문(2021.9.29.).

김인규. 2005. 『공영방송 특강』. 박영률출판사.

김재영. 2013. 「새 정부의 방송정책 담론을 통해 본 과제와 전망」. 언론정보학회 세미나 '새 정부 방송정책, 담론과 법제를 통해 본 전망과 제언' 발제문(2013.5.24.).

김진권. 2011. 「스마트TV 창조론과 진화론 그 사이에서」. ≪방송과 기술≫, 184호.

김창조. 2012. 「세대에 따른 방송 콘텐츠의 이용 패턴 분석과 편성전략」. 방송학회 편성연구회 세미나 발제문(2012.11.09.).

김현경·이영주. 2014. 「온라인 동영상 플랫폼에 대한 비대칭적 법적 규제 및 차별적 콘텐츠 수급 전략의 쟁점과 과제」. 방송학회 세미나 '방송통신 융합환경에서 스마트미디어에 대한 규제가 국내 광고 및 동영상 시장에 미치는 영향' 발제문(2014.5.22.).

김효규. 2015. 「방송광고의 가치 재조명과 활성화를 위한 정책 과제」. 방송학회·광고학회 공동 특별세미나 '창조경제시대 방송광고 산업의 역할' 발제문(2015.4.30.).

김희경. 2009. 「유료방송을 통한 지상파 재전송 유료화의 전제조건」. ≪한국방송학보≫, 제24권 제4호, 49~87쪽.

_____. 2016. 「직접수신 환경 개선을 위한 안테나 장착 필요성과 그 효과」. 방송학회 세미나 '시청자 중심의 지상파 UHD방송 수신환경 조성' 발제문(2016.6.10.).

_____. 2022. 「차기정부의 미디어정책 개선방향으로 바람직한 정책제언」. 방송학회 주최 토론회 발제문(2022.2.18.).

노기영·김대규. 2011. 「경쟁정책으로서 지상파방송 재송신 정책」. ≪방송과 커뮤니케이션≫

제12권 제2호, 39~79쪽.

노동환. 2019. 「wavve의 시장전략과 해외진출 방안」. 2019 KCA Media Issue & Trend 57-68쪽.

문재완. 2012. 「공영방송 지배구조의 법적 문제」. 한국언론법학회 2012 학술대회 토론문 (2012.12.27.).

_____. 2013. 「MBC 지배구조」. 공발연 세미나 '공영방송 지배구조, 이제는 바꾸자' 발제문 (2013.5.9.).

미래창조과학부. 2014. 「PP산업 발전전략」 마련을 위한 공개토론회 자료집」.

박상호. 2016. 「한중 FTA 발효에 따른 방송산업의 파급효과와 대응방안」. 한림 ICT세미나 '미디어 융합시대 방송콘텐츠 산업 활성화를 위한 정책 방안' 발제문(2016.4.29.).

박성규. 2013. 「지상파방송과 UHD방송 서비스」. 방송학회 주최 '디지털 전환 이후 지상파방송의 활성화를 위한 전략과 과제' 세미나 발제문(2013.8.29.).

박성철. 2011. 「스마트TV도입과 미디어산업 지형의 변화」. 방송통신법포럼 발제문(2011.6.28.).

박웅기. 2014. 「미디어 소비 패턴의 변화와 문화경제적 함의」. 언론정보학회 '모바일 콘텐츠 환경에서 지상파방송의 플랫폼 전략과 시청자 복지' 세미나 발제문(2014.4.29.).

박종구. 2016. 「방송통신 융합시대의 신유형광고 법제 정비방안 연구」. 방송통신위원회 '신유형광고 정책 마련을 위한 토론회' 발제문(2016.7.6.).

_____. 2020. 크로스미디어 도입 필요성. 광고홍보학회 춘계학술대회 발제문. 2020.5.15.

박현수. 2015. 「한류 확산과 콘텐츠 경쟁력 제고를 위한 지상파방송 광고 제도의 개선 방안」. 방송학회 '한류 콘텐츠의 경쟁력 강화를 위한 대토론회' 발제문(2015.4.8.).

방송통신위원회. 2014. 「방송광고시장 활성화 방안 의견수렴을 위한 토론회 자료집」. (2014.1.23.).

방송통신전파진흥원. 2021. 「Trend Report : 6G 기술이 방송·미디어 분야에 미치는 영향」. 2021년 8월호.

배진아. 2014. 「방송의 공정성 심의는 공정한가?」. 방송학회 '방송 저널리즘 연구회' 주최 세미나 발제문(2014.2.10.).

서지희. 2016. 「제로 TV 시대 지상파 콘텐츠와 플랫폼: KBS 뉴미디어 서비스를 중심으로」. ≪한국문화≫, 402호(2015년 가을호).

성동규. 2019. 「통신정책 이슈 및 평가」. 자유한국당 미디어특위 주최 '문재인정부 전반기 미디어정책평가 및 발전방향모색' 토론회 발제문(2019.11.18.).

_____. 2021. 「차기 정부 미디어 거버넌스 개편 방향」. 국민의힘 과방위·미디어특위 '방송통신정책' 토론회 발제문(2021.11.3.).

성욱제. 2015. 「통합시청점유율 합산 및 활용방안」. 방송통신위원회·방송학회 세미나 '스마트미디어 시대, 시청점유율 조사의 현황과 과제' 발제문(2015.1.29.).

손금주. 2014. 「방송시장의 현황과 공정경쟁 규제」. 방송통신법포럼 4월 월례발표회 발제문 (2014.4.28.).

손석희. 2017. 「Post-truth 시대의 언론 윤리」. 언론학회 춘계학술대회 발제문(2017.5.19.).

손석춘. 2021. 「촛불 이후 한국의 민주주의와 저널리즘」. 전국언론노조 창립 33주년 기념토론회 발제문(2021.11.23.).

손영준. 2011. 「방송보도 공정성에 대한 이론적 논의」. 공발연 창립 6주년 기념세미나 발제문 (2011.11.23.).

송민정. 2011. 『스마트TV 시대의 빅뱅과 미디어 생태계』. KT경제경영연구소.

신중섭. 2018. 「KT지사 화재사건을 통해 본 지상파 재난방송의 중요성」. ≪방송문화≫ 2018 겨울호.

신태섭. 2013. 「정권 홍보방송으로 전락한 KBS, 수신료 인상은 불가하다」. 민주언론시민연합·언론소비자주권국민캠페인·전국언론노동조합 공동주최 'KBS 수신료 인상 해법 모색을 위한 토론회' 발제문(2013.7.9.).

심미선. 2016. 「매체융합시대의 방송언어 사용실태와 개선 방안 모색: 청소년 언어문화, 이대로 좋은가?」. 방송통신심의위원회·방송학회 세미나 발제문(2016.10.18.).

심영섭. 2016. 「방송통신 기업 간 인수합병에 따른 유료방송시장의 경쟁상황 변화와 전망」. 이재영 국회의원 주최 세미나 발제문(2016.1.26.).

_____. 2017. 「포용과 통합, 공공성 회복: 차기 정부의 미디어 담당 부서 개혁과 역할」. 언론정보학회 '차기 정부의 바람직한 미디어정책 방향과 조직개편 방안' 세미나 발제문 (2017.1.19.).

_____. 2019. 「해외 미디어 법제 속의 공영방송」. 언론학회 창립60주년 기념학술대회 '공영미디어로서 KBS의 새로운 법제도적 모색' 세미나 발제문(2019.5.18.).

_____. 2022. 「대선후보 언론정책과 새정부의 바람직한 언론정책」. 언론진흥재단·언론학회 세미나 발제문(2022.2.14.).

안순태. 2012. 「행동 기반 자율형 광고의 자율규제에 관한 연구」. ≪방송통신연구≫, 2012년 겨울호, 156~181쪽.

안재형. 2016. 「방송시장 균형발전과 방송광고 제도」. 방송통신법포럼 9월 월례발표회 발제문(2016.9.29.).

안정민. 2019. 「5G 이동통신 진화에 대한 조망」. 방송통신법포럼 발제문(2019.9.25.).

안정민·최세정. 2014. 「검색광고의 이용자 인식과 규제에 대한 고찰」. 방송학회 세미나 '방송통신 융합환경에서 스마트미디어에 대한 규제가 국내 광고 및 동영상 시장에 미치는 영향' 발제문(2014.5.22.).

안정상. 2020. 『코드명 KI-4.0』. 시간의물레.

오준근. 2013. 「정부 조직개편에 대한 입법정책적 고찰」. ≪한국행정학보≫, 제47권 제3호.

우형진. 2016. 「공영방송 KBS의 사회적 책임에 대한 시청자 평가가 KBS 선호도 및 적정 수신료 부담액에 미치는 영향에 관한 연구」. ≪한국방송학보≫, 제30권 제3호.

원용진. 2011. 「KBS의 공적 책무 수행의 현실과 문제점 평가」. 방송학회 '공영방송과 공공성 이념의 과거, 현재 그리고 미래' 세미나 발제문(2011.3.4.).

원우현. 2021. 「신년인터뷰 : 언론은 어디로 가야 하는가」. 언론중재위원회 ≪언론사람≫, 2021/1월호.

유세경. 2019. 『방송학 원론』. 이화여자대학교 출판부.

유세경·표시영. 2016. 「채널 증가에 따른 예능 프로그램의 포맷 다양성 변화 연구」. ≪한국방송학보≫, 제30권 제1호, 137~168쪽.

유의선. 2012. 「차기정부의 방송통신정책의 과제와 전망」. 한국언론법학회 2012년 제11회 철우언론상 기념학술대회 '방송통신정책의 법적 과제에 대한 진단과 전망' 발제문(2012.8.28.).

윤상길. 2021. 「한국방송의 기원과 방송제도의 정립」. 방송학회 '한국 방송의 기원 정립과 미래 지향가치 모색' 세미나 발제문(2021.12.27.).

윤석민. 2011. 『한국 사회 소통의 위기와 미디어』. 나남.

_____. 2012a. 「멀티플랫폼 시대, 방송의 공익성과 공영방송의 역할」. 방송학회 '멀티플랫폼 환경에서 공영방송서비스 혁신방향 특별세미나 발제문(2012.08.31.).

_____. 2012b. 「공영방송 지배구조의 법적 문제」. 한국언론법학회 2012 학술대회 발제문(2012.12.27.).

_____. 2020. 『미디어 거버넌스』. 나남.

윤석민·이현우. 2008. 「이명박 정부하의 방송통신 정책결정체계 재편과 방송정책의 변화방향」. ≪방송문화연구≫, 제20권 제1호.

윤성옥. 2016. 「지상파방송 중간광고 규제정책의 법적 검토」. 언론정보학회 세미나 '방송정책과 중간광고, 분절과 접합에 대한 평가와 모색' 발제문(2016.6.17.).

_____. 2017. 「표현의 자유 확대를 위한 심의제도 개선 방안」. 방송학회·언론학회·언론정보학회 등 주최 세미나 '미디어 주권자의 권리: 표현의 자유와 심의제도' 발제문(2017.3.17.).

이남표. 2014. 「방송규제 현황과 문제점」. 언론법학회 학술세미나 '방송 규제를 생각한다' 발제문(2014.5.9.).

이만제. 2015. 「방통위 출범 7년, 방송정책의 철학과 목표에 대한 성찰」. 언론정보학회 세미나 '방송정책의 비판과 성찰' 발제문(2015.4.16.).

이문행. 2014. 「유료방송의 시장점유율 규제가 방송산업의 경쟁 활성화에 미치는 영향」. 언론학회 2014 봄철 정기학술대회 특별세션 '유료방송 시장점유율 규제정책의 평가 및 개선 방안' 발제문(2014.5.16.).

이상진. 2016. 「지상파 UHD 방송서비스 추진 현황 및 진단」. 언론학회 '온전한 지상파 UHD 서비스 도입을 위한 추진사항 진단 및 정책적 제언' 세미나 발제문(2016.11.2.).

이승선. 2016. 「공영방송의 독립과 언론자유 확보를 위한 개선 방안」. 방송학회·언론정보학회 '무절제한 정치권력, 흔들리는 공영방송: 공영방송의 독립과 언론자유 확보를 위한 개선 방안 논의' 세미나 발제문(2016.7.21.).

이시훈. 2016. 「방송 중간광고에 대한 광고주 인식 조사」. 방송학회 '방송 프로그램, 중간광고, 그리고 시청자' 세미나 발제문(2016.9.20.).

_____. 2021. "국내 광고법 체계의 문제점과 개선방안". 한국광고홍보학회 추계학술대회 발제문(2021.11.20.).

이영주. 2016. 「M&A와 방송시장의 경쟁」. 사이버커뮤니케이션학회 특별세미나 '글로벌 융합 환경하에서의 방송통신 산업 발전방향 모색' 발제문(2016.2.16.).

이원. 2013. 「프랑스의 공영방송 개혁론과 수신료 제도의 변화」. 언론3학회·KBS 공동 심포지엄 '공영방송의 공적 책무와 재원적 기초' 발제문(2013.4.11.).

이원우. 2009. 「행정조직의 구성 및 운영절차에 관한 법원리: 방송통신위원회의 조직성격에 따른 운영 및 집행절차의 쟁점을 중심으로」. ≪경제규제와 법≫, 제2권 제2호.

이인호. 2012. 「이명박정부 방송통신정책의 현황과 평가」. 한국언론법학회 2012년 제11회 철우언론법상 기념학술대회 '방송통신정책의 법적 과제에 대한 진단과 전망' 발제문(2012.8.28.).

이재현. 2019. 『인공 지능 기술 비평』. 커뮤니케이션북스.

이종관. 2015. 「매체경제학적 관점에서 본 방송통신망간 합병이 가져올 미디어 시장 변화」. 언론학회 기획학술세미나 '방송통신플랫폼간 융합과 방송시장의 변화' 발제문(2015.12.4.).

_____. 2016. 「케이블산업 가치 진단, 그리고 미래」. 케이블TV방송협회 KCTA SHOW 2016 미래전략 세미나 '케이블, 창조적 파괴로 도약하라' 발제문(2016.3.25.).

_____. 2021. 「방송시장 환경변화에 따른 공정경쟁 이슈 및 전망」. 시청자미디어재단 세미나 발제문(2021.10.28.).

_____. 2021a. 「방송광고 결합판매 제도의 합리적 운영 방안」. 방송학회 주최 '방송광고규제 개선' 세미나 발제문(2021.5.4.).

_____. 2021b. 「OTT 산업 경쟁력 제고를 위한 정책 방향 모색」. 한국OTT포럼 주최 토론회 발제문(2021.7.8.).

이종원. 2014. 「유료방송 규제체계 정비 방향(안)」. 방송학회 주최 세미나 '유료방송 규제체계 정비 방안 마련을 위한 토론회' 발제문(2014.10.28.).

이종원. 2021. 「미디어플랫폼의 확장과 경쟁」. KISDI Premium Report. 2021-8.

이준웅. 2013. 「박근혜 정부의 공영방송 규제와 지배구조 개선 임무」. 언론3학회 공동주최 긴급세미나 '정부 조직개편 논의와 방송정책의 방향' 발제문(2013.2.13.).

_____. 2017a. 「미디어 공공서비스와 공영방송의 진로」. 방송학회 미디어제도개선연구특위 연속세미나 제2차 '미디어 구조개편을 위한 정부와 공공부문의 대응' 세미나 발제문

(2017.1.13.).

_____. 2017b. 「탈-비정상 정부의 매체정책 방향」. 언론정보학회 '차기 정부의 바람직한 미디어정책 방향과 조직개편 방안' 세미나 발제문(2017.1.19.).

_____. 2017c. 「공영방송 정체성 확립을 위한 지배구조 개선방안」. ≪방송문화연구≫, 제29권 제1호.

_____. 2018. 「방송의 공적 책임 제고 및 기술발전에 따른 방송 통신 거버넌스의 변화」. 방송학회·방통위원회 주최 세미나 발제문(2018.6.29.).

이진로. 2016. 「지상파 다채널방송 도입이 방송시장에 미치는 영향과 전망」. 언론학회 세미나 '지상파 다채널방송 도입의 쟁점과 전망' 발제문(2016.3.3.).

이창근. 2015. 「BBC 자율성의 제도적 기원: 공사(public corporation) 조직의 역사적 형성을 중심으로」. ≪방송문화연구≫, 제27권 제2호, 123~158쪽.

이희복. 2016. 「방송광고 산업의 규제와 진흥」. 한국광고산업협회 주최 '지상파 중간광고 도입을 위한 특별세미나' 발제문(2016.4.28.).

_____. 2021. 「방송광고 결합판매 제도개선」. 광고PR실학회 주최 세미나 발제문(2021.5.28.).

_____. 2021a. 「방송광고 경쟁력 강화방안 : 제도 혁신을 중심으로」. 광고학회 주최 '디지털 미디어환경의 방송광고제도 혁신방안' 세미나 발제문(2021.11.12.).

임정수. 2016. 「방송콘텐츠 산업의 중심이동과 성장요건」. 한림 ICT세미나 '미디어 융합시대 방송콘텐츠 산업 활성화를 위한 정책 방안' 발제문(2016.4.29.).

임종수 외(2018). 「21세기 한국의 공영방송 : 플랫폼」. 한국언론학회 21세기 공영방송연구반 연구보고서. 2018.12.

임주환. 2012. 「MB정부의 ICT정책평가 및 미래지향적인 ICT정부 조직 개편방향」. 방송통신 3학회 공동 심포지엄 '방송통신미디어 생태계와 거버넌스' 발제문(2012.9.7.).

전범수. 2016. 「방송콘텐츠 생산 및 유통 산업의 시너지 확보를 위한 정책 대안」. 언론학회 세미나 '방송콘텐츠 산업의 국제 경쟁력 확보를 위한 정책 및 전략' 발제문(2016.3.11.).

전범수. 2021. 「인터넷 및 유료방송 서비스 융합에 따른 플랫폼 정책 방향」. 방송학회 '글로벌 미디어 시대, 바람직한 플랫폼 정책 구현 방안' 세미나 발제문(2021.10.1.).

전종우. 2013. 「지상파방송 재원 구조와 변화의 전망」. 방송학회 세미나 '위기의 지상파방송 활로의 모색' 발제문(2013.10.10.).

정동훈. 2021. 「실감 콘텐츠화되는 영상 패러다임」. KCA Media Issue & Trend 2021 7-8월호.

정두남. 2011. 「스마트TV 국내 시장 확산 가능성에 관한 연구」. 방송학회 춘계학술대회 발제문(2011.4.22.).

_____. 2015. 「해외 방송광고 동향 및 시사점」. 한국언론법학회 제14회 철우언론법상 시상식 및 학술세미나 '방송광고 규제의 정당성과 정책과제' 발제문(2015.8.28.).

정미정. 2016. 「지상파 중간광고와 방송 공공성의 재검토」. 한국언론정보학회 '중간광고와 방송산업, 그리고 공공성' 세미나 발제문(2016.5.12.).

정수영. 2013. 「해외 주요 국가의 수신료 제도를 통해 본 한국적 함의」. 언론3학회·KBS 공동 심포지엄 '공영방송의 공적 책무와 재원적 기초' 발제문(2013.4.11.).

정연우. 2016. 「한국 언론과 민주주의, 길을 묻다」. 미디어공공성포럼·6월민주포럼·바꿈 주최 세미나 '이명박, 박근혜 정권의 언론과 민주주의' 발제문(2016.05.26.).

정용준. 2011. 「한국 방송 공공성 이념의 역사적 변화 과정」. 방송학회 '공영방송과 공공성 이념의 과거, 현재 그리고 미래' 세미나 발제문(2011.3.4.).

정용찬. 2015. 「해외 사례를 통해 본 통합 시청조사 현황 및 시사점」. 방송통신위원회·방송학회 세미나 '스마트미디어 시대, 시청점유율 조사의 현황과 과제' 발제문(2015.1.29.).

정윤식. 2012. 「멀티플랫폼 시대 공영방송의 역할」. 방송학회 '멀티플랫폼 환경에서 공영방송 서비스 혁신 방향' 특별세미나 발제문(2012.08.31.).

_____. 2014. 「미디어환경 변화와 유료방송 규제체계의 재정립」. 방송학회 '유료방송법제 통합의 기본원칙과 방향' 기획세미나 발제문(2014.6.25.).

_____. 2016. 「산업 간 융합과 글로벌화 트렌드에서 방송통신 산업 발전 방향」. 사이버커뮤니케이션학회 특별세미나 '글로벌 융합 환경하에서의 방송통신 산업 발전 방향 모색' 발제문(2016.2.16.).

정윤재·최지윤·이희복. 2017. 「지상파TV 중간광고 규제완화의 근거와 허용방안」. 한국광고학회 2017 춘계학술대회 발제문(2017.4.1.).

정인숙. 2009. 「지상파 재전송 정책의 변화 방향과 정책목표에 대한 평가 연구」. ≪한국언론학보≫, 제50권 제2호, 174~189쪽.

_____. 2013a. 「공영방송의 수신료 제도 개선을 위한 정책 방안」. 언론3학회·KBS 공동 심포지엄 '공영방송의 공적 책무와 재원적 기초' 발제문(2013.4.11.).

_____. 2013b. 「주파수 정책의 합리성 제고 방안」. 주파수 정책 합리성 제고를 위한 방송통신3학회 심포지엄 발제문(2013.6.13.).

_____. 2019. 「플랫폼 '춘추전국시대', 살려면 뭉쳐야」. ≪신문과 방송≫ 2019년 10월호.

_____. 2020. 「공영방송 논의의 새 장을 열자」. ≪언론인권통신≫ 제860호(2020.5.20.)

정준희. 2014. 「지상파방송의 플랫폼 전략과 시청자 복지」. 언론정보학회 '모바일 콘텐츠 환경에서 지상파방송의 플랫폼 전략과 시청자 복지' 세미나 발제문(2014.4.29.).

_____. 2015. 「플랫폼 사업의 공정경쟁 환경 정착 및 콘텐츠 가치 정상화 방안」. 방송학회 '미디어 콘텐츠 가치 정상화 방안' 세미나 발제문(2015.7.23.).

_____. 2016a. 「미디어환경과 공영방송 정체성의 변화」. 방송학회 2016 봄철학술대회 KBS 기획세션 '공영방송의 미래와 공공서비스 미디어' 발제문(2016.4.22.).

_____. 2016b. 「해외 주요국의 방송중간광고 규제방향과 시사점」. ≪방송문화≫, 405호.

_____. 2019. 「그 많던 치즈는 누가 옮겼을까: 기민한 산업으로의 재탄생을 위한 아픈 결단」. 언론정보학회-방송협회 주최 '한국 방송산업의 위기와 대응방안' 세미나 발제문

(2019.9.2.).

조성동. 2016. 「방송통신의 발전을 위한 방송통신발전기금 징수제도 개선 방안 제언」. 언론
학회 '방송통신발전기금 운용의 합리적 정책방안 제언' 세미나 발제문(2016.11.16.).

조영신. 2010. 「스마트TV: 가능성과 한계」. 『2010 해외 미디어 동향』. 언론진흥재단.

조항제. 2008. 『한국방송의 이론과 역사』. 논형.

_____. 2014. 『한국 공영방송의 정체성』. 컬처룩.

_____. 2015. 「한국 공영방송의 발전과정」. 한국언론학회·일본매스커뮤니케이션학회 한일
국제심포지엄 '공영방송의 정체성과 역할: 역사적 성찰을 통한 현재 진단과 미래 전망'
발제문(2015.8.22.).

_____. 2017. 「한국의 민주주의와 미디어: 민주화 이후 30년」. 사단법인 언론과 사회 기획세
미나 '민주화 30년의 한국 언론: 비판과 성찰' 발제문(2017.5.12.).

_____. 2019. 「공정성의 이론적 구성」. 언론정보학회 추계학술대회 발제문(2019.11.30.).

주정민. 2012. 「공영방송의 거버넌스 개편방안」. 미디어미래연구소 차기정부 방송통신 정책
포럼2 '공영방송 거버넌스 개혁·TV수신료 개혁' 발제문(2012.8.28.).

_____. 2016a. 「스마트미디어 시대의 콘텐츠 경쟁력과 이용자 복지」. 사이버커뮤니케이션학
회 특별세미나 '글로벌 융합 환경 하에서의 방송통신 산업 발전방향 모색' 발제문
(2016.2.16.).

_____. 2016b. 「국내 UHD방송 활성화를 위한 정책 방안」. 한국방송학회 'UHD 방송정책'
세미나 발제문(2016.12.12.).

지성우. 2012. 「공영방송 지배구조 개선 방안」. 방송통신 3학회 공동 심포지엄 '방송통신미디
어 생태계와 거버넌스' 발제문(2012.9.7.).

최경진. 2017. 「ICT New Normal을 대비한 규제체계 개편 방안」. 김성태 의원실 주최 '뉴노
멀 시대의 ICT 규제체계 개편' 정책토론회 발제문(2017.3.8.).

최선규. 2013. 「KBS 지배구조」. 공발연 세미나 '공영방송 지배구조, 이제는 바꾸자' 발제문
(2013.5.9.).

최세경. 2015. 「매체균형발전론의 이념과 실제에 대한 비판적 분석」. 언론정보학회 세미나
'방송정책의 비판과 성찰' 발제문(2015.4.16.).

_____. 2016. 「미디어 트렌드 변화와 국내 방송콘텐츠 시장의 변화」. 언론학회 세미나 '방송
콘텐츠 산업의 국제 경쟁력 확보를 위한 정책 및 전략' 발제문(2016.3.11.).

_____. 2019. 「OTT사업자 및 인터넷방송콘텐츠사업자의 법적 지위와 쟁점」. 김성수 의원
주최 세미나 발제문(2019.6.25.).

최영묵. 2010. 『한국방송정책론』. 논형.

최용준·오경수. 2016. 「방송의 상업화와 시청자 권익보호 방향성 모색: 간접광고·가상광고와
프로그램 질 제고」. 방송통신심의위원회 토론회 발제문(2016.12.1.).

최우정. 2009. 「뉴미디어 시대의 이용자 보호와 향후 과제」. 방심위 주최 세미나 발제문

(2009.11.26.).

최우정. 2013. 「지상파방송에 대한 의무재송신의 타당성과 범위결정에 관한 법적 문제점」. 공공미디어연구소 주최 지상파방송 재송신제도 쟁점과 해결방안 발제문(2013.4.24.).

_____. 2016a. 「방송사업의 인수, 합병과 방송의 공공성 확보」. 언론법학회 '미디어기업의 인수 합병과 방송법' 학술대회 발제문(2016.1.21.).

_____. 2016b. 「방송통신발전기금 운용의 법적 문제점과 개선 방안」. 언론학회 '방송통신발전기금 운용의 합리적 정책방안 제언' 세미나 발제문(2016.11.16.).

최진봉. 2016. 「공영방송과 정치권력의 관계에 대한 성찰」. 방송학회·언론정보학회 '무절제한 정치권력, 흔들리는 공영방송: 공영방송의 독립과 언론자유 확보를 위한 개선 방안 논의' 세미나 발제문(2016.7.21.).

최진응. 2021. 「글로벌 OTT의 진입에 대응한 국내 미디어산업 발전 과제」. 국회입법조사처 《이슈와 논점》 제1840호(2021.5.27.).

탁재택. 2011a. 「미디어렙(Media Representative) 논의」. 《KBS경영협회보》.

_____. 2011b. 「지상파방송 입장에서 본 스마트TV」. 방송학회 주최 세미나 발제문(2011.9.2.).

_____. 2012. 「수신료 산정을 위한 제도개선 고찰」. 《KBS경영협회보》.

_____. 2013. 『미디어와 권력』. 한울아카데미.

_____. 2017. 『미디어와 권력』개정판. 한울아카데미.

하주용. 2013. 「종합편성채널 선정과정의 분석과 재허가 심사안 방향」. 한국언론인협회 '종편 개국 이후의 공과와 향후 발전 방향' 세미나 발제문(2013.6.14.).

_____. 2015. 「방송콘텐츠 해외유통 환경변화와 대응과제 그리고 전략」. 한국방송학회 '플랫폼 환경 변화에 따른 방송콘텐츠 해외유통의 새로운 패러다임 모색 세미나' 발제문(2015.11.27.).

한광석. 2016. 「해외 방송광고 총량제 운영 실태와 국내 적용 방안」. 한국광고홍보학회 '지상파방송 광고총량제 도입 1년 진단과 평가 그리고 과제' 특별세미나 발제문(2016.11.22.).

한국언론진흥재단. 2016a. 「PPL 찬반논란, 시청자 기준은 콘텐츠 품질이다」. 《Media Issue》, 2권 5호.

_____. 2016b. 「한국 뉴스 생태계의 현주소를 보여주는 10가지 지표」. 《Media Issue》, 2권 6호.

한진만. 2002. 『방송론』. 커뮤니케이션북스.

현대원. 2012. 「인터넷 멀티미디어 방송사업법 개정」. 서강대학교 디지털미디어연구소 주최 세미나 발제문(2012.7.18.)

_____. 2013. 「박근혜 정부의 방송정책, 무엇이 문제인가?」. 한국방송비평학회 창립기념 심포지엄 발제문(2013.10.24.).

홍경수. 2015. 「젊은 시청자와 멀어지는 공영방송」. 한국언론학회·일본매스커뮤니케이션학회 2015 제21회 한일국제심포지엄 '공영방송의 정체성과 역할' 발제문(2015.8.22.).

홍대식. 2013. 「수평적 규제체계에 따른 통합방송법 제정 방안」. 미디어미래연구소 주최 2020 미래방송포럼 발제문(2013.5.9.).

홍문기. 2016a. 「방송광고 법제의 사전 비대칭 규제의 문제점과 개선 방안」. 방송학회 '방송광고 법제의 합리화를 위한 정책 방향 제언' 발제문(2016.7.5.).

_____. 2016b. 「지상파방송 광고총량제 도입 1년 진단·평가·과제」. 한국광고홍보학회 '지상파방송 광고총량제 도입 1년 진단과 평가 그리고 과제' 특별세미나 발제문(2016.11.22.).

_____. 2021. 「방송광고 결합판매제도의 합리적 개선방안」. 한국광고홍보학회 춘계학술대회 발제문(2021.5.14.).

_____. 2021a. 「방송광고 결합판매 제도의 역할과 바람직한 가치」. 중소방송 주최 '방송광고 결합판매의 현 과제와 중소방송 공적지원 방안 모색' 세미나 발제문(2021.10.19.).

_____. 2021b. 「네거티브 규제를 통한 방송광고 규제 효율성 연구」. 광고학회 추계학술대회 발제문(2021.10.22.).

홍석경. 2020. 『BTS 길 위에서』. 어크로스.

홍석현. 2016. 『우리가 있기에 내가 있습니다』. 쌤앤파커스.

홍원식. 2015. 「방송 콘텐츠의 가치 정상화와 바람직한 재송신 질서」. 방송학회 주최 '미디어 콘텐츠 가치 정상화 방안' 세미나 발제문(2015.7.23.).

_____. 2016. 「지상파 중간광고와 방송산업의 미래」. 한국언론정보학회 '중간광고와 방송산업, 그리고 공공성' 세미나 발제문(2016.5.12.).

홍종윤. 2016. 「미디어 생태계 변동 시기 방송 시장의 지형 경쟁」. 언론학회 기획학술세미나 '2016년 방송산업 전망과 방송정책의 과제: 도전과 해법' 발제문(2016.2.12.).

황경호. 2021. 「미디어 산업의 새로운 변화 가능성」. KCA ≪Media Issue & Trend≫ 2021년 7-8월호.

황근. 2012. 「미디어컨버전스 시대 공영방송의 역할과 규제체계」. ≪경제규제와 법≫, 제3권 제2호, 224~247쪽.

_____. 2015. 「사회적, 정책적 관점에서 본 방송통신간 합병이 가져올 미디어 시장 변화와 이용자 복지」, 언론학회 기획학술세미나 '방송통신플랫폼 간 융합과 방송시장의 변화' 발제문(2015.12.4.).

_____. 2016. 「지상파 다채널방송 정책 평가」. 언론학회 세미나 '지상파 다채널방송 도입의 쟁점과 전망' 발제문(2016.3.3.).

_____. 2018. 『공영방송과 정책갈등』. 온샘.

_____. 2019. 「언론민주화와 산업활성화를 위한 현황진단 및 개혁방안」. 자유한국당 주최 '문재인 정부 미디어정책 평가' 세미나 발제문(2019.11.18.).

황성연. 2011. 「스마트TV 출현에 따른 방송환경 변화와 전망」. 언론인협회 주최 토론회 발제
　　문(2011.6.29.).
황승흠, 2021. 「OTT 산업진흥을 위한 정부정책 및 입법방향」. 이상헌 의원 주최 세미나 발제
　　문(2021.7.6.).
황준호. 2010. 「스마트 TV가 방송시장에 미치는 영향」. ≪KISDI Premium Report≫, 10-3.
＿＿＿. 2021. 「미디어 융합에 부합하는 새로운 규제체계 개선방안」. 방송학회 춘계학술대회
　　발제문(2021.6.18.).
＿＿＿. 2022. 「방송을 넘어 시청각미디어서비스 규제체계로의 전환」. KISDI-언론학회 주최
　　정책토론회 발제문(2022.2.17.).

www.assembly.go.kr
www.kcc.go.kr

찾아보기

지은이

탁 재 택

독일 뮌헨대학교를 졸업했으며 언론학(전공), 사회학(부전공), 정치학(부전공)으로 석사, 박사학위를 받았다. 현재 KBS에서 20년 넘게 방송정책 관련 일을 하고 있다. 이화여대, 숙명여대, 서강대, 세종대, 단국대, 건국대, 중앙대, 경희대, 외국어대, 한양대, 성균관대, 고려대, 연세대 등에서 학생들을 가르쳤고, 현재는 서울대학교 강사를 겸직하고 있다. 민주평화통일자문회의 자문위원, 학술진흥재단 자문위원, 한국언론학회 이사, 한국방송학회 이사, 한국광고학회 이사, 한국PR학회 이사 등을 역임했다. 저서로『미디어 권력 이동』등이, 역서로『바이츠제커 회고록: 우리는 이렇게 통일했다』등이, 주요 논문으로는「정당PR의 현황과 진로 모색」등이 있다.

한울아카데미 2367

미디어 권력 이동
ⓒ 탁재택, 2022

지은이 **탁재택**
펴낸이 **김종수**
펴낸곳 **한울엠플러스(주)**

초판 1쇄 인쇄 **2022년 3월 25일**
초판 1쇄 발행 **2022년 3월 30일**

주소 **10881 경기도 파주시 광인사길 153 한울시소빌딩 3층**
전화 **031-955-0655**
팩스 **031-955-0656**
홈페이지 **www.hanulmplus.kr**
등록번호 **제406-2015-000143호**

Printed in Korea.
ISBN 978-89-460-7367-8 93070 (양장)
    978-89-460-8172-7 93070 (무선)

* 책값은 겉표지에 표시되어 있습니다.
* 무선제본 책을 교재로 사용하시려면 본사로 연락해 주시기 바랍니다.